智能财务研究系列丛书

智能财务最佳实践案例

（第二辑）

刘勤　吴忠生　等／著

立信会计出版社
LIXIN ACCOUNTING PUBLISHING HOUSE

图书在版编目(CIP)数据

智能财务最佳实践案例. 第二辑 / 刘勤等著. —上海：立信会计出版社，2023.12
(智能财务研究系列丛书)
ISBN 978-7-5429-7185-2

Ⅰ. ①智… Ⅱ. ①刘… Ⅲ. ①财务管理系统-案例 Ⅳ. ①F232

中国版本图书馆 CIP 数据核字(2022)第 223059 号

策划编辑　张巧玲
责任编辑　张巧玲
助理编辑　倪丹燕
美术编辑　南房间

智能财务最佳实践案例(第二辑)
ZHINENG CAIWU ZUIJIA SHIJIAN ANLI(DI-ER JI)

出版发行	立信会计出版社		
地　　址	上海市中山西路 2230 号	邮政编码	200235
电　　话	(021)64411389	传　　真	(021)64411325
网　　址	www.lixinaph.com	电子邮箱	lixinaph2019@126.com
网上书店	http://lixin.jd.com		http://lxkjcbs.tmall.com
经　　销	各地新华书店		
印　　刷	常熟市人民印刷有限公司		
开　　本	787 毫米×1092 毫米		1/16
印　　张	14.25	插　　页	5
字　　数	336 千字		
版　　次	2023 年 12 月第 1 版		
印　　次	2023 年 12 月第 1 次		
书　　号	ISBN 978-7-5429-7185-2/F		
定　　价	79.00 元		

如有印订差错，请与本社联系调换

本书编辑委员会

主　任　刘　勤

副主任　吴忠生　屈伊春　胡炳军　赵燕锡　韩向东
　　　　　李　刚　唐琦松　陈　虎　段大为　付建华
　　　　　魏代森　陈绪龙　沈雁冰　金　源　周吉申
　　　　　谢维青　徐晓剑

委　员　（按拼音顺序排序）
　　　　　崔丽艳　丁桂环　葛长风　郭丽蓉　黄长胤
　　　　　李　耀　梁丽亚　梁　鑫　廖欣悦　刘长波
　　　　　刘梅玲　马　中　毛德华　邱　铁　田小录
　　　　　王春生　郝雪薇　肖春华　谢丹颖　许泽勇
　　　　　杨　寅　张信军　赵　昊　周芳旭　周　勇
　　　　　邹立宾

衷心感谢以下专家(按拼音顺序)在第二届智能财务最佳实践评选中所做的重要贡献!

陈 耿	陈志光	程 乐	单雨飞	丁淑颖	胡 刚
胡立军	胡仁昱	胡文杰	黄红亮	金 科	金 源
李 彤	练瑾雯	刘 勤	刘丹彤	罗小峰	闵广富
屈伊春	王得利	吴忠生	徐 燕	徐晓音	杨 寅
禹 萌	张 坤	张天西	赵林悦	周海平	

序

自2020年第一届智能财务最佳实践评选活动举办以来，智能财务研究院举办的智能财务最佳实践评选活动已进入了第三年，推出的案例也受到了越来越多业界朋友的关注。

最佳实践最初只是一个管理学概念，后来被赋予更广泛的含义。人们认为存在某种技术、方法、过程、活动或机制，可以使生产或管理实践的结果达到最优，可以减少出错的可能性，这就是所谓的最佳实践。如以更简洁的语言描述，最佳实践就是指那些已经在别处产生显著效果并能适用于己处的成功实践。最佳实践是可被复制和传承的经验，能指导他人更好地行动。

大量经验表明，由于生产和管理实践的复杂性，最佳实践不一定具有显性的特点，它的成功奥秘可能会隐藏在某些具体的活动和行为之中。此外，针对同样的一种实践，可能在不同的领域、不同的行业以及不同的时间区间，最佳实践会呈现不同的特征。因此，要想从若干成功的实践中萃取出成功的关键因素，不仅具有较大的难度，而且结果也不一定具有广泛的普适性。

基于以上的考虑，在智能财务的研究中，我们采取了另外一种策略，即收集尽可能多的案例，并从中筛选出大家相对认可的成功案例，通过文字的方式将其原汁原味地呈现出来，由读者自己去感悟、体验与归纳其中的奥秘。

2021年5月25日，在2020年成功举办了第一届智能财务最佳实践评选活动的基础上，上海国家会计学院协同中石油共享中心、金蝶国际软件公司、元年科技公司、艺赛旗软件公司、中兴新云公司、科大讯飞公司、用友网络公司、浪潮集团公司、经邦软件公司、汉得信息公司、汇付天下公司、复星集团公司等合作伙伴正式启动了第二届最佳实践评选活动。

第二届最佳实践评选活动得到了全国33家机构的积极响应，这些机构所申报的案例精彩纷呈，为我们总结智能财务的发展提供了又一批难得的中国优秀样本。

经过专家初评、综合终评和网络投票，专家们从33个项目中最终选出一汽-大众汽车有限公司等10家机构成为最佳实践奖正奖的获奖机构，选出保定天威保变电气股份有限公司等6家机构成为单项奖的获奖机构，选出通威股份有限公司等4家机构成为最佳人气奖的获奖机构。

本书《智能财务最佳实践案例(第二辑)》就是应广大会计人员的要求,由2021年部分最佳实践正奖和单项奖的项目经验总结而成的。

基于对第一辑中的13家机构和本辑中11家机构的财务智能化转型成功经验的分析和观察,我们发现智能财务的最佳实践通常都是基于前期良好的需求分析和系统规划,经过缜密的应用场景、实施路径、开发模式和管理模式的选择;基于细致的智能财务产品和系统的选型;管理层参与度高、资源投入充分、项目管理科学,并取得了显著的成效。

观察和学习财务智能化转型中的成功或失败案例,可以指导我们绕开前人曾遭遇过的障碍、避免犯同样的错误,沿着前人成功的路径,顺利地抵达成功的彼岸。我们还可以以最佳实践为基准,与自身的管理工作进行比较、分析和总结,从而使自己的工作不断得到改进,始终置于良性发展的循环之中。

尽管最佳实践具有无限的魅力,但要做好学习和传承却没那么简单,因为学习和传承就意味着要将别人的成功经验移植到自己新的实际应用场景之中,这需要在组织、文化、流程和人员之间进行深度的协调和配合。

本书中所有的案例均来自各获奖机构自身的智能财务转型成功实践,是近年来这些机构智能财务发展的真实写照,具有较强的个性化特点。考虑到便于读者比较和分析,我们对案例编写的体例进行了统一的约定,要求从案例单位简介、智能财务建设动机、智能财务建设方案设计、智能财务应用场景选择、智能技术及其产品的选择、投入的相关部门和人员、实践中遇到的主要问题和解决方法、实践成效和未来展望等几个方面进行撰写,相信这些案例对读者了解中国智能财务的应用一定会有很大的帮助。

本书是各获奖机构领导和专家以及智能财务研究院相关研究人员的共同成果,在撰写过程中不仅得到了获奖机构各级领导的大力支持,同时也获得了上海国家会计学院、中石油共享中心、金蝶国际软件公司、元年科技公司、艺赛旗软件公司、中兴新云公司、科大讯飞公司、用友网络公司、浪潮集团公司、经邦软件公司、汉得信息公司、汇付天下公司、复星集团公司、申能商服公司、浙能财务公司等合作伙伴领导和专家们的大力支持。此外,立信会计出版社华春荣社长、张巧玲副总编等为本书的出版给予了特别大的帮助和支持,在此一并表示衷心的感谢。

智能财务转型是一项方兴未艾的新事物,由于作者和编者研究视角和研究能力的限制,本书难免会存在不足和局限,敬请广大作者给与批评和指正!

2023年10月

目 录

财智·众享
　　——一汽-大众智能财务管理实践 ·· 001

强管理，控风险，提效率
　　——海通证券智能财务最佳实践 ·· 016

上云、用数、赋智
　　——云南中烟智能财务应用实践 ·· 030

首钢集团：业财资税智能管控平台助力集团财务转型 ······························· 057

通威股份：借力RPA+AI技术，提升财务智能化水平 ······························· 073

数字交通推动智慧财务创新实践 ·· 094

基于财务共享与智能应用的管理会计信息化应用实践
　　——保变电气案例研究 ··· 111

新奥集团智慧税务建设实践 ··· 129

中国融通集团：智能化财务共享建设实践 ·· 151

佛燃能源智能财务共享中心实践：重构企业财务管理，塑造佛燃智慧大脑 ········ 177

北京首农食品集团财务智能化分析系统建设案例 ······································· 195

财智·众享

——一汽-大众智能财务管理实践

■ 廖欣悦　中国第一汽车集团有限公司财务管理部（董事会办公室）副总经理
　田小录　一汽-大众汽车有限公司财务管理部会计部综合财务科经理
　闫　华　一汽-大众汽车有限公司财务管理部会计部部长
　黄长胤　上海国家会计学院硕士生导师

■ 财务数智化转型
　智能财务建设
　财务共享服务中心
　智能财务生态平台

　　本文以一汽-大众汽车有限公司财务数智化转型进程中的智能财务建设为出发点，旨在系统梳理智能财务建设背景和方案规划，对集财务、税务、金融和资产四大领域于一体的智能财务生态平台建设方案、应用场景等实践情况做出介绍，对智能流程、智能审核、智能运营和智能分析等技术应用做出详细阐述，总结智能财务建设实践经验及成效，并对未来发展方向做出展望，不仅全面展示一汽-大众汽车有限公司在智能财务建设和财务业务深化变革方面的经验，同时也能为其他国有大中型企业，特别是汽车企业推进智能财务建设提供一定借鉴与指导。

一、案例背景

（一）一汽-大众简介

一汽-大众汽车有限公司（以下简称"一汽-大众"）于1991年2月6日成立，是由中国第一汽车集团有限公司、德国大众汽车股份公司、奥迪汽车股份公司和大众汽车（中国）投资有限公司合资经营的大型乘用车生产企业，是我国第一个按经济规模起步建设的现代化乘用车生产企业。经过30年的发展，一汽-大众在东北长春、西南成都、华南佛山、华东青岛、华北天津建有五大生产基地，拥有长春轿车一厂、长春轿车二厂、长春Q工厂、成都轿车三厂、佛山轿车四厂、青岛轿车五厂、天津轿车六厂、发动机传动器厂、成都发动机厂以及冲压中心等九大专业生产厂，形成覆盖东北、西南、华南、华东和华北的战略布局。目前，一汽-大众拥有大众、奥迪、捷达三大品牌，在售产品32款，其中大众品牌17款，包含5款新能源车型；奥迪品牌12款，包含3款新能源车型；捷达品牌3款，是中国唯一一家品牌能够覆盖经济型市场、量产市场和豪华市场的整车企业。从公司成立至今，一汽-大众产量规模逐年爬升，从2001年年产量13.3万辆发展至年产量超过200万辆，截至2020年年底，一汽-大众年产量已连续3年突破200万辆。2021年，一汽-大众全力以赴克服全球性芯片短缺、新冠疫情反复等诸多困难和挑战影响，累计实现超170万辆年产量和1 857 777辆终端销量，产销量连续3年位列行业第一。

一汽-大众的高质量发展离不开数智化转型的大力支撑。"数智化"一词的最初定义是数字智慧化与智慧数字化的合成。伴随企业数字化转型的发展，"数智化"的定义逐渐演进为数字化和智能化的有机结合。付建华（2021）等也相应提出"财务数智化"概念。事实上，财务数智化转型在一汽-大众扮演着至关重要的角色，成为公司推行全体系数智化的关键切入点。

在组织架构方面，推行财务数智化转型前，一汽-大众财务体系主要包括控制、金融和财务三大管理领域。其中控制领域负责全面预算管理、材料成本控制、项目经济性控制等工作；金融领域负责资金管理、资金收付等工作；财务领域负责总部及分子公司财务核算及管理、财务报表编制及分析、税务管理、资产管理等工作。推行财务数智化转型以后，一汽-大众财务体系进行了职责重组，重组后财务领域负责总部及分子公司财务核算及管理、财务报表编制及分析、税务管理、金融管理等工作，下设综合财务科、财务共享中心、税政管理科、金融管理科。

在信息化建设方面，一汽-大众在财务、税务、金融和资产领域全面发力，相继打造财务共享服务平台、税务管理数智化平台、金融管理数智化平台和资产管理数智化平台，持续探索并深化智能技术应用，全方位支持公司数智化转型和高质量发展。以财务共享服务平台建设为例，2019年5月，平台建设工作全面启动，集成供应商门户、经销商门户、差旅系统等业务前台，搭建报账平台、运营平台等服务中台，完善企业管理解决方案（SAP）、影像系统、税务系统等核心后台，借助OCR、RPA等先进技术，承接业财数据，最大化支持财务共享工作完成,2019年11月,长春总部、销售公司部分流程模块试点上线;2020年,应付核算、应收核算、费用报销、税务管理、薪酬核算、总账报表、长期资产、影像系统、档案管理和运营管理10大模块开发完成,在长春总部及全部下属分、子公司全面推广,成效显著。

(二) 智能财务建设动机

从外部来看,以新一代数字技术为代表的第四次工业革命,为全球汽车产业带来百年未有之变局,原有的商业模式、业务模式、生产方式正在被颠覆和重塑,对传统财务管理和财务服务带来极大挑战,相应地,财务数智化转型逐渐得到广泛关注,并成为众多企业的共识,呈现出"天时、地利、人和"之景象。

首先,国内外市场环境的变化、汽车行业新常态的到来以及各种新业务新业态的迅速发展为生产经营带来较大不确定性,这便要求财务加强保障及管控力度,支持高效经营,降低经营风险;同时数字经济大力发展,数智化建设铺天盖地席卷而来、势不可挡;汽车行业"5+5"化趋势也愈发明显,更为强调数智化、共享化,从而为企业高质量发展提供加速器。在如此大环境的推动下,财务数智化转型占尽"天时"。

其次,科学技术突飞猛进,尤其是信息技术日新月异、飞速发展,为财务数智化转型提供了充足的技术支持,正如计算机的诞生催生了会计电算化,互联网的出现催生了财务共享服务,"大智移云物区"等数智化技术应用的蓬勃发展也必然会带动"地利"的形成。

最后,在中兴、远光、金蝶等实务界先行者的实践中,在上海国家会计学院智能财务研究院等理论界领军者的推动下,财务领域的数智化意识和思维在不断觉醒和转变,数智化技能和水平在不断培育和提升,可谓之"人和"。

从内部来看,基于一汽-大众2025战略的要求、管理提升的需求以及业务发展的需要,财务体系必须进一步强化财务核算和监督职责。首先,一汽-大众2025战略要求关注高效的组织发展、持续的企业盈利和前瞻的未来布局,需要财务提供保障。其次,在对公司财务管理现状进行调研后,发现存在着财务与业务衔接不顺畅、单据审批效率较低、财务人员短缺且存在转型瓶颈、资金分散管理无法最大化获取资金收益等问题,对标世界一流企业,公司在财务管理水平提升方面存在一定的管理需求。最后,近年来公司业务不断发展,除了五地六厂,智能网联、移动出行等新公司新业务在快速推进当中,也需要财务给予强有力的支持。

因此,为了应对复杂多变的内外部环境,持续保持公司的活力与竞争力,一汽-大众从2017年年底开始推进财务数智化转型,重点关注智能财务建设,运用智能技术手段,强化财务核算及监督职能、提升财务运行效率和财务管理质量、加速财务人员转型,以数据驱动业务洞察并挖掘创造财务价值。

二、案例具体实践

(一) 智能财务建设方案设计

为了更顺利地开展智能财务建设,一汽-大众在建设初期制定了三步走战略(图1),通过梳理战略财务、业务财务和共享财务三大业务板块,搭建由财务核算和财务报告构成的财务会计共享平台和由资产管理、资金管理、成本管理、税务管理等构成的管理会计共享平台，推动财务人员由核算转型到战略财务和业务财务，推进实时分析和业财融合目标实现，最终分三步完成转型：第一步是进行共享财务建设，以财务核算为主体，集成 SAP 系统，关注标准财务核算业务处理；第二步是进行智慧财务建设，以管理会计为主体，关注决策智能判断、策略生成和策略选择；第三步是进行数字财务建设，以大数据分析为主体，将财务打造为企业大数据中心，最大化发挥数据的价值。

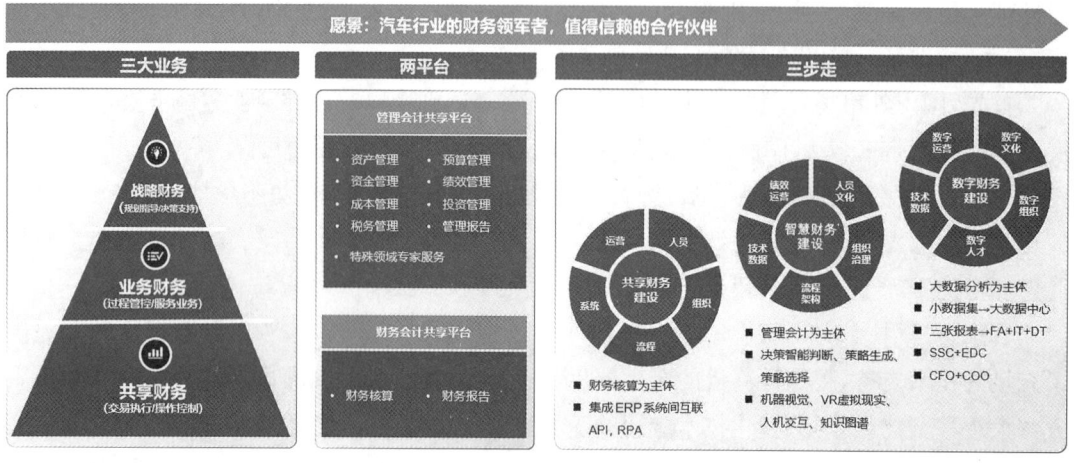

图 1　财务数智化转型三步走战略

总体来说，智能财务转型建设分初创期、成长期、成熟期和持续发展期四个阶段逐步推进（图 2），从而实现以智能财务推进一体化建设，赋能公司业务流程，实现价值创造的财务使命。四个阶段彼此相连且层层递进，逐渐深化拓展，以最大限度降低财务数智化转型过程中可能出现的风险。

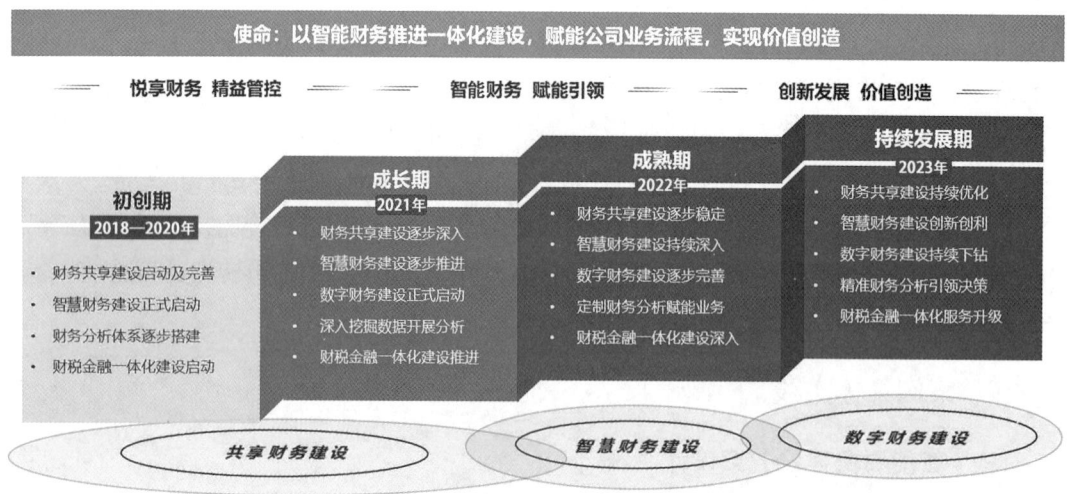

图 2　财务数智化转型建设阶段

具体来说,智能财务建设将从流程、技术数据、组织、治理和人员文化五大维度出发,系统性制定财务数智化转型路径(图3),以确保财务数智化转型目标的实现。其中,流程维度将采取财务流程顶层蓝图设计、详细流程设计等举措,并推进 RPA 的应用;技术数据维度将推进财务共享服务平台、税务管理数智化平台、金融管理数智化平台等建设,并加强 BI/AI 等先进智能技术应用;组织维度将聚焦财务体系变革、财务外包等任务;治理维度计划建设财务共享服务中心治理机制,签订服务水平协议(SLA)及操作级别协议(OLA),并深入开展流程和数据治理,提升流程效率,提高数据质量;人员文化维度则关注财务人员数智化思维、意识、技能及水平的持续培养和提升。

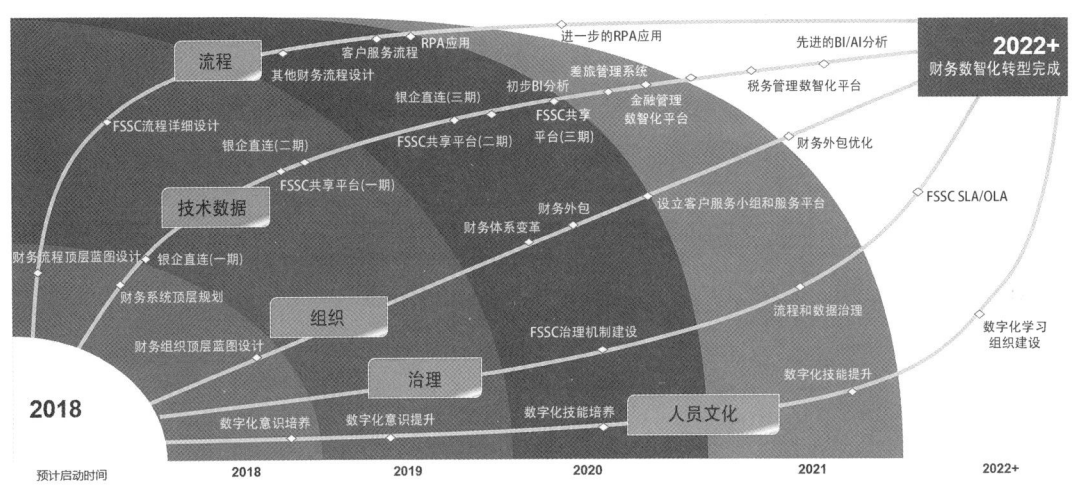

图 3　财务数智化转型路径规划

落实到系统规划层面,计划打造集财务、税务、金融和资产四大领域于一体的智能财务生态平台(图4),为员工、供应商和经销商提供一体化服务。

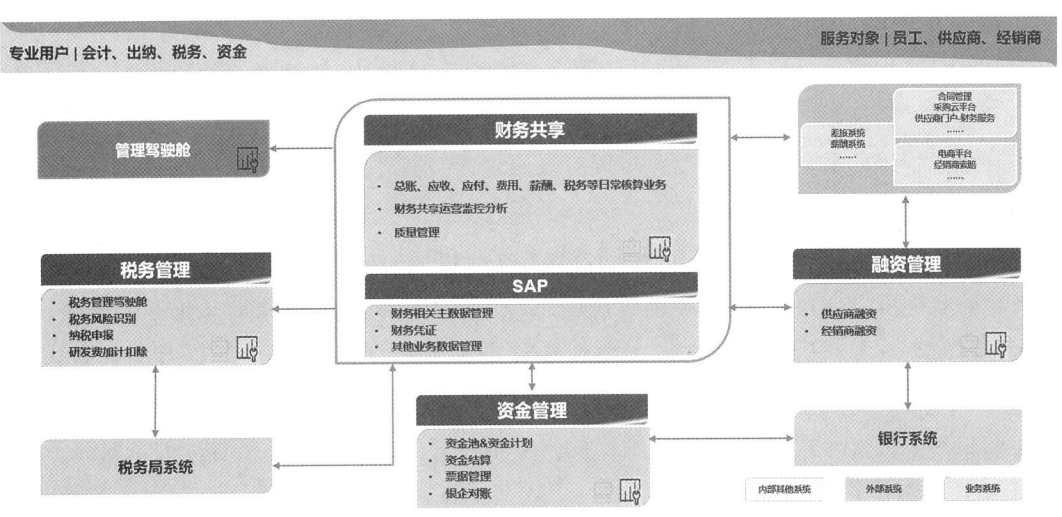

图 4　财务数智化转型系统架构

（二）智能财务应用领域

基于财务数智化转型路径规划，将财务、税务、金融和资产四大领域智能财务实践情况介绍如下。

1. 财务领域

在财务领域，2018 年 8 月，一汽-大众启动财务共享服务中心建设，通过开展全面调研诊断、顶层蓝图设计、流程设计实施、组织设计实施、系统设计实施、上线运行推广、共享服务外包和持续运营优化 8 项核心工作，着手打造战略财务、业务财务、共享财务三位一体的职能体系。

其中，科学、标准的流程是财务共享服务得以高效运作的核心基础，它能够为智能财务应用场景的全面识别提供充足的支持。一汽-大众本着"标准化、规范化、系统化和自动化"的原则，对应付核算、应收核算、费用报销、薪酬核算、总账报表、税务管理、资产核算、资金管理、档案管理和运营管理 10 大模块、150 余项流程进行优化设计，涵盖全部财务核算业务场景。整体设计思路可以概括为：

第一，基于美国生产力与质量中心（APQC）汽车行业流程框架进行财务资源管理模块流程设计，以标准流程框架为指引，开展财务流程优化和标准化，持续提升财务运营效率和财务管理水平。

第二，打破职能本位固有限制，注重端到端流程规划，加强财务流程与业务流程的衔接和协同，推进业财一体化，伴随业务开展持续强化财务监督。

第三，重点关注职责切分问题，明确财务部门与业务部门职责切分方案、财务共享服务中心与其他财务组织职责切分方案，确保切分方案合理有效。

第四，制定标准的财务工作流程规范，完善具体执行标准和操作规则，确保清晰明了、便于落地，指导实际业务顺利开展。

先进、高效的系统是财务共享服务得以顺利实现的技术保障，能够为智能财务应用场景的实施落地提供必要的支撑。一汽-大众财务共享服务平台能够为供应商、经销商、财务人员、运营人员、报账人员提供全面的财务服务，遵循"系统集成、数据共享、规则可配、灵活扩展、安全可靠"的原则，集成相关 Portal 门户实现单点登录，基于流程引擎、权限管理等通用服务和数据管理的平台基础，前端连接供应商门户、经销商门户、索赔系统、资产管理平台等业务前台，减少信息不对称，实现互联互通，促进业务融合。比如，通过财务共享服务平台与供应商门户集成，实现 100% 供应商协同，5 000 多家供应商可通过财务共享服务平台实时获取订单验收进度，进行线上申请和结算进度跟踪；支持多维度信息查询，从根本上解决供应商无法及时获取验收信息进行结算、无法实时跟踪财务结算进度的问题，提升用户满意度。后端与 SAP、资金系统等核心后台深度集成，同时打造集业务报账、财务运营和档案管理于一体的服务中台，作为财务共享服务运行的核心平台和支持业财一体化管理的重要通道，运用 RPA、OCR 等多种智能技术，实现应付、应收、费用、资产、薪酬、总账等全部财务核算业务线上处理，具备自动派工、审批、对账、监控等功能，实现高效、高质运营（图5）。

图 5 财务共享服务平台系统架构

2. 税务领域

在税务领域,为提升税务管理的效率和质量,更快速、高效地支撑财务决策,搭建统一的税务管理数智化平台,增加税务高附加值业务占比,并为前端业务赋能。该平台打通 SAP、财务共享服务平台等内部业务系统和外部税务局相关系统,依托 RPA、OCR、BI 等智能技术,集中管理财税和业务数据,具备增值税发票管理、非贸外币发票管理、税务运营管理、税务风险分析以及预测预警、税务管理驾驶舱、全税种申报等功能(图6)。

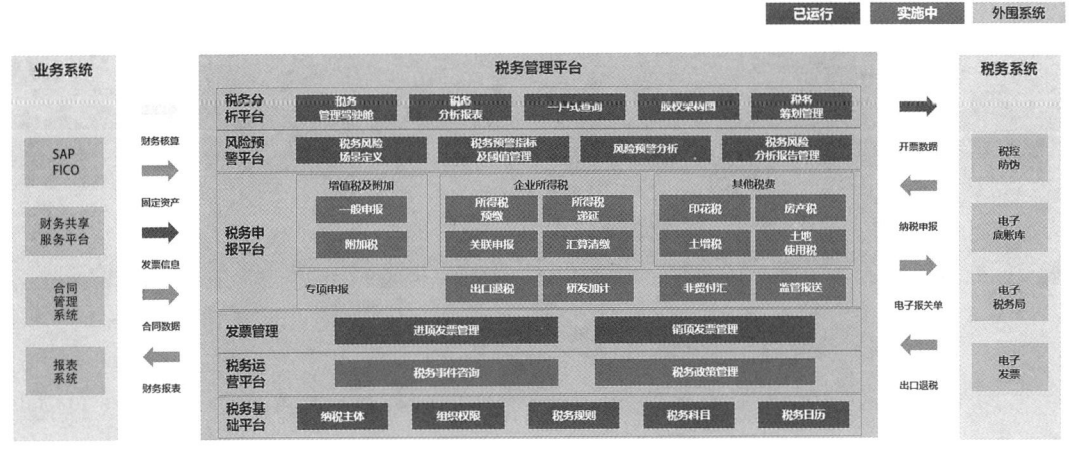

图 6 税务管理数智化平台系统架构

其中,在增值税发票管理方面,平台借助 OCR 技术,支持自动识别全票面结构化信息,自动进行发票查重验真校验,同时可以通过税企直连进行发票认证。

在税务风险分析以及预测预警方面,平台将 101 个关键的税务风险监控指标内嵌入系统,实现自动化税务风险分析,风险分析凭证覆盖率由过去的 1% 提升至 100%,从而提供及时、全面的风险预警。

在税务管理驾驶舱方面，平台借助税务分析BI，将此前分散在各个公司的线下的财税业务数据集中处理，从财务视角出发针对企业发展中的关键风险点构建数据模型，将从各方取得的多维数据输入模型后得到风险的识别结果，并搭建实时的数据展示平台，对包含分口径、板块、各地已交税金等统计重要指标进行多维度分析及比对，实现税务数据可视化，便于税务人员实时掌握公司税务情况以及对管理层的实时报告，与此同时还将重要的税务信息，如重大税务项目的执行、税务政策及风险等集成到管理驾驶舱，以提升税务集团化管理的效率和水平。

3. 金融领域

随着供应链及企业金融业务不断的规范、发展、创新，企业依托供应链金融进行融资已成为趋势。一汽-大众秉承相生共赢的理念，通过整合外部金融资源、有效传递主机厂信用，整合公司内部生产、采购、财务、销售四大系统，同时建立银企联接通道，运用RPA、移动支付等多种智能技术和高效、便捷的全价值链资金保障，既能提供低成本、低门槛、高效、多样的资金解决方案，为上游供应商及下游经销商搭建优质、稳定的融资渠道，又能强力支持一汽-大众的生产经营，保障整个供应链的健康、稳定和可持续发展（图7）。

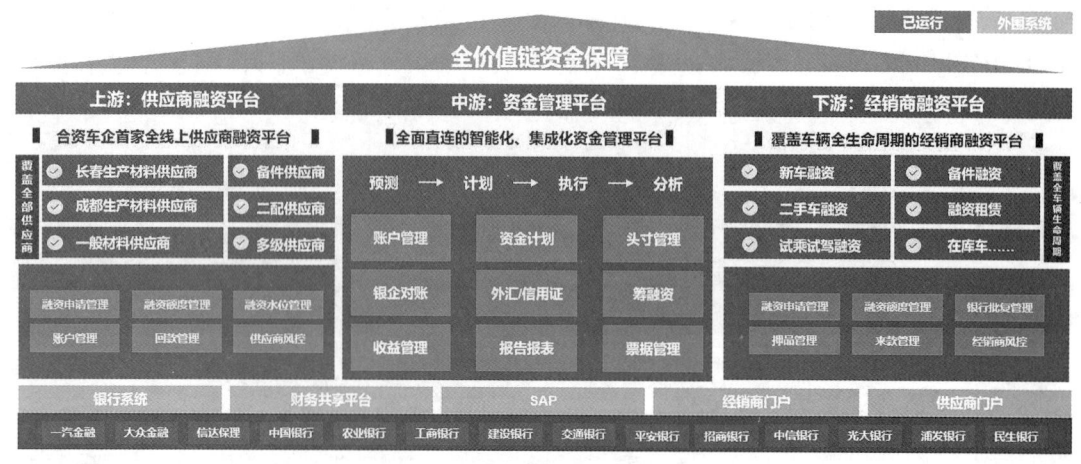

图7 金融管理数智化平台系统架构

面向上游，创新性推出"账权池"融资模式，突破传统两方融资的产品壁垒，最大程度提高产品竞争力，同时打造国内合资车企首家全线上供应商融资平台，100%覆盖生产材料、一般材料等全部供应商，借助该平台全面整合供应商融资数据和企业内部供应商融资相关的关键经营数据，实现信息共享，从而提高融资依据数据质量，实现企业信用传导，大幅提升供应商融资额度、提高供应商融资业务处理效率、降低供应商融资成本，同时搭建供应商风险控制模型，建立26项关键风控指标，支持供应商风险评级，以便及时发现风险并提早干预或救助，保障供应商融资平台长期、稳定、高质量运营。

面向中游，依托银企直连平台，建立银行系统与企业财务共享服务平台互联互通的桥梁，实现智能、便捷、高效和自动的收付款，同时开发资金池、票据池、银企对账等功能，打造全面直连的智能化、集成化资金管理平台，助力经营。以自动收款为例，通过梳理会计审核要点和银行流水特点，设计系统智能比对及入账功能，92%以上收款流水实现自动入账，原来需要半天甚至一天时间才能入账的经销商来款，现在最快只需要半小时左右即可入账，大大节约人力成本，并大幅提升入账效率。

面向下游，打造覆盖车辆全生命周期的经销商融资平台，支持新车、二手车、备件、融资租赁等多种业务场景的融资需求。该平台具备融资额度管理、放款管理、配车管理、自动下发融资协议、经销商风险管控等功能，全面整合经销商融资数据和关键经营数据，实现信息共享，从而提高融资依据数据质量，实现企业信用传导，大幅提升经销商融资额度、提高经销商融资业务处理效率、降低经销商融资成本，最大程度助力销售业务开展，促进销售。

4. 资产领域

在资产领域，一汽-大众作为重资产企业，固定资产和存货规模较大，对资产安全和有效利用方面提出非常高的要求。为了更好地管理公司 2 000 多亿元资产，以"数智化、物联化、共享化"为战略方向，开展资产管理业务变革，优化投资全生命周期业务流程，搭建资产管理数智化平台，覆盖从合同签订到资产报废处置的全流程，全面集成公司内部预算系统、供应商门户、财务共享服务平台、备件与设备维修等系统，涵盖 112 个数智化功能模块和 22 个业财自动关联点，同时借助二维码、射频识别（RFID）、移动互联网等智能技术，实现资产全生命周期数智化管控，高效支持资产实物管理、业务效率监控和多维度数据智能分析（图 8）。

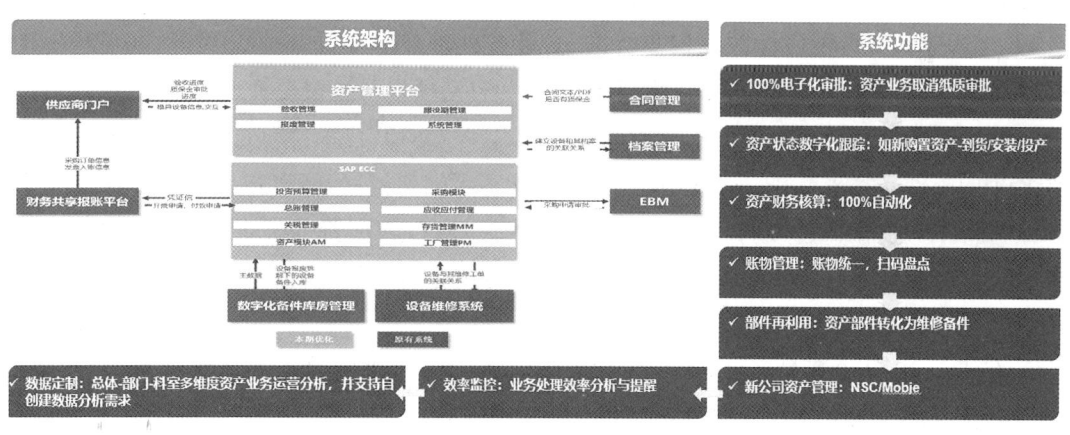

图 8 资产管理数智化平台系统架构

（三）智能财务应用场景及智能技术

在打造财税金融一体化智能财务生态平台过程中，一汽-大众积极运用一系列智能技术，以确保财务公司数智化转型效果。智能技术可划分为智能流程、智能审核、智能运营和智能分析四类。

1. 智能流程

智能流程由 RPA、OCR、NLP、电子会计凭证、电子会计档案 5 项技术组成，覆盖关联公司对账、月度增值税比对、三方融资协议下发、邮件自动识别及自动回复等应用场景。

以 RPA 技术应用为例，目前已成功开发对账机器人、税务机器人、金融机器人和薪酬机器人。其中，对账机器人应用在关联公司对账流程中，一汽-大众作为一汽集团子公司，每年需要对 200 余家集团内部数万条关联方交易数据进行核对，此前该过程需要人工按照交易对象整理数据，耗时且操作重复，同时对账工作与决算工作时间重叠，时间非常紧迫。而对账机器人可以自动进行每一家核算主体中关联方的数据下载、信息检查、凭证整理，而后将凭证等数据导入集团对账系统并将结果通过邮件发送给对账关键用户，仅在对账存在差异时才需要财务人员介入，与关联方沟通并进行相应调整，最终实现自动处理 7 家核算主体、250 余家关联方、350 多项财务科目的凭证数据，操作横跨 4 个系统软件平台，业务处理效率提升 33%，财务人员从耗时耗力的集团管理方对账工作中解放出来，集中精力做好决算工作。税务机器人应用在月度增值税比对流程中，每月自动处理 7 家核算主体近 10 万条发票数据，横跨 5 个系统软件平台，确保增值税认证数据无误，并支持各公司进项税额实时核对，业务处理效率提升 60%。金融机器人应用在三方融资协议下发流程中，可以自动识别三方融资业务申请邮件、登记申请信息、校验协议下发条件、制作并下发三方融资协议，应用 RPA 技术后，三方融资协议合同格式及归档都更为规范，且协议下发效率提升 50%，加速经销商融资业务处理进度，大幅提升用户体验。薪酬机器人应用在外方个税凭证处理及分发流程中，自动处理各公司所有外方员工月度及年度个人所得税凭证的拆分、匹配、检查、记录和发放工作，每月可以自动发放 300 多个税凭证，横跨 3 个系统软件平台，涉及 10 余个信息报表字段，实现个人所得税凭证数据信息标准化，业务处理效率提升 83%。另外，40 多个潜在 RPA 场景也正在规划设计中，未来将逐步上线，如自动填报财务报表等。

除了单独的 RPA 应用，一汽-大众探索使用 RPA+NLP 技术自动处理邮件咨询，基于系统梳理的邮件问答清单制定标准话术，开发智能客服问答程序，涵盖数十种问答场景，借助 NLP 技术自动抓取邮件发件人、主题、正文中的关键字，与配置的标准话术自动识别匹配后，借助 RPA 技术自动进行邮件回复，从而代替传统客服，以便及时响应财务咨询业务，提升客服处理效率。

此外，一汽-大众通过系统集成等方式成功实现一系列流程自动处理，比如，O2C 流程中实现收款、收入等高度自动化处理，及时准确入账；P2P 流程中实现索赔自动审核，即通过财务共享服务平台与索赔业务系统集成，借助 OCR 技术识别发票税率及金额等结构化信息，自动推送至索赔业务系统进行校验，校验一致则自动完成入账处理，校验不一致再转为人工处理，整体流程效率提升 50%左右，最终需要人工干预的自动入账和自动校验失败情况仅不到 1%，流程优化效果非常明显，得到销售公司业务人员和经销商的高度认可，极大提升了经销商满意度。

2. 智能审核

智能审核由 OCR 技术、财务专家系统、数字签名、移动互联网、电子会计凭证、电子会计档案 6 项技术组成,覆盖发票识别及自动查验、票据/合同/预算/业务/凭证自动稽核等应用场景。在财务审核的各个环节中均有智能审核技术的应用,前端利用 OCR 等技术智能获取发票结构化信息,中端借助财务专家系统等技术完成规则抽取、自动比对、自动入账和资金收付等智能判断工作,后端借助电子会计档案等技术实现智能存储,可以实现从智能信息获取、智能信息判断到智能信息存储的全流程智能审核。智能审核技术的应用能够有效减少人工审核的错误和疏漏,大幅提升财务审核效率与质量。

以供应商付款流程为例,供应商在登录供应商门户财务模块之后,可以实时查询并筛选结算数据,实现一键提单,同时支持发票、订单、到货数据自动三单匹配和校验;共享支持岗接收到纸质结算单据并扫描后,基于 OCR 技术自动识别全票面结构化信息,自动进行发票查重验真校验;基于系统预先配置的审核规则,自动生成财务关注点,进行系统校验提示,辅助财务人员快速审核;最后出纳基于标准付款规则,通过银企直连实现高效、自动付款。智能审核相应技术的应用实现层层有控制,环环有校验,付款流程效率提升 20% 以上。

3. 智能运营

智能运营由可视化技术、财务专家系统、数字签名、移动互联网四项技术组成,覆盖运营中心、质检中心、对账中心、关账驾驶舱等应用场景。

运营中心能够实时监控作业人员工作量及工作效率,有效识别问题单据和作业流程风险点;质检中心能够借助系统自动创建的检查任务和单据随机抽样,检查共享作业人员工作质量;对账中心能够自动比对财务共享服务平台与 SAP 系统凭证一致性,智能报错,加强风险识别合规管控;关账驾驶舱则能够实时跟踪关账任务执行情况,促进关账效率提升,以支持财务报表快速出具。

4. 智能分析

智能分析由 BI 和预测建模技术组成,支持税务风险预警、数据分析图表穿透查询、统计报表联查业务数据等应用场景,通过建立公司级的管理驾驶舱指标体系,搭建财务分析 BI、税务分析 BI 和税务风险预警功能,可快速反映经营状况和潜在风险,支持决策和业务改善。

财务分析 BI 能够全面展示公司在财务、税务、金融和资产领域的各项关键信息,支持按照公司、工厂、产品等维度开展数据统计和分析。

税务分析 BI 能够自动、实时、全面、系统展示总部及各分子公司的财税业务数据,支持按照公司、税种、地区等维度开展数据分析与比对。

(四) 项目工作模式及人力资源投入

智能财务建设工作的开展离不开项目团队的共同努力。一汽-大众组建了由财务管理部牵头主持、管理服务部深度参与、其他部门广泛覆盖的智能财务建设项目团队,其中财务管理部对项目规划、需求识别、方案设计、立项申请、实施落地、定期复盘、知识积累等工作全面负责;管理服务部在组织机构、流程建设、系统实施等领域深度参与;其他部门则基于实际业务广泛介入相关流程及系统的设计、开发和测试工作中。

落实到团队人员方面,一汽-大众了打造"财务 + 组织流程 + IT + 业务"战队,其中财务管理部选拔骨干员工成立数字化财务组，负责落实财务管理部工作职责；管理服务部安排专人对接并协助开展组织流程和IT系统建设工作；其他部门则安排业务人员对接并配合开展流程设计和IT系统测试工作。

在项目工作模式方面，以往部门在提出系统开发需求后，大多会完全交给管理服务部负责人员，不会过多参与开发过程，因此，在项目进度把控、系统开发效果方面常常存在一些不尽如人意的地方，在数智化转型无比迫切的当前，这样的工作模式显然不能提供足够的支持。因此，财务管理部在开展智能财务建设之初，就改进了与管理服务部的合作方式和工作模式，更加积极主动参与建设全过程，比如，在项目规划阶段，数字化财务组会邀请管理服务部负责人员提前参与，实时同步规划信息；在需求识别阶段，数字化财务组会组织系统需求评审会，逐一夯实系统需求，并邀请管理服务部负责人员参加，确保其充分理解业务诉求，同时认真听取其专业建议，选用最先进和恰当的方式及智能技术确保目标实现；在立项申请阶段，数字化财务组会积极提供立项材料支持；在实施落地阶段，数字化财务组会组织系统开发周例会跟进项目进度以便及时识别可能存在的导致拖期的风险因素并采取应对措施，组织财务关键用户和业务关键用户广泛参与，充分进行测试。

实践证明，上述项目工作模式对于智能财务建设的成功起到了关键性支撑作用。首先，财务管理部搭建了自己的数智化团队，培养了一批兼具财务专业知识、流程建设知识、IT系统知识、产品管理知识和项目管理知识的复合人才；其次，管理服务部对口人员更为全面、深入、系统地了解财务业务，从而更有针对性地在建设过程中提出恰当的解决方案和思路，确保实施落地；同时，财务关键用户和业务关键用户参与测试使相关需求和意见能够提前予以识别和考虑，相关流程认知和操作习惯能够提前得到适应和调整，最大化减少后续推广的阻力，降低整体变革风险，有助于"以智能财务推进一体化建设，赋能公司业务流程，实现价值创造"的财务使命顺利达成。

（五）智能财务实践经验总结

基于智能财务建设工作的持续开展和逐步优化，一汽-大众总结的经验和思考如下：

（1）企业的智能财务发展是一项逐步推进和持续改进的系统工程。如果只是某一个领域或部门实施，其效果很难得以体现，因此，需要各领域和部门统筹考虑，在全面诊断现状的基础上开展整体顶层设计和规划，而企业架构梳理则是开展整体顶层设计和规划的最佳方式之一，通过系统地梳理各领域和部门的业务架构、数据架构、应用架构和技术架构，可以有效指导端到端流程的衔接、数据的共享和系统的协同。同时应以对标为关键抓手，深入了解业内最佳管理实践和最新技术应用，以此为基础适当做前瞻性考虑，结合企业实际制定切实可行的转型方案。

（2）为了确保智能财务建设工作顺利推进，组织层面的保障至关重要。高层领导应充分重视，提供资源保障，规避变革导致的来自部门内部、公司内部甚至公司外部的风险，降低变革阻力；相关部门应充分协同，给予紧密配合，打破原有部门边界和利益壁垒，强化组织内部协同；同时应加强文化建设和变革管理，完善培训宣贯机制，开展及时、透明、充分、高效的沟通，帮助自上而下打破固有理念，以开放包容的心态积极拥抱变革。

（3）数智化并不仅仅是简单的系统开发或是技术应用，其只有建立在标准且优化的流程基础上才能发挥最大价值，因此，科学、标准的流程是财务数智化转型的基础。梳理现有业务流程、评审流程运行效率，可以更为精准地确定业务优化空间；转变流程设计的思维方式，以用户为中心，可以更为合理地制定标准业务流程；依据标准业务流程，可以更为高效地制定系统开发方案，将优化改进后的流程在系统和技术中予以固化。

（4）数据治理非常必要，事关数智化的成败。口径不清晰、不标准与数据冗余等问题极为影响数智化转型效果，因此，数据治理非常必要，应该将提升数据质量看作是财务数智化的基石，将数据治理定位为财务数智化转型的战略举措，重点关注数据的一致性、完整性、准确性，改变过去财务数据分散的现实，对财务数据、业务数据和其他相关数据进行集成，推动实现全流程的数据贯通和质量提升，将数据打造为支持企业长远发展的核心战略资产。

（5）在数智化系统实施过程中，应加强系统规划和集成，减少信息孤岛，并关注技术的推广和复用。当然，考虑各领域数智化转型进度无法完全匹配，可以制定分阶段集成方案，小步快走，持续迭代。同时，打造"业务＋IT"战队，从需求角度出发，更为积极、主动、深入参与系统实施全过程，确保进度和效果可控。

三、实践成效与未来展望

（一）实践成效

回顾整个建设历程，智能财务建设帮助一汽-大众在财务、税务、金融和资产领域取得明显收益。在夯实工作质量、实现人效提升、降低运营成本、促进人员转型、提升用户服务、强化财务管理、支撑生产经营等诸多方面的成果也很显著。

在财务领域，财务共享服务中心于2020年正式成立，截至目前，财务核算效率累计提升30%以上，原有财务核算工作由70%人员即可完成。得益于财务共享服务中心带来的规模效应，一汽-大众在车型及业务量增加的前提下并未增加财务核算人员，在新公司成立时仅需少量新增财务核算人员即能充分支撑新公司运营发展，另外30%原财务核算人员转型为业务财务和战略财务，深入价值链关键环节，创造更多价值；10大岗位20余万字操作手册完成编写，明确财务工作规范与要求，最大程度夯实核算质量；10大核心模块系统功能成功上线，100%覆盖标准财务核算业务，最大化支持财务共享工作完成，迈出财务数智化转型路上的坚实一步，同时助力解决一直以来困扰内外部用户的无法及时获取验收信息、无法跟踪财务结算进度、手动匹配订单到货行项工作量大且效率低、对账及咨询沟通成本高等业务痛点，有效推进业财融合、提升流程效率、实现信息透明并降低沟通成本，极大提升内外部用户满意度；此外，在业务标准化和系统自动化的双重因素支持下，快速推进财务共享服务外包并成功落地，每年可节约300余万元财务运营成本。

在税务领域，100%实现自动查重验真和发票认证，杜绝假发票及重复报销问题，并能及时准确获取结构化全票面信息,建立电子信息台账;同时支持税务大数据分析及税务风险防控预警,将财务风险管控从事后监督延伸到事中实时控制和事前风险预警,实时锁定高风险业务、高风险客户、高风险员工、高风险组织、高风险期间,提高经营过程的规范性,降低税务风险,极大提升税务管理水平。

在金融领域,上游供应商融资平台覆盖率高达100%,签约供应商超过百家,总放款额数亿元,为生产目标达成奠定坚实基础;中游资金管理平台大幅度提升资金管理效率,资金管理精细化程度显著提升,资金预测准确性明显提高,为资金收益提供更为准确的数据基础,为经营目标达成提供必要支持;下游经销商融资平台年度累计融资上千亿元,销售贡献率高达65%,真正实现智能、高效、便捷的全价值链资金保障。

在资产领域,资产管理全部业务均已告别纸质单据,实现电子化审批,在低碳环保的同时极大提高审批效率;通过资产再利用模块功能,各部门可以查看其他部门不再需要的设备,对符合自己要求的可以申请再利用,极大地优化成本、提高资产利用率,累计资产再利用金额数亿元;通过自动监控业务运转效率,能够更为高效地开展资产业务各项数据分析,使业务人员对当前的工作情况一目了然,辅助业务人员规划工作时间,全面促进资产业务效率提升;业务和财务自动关联,业务操作可自动触发财务核算,双方信息完全对称,不仅提升资产财务核算的及时性和准确性,还能做到真正的账实相符;同时支持资产全生命周期状态数智化跟踪,可随时查询资产状态,掌握最新信息,大幅提高资产实物管理水平,推动固定资产管理从基础账务型向资产全生命周期财务现场管理转变。

通过与普华永道全球基准数据库对标显示,得益于智能财务建设,一汽-大众财务流程运行效率处于行业领先水平,不仅打造了目前国内汽车行业领先、业务体量极大的全模块财务共享服务中心,还先后荣获"财界奥斯卡"——CGMA全球管理会计2020年度中国最佳共享服务中心大奖、CGMA全球管理会计2021年度中国最佳机器人流程自动化大奖、中国智能财务最佳实践2021年度综合大奖,作为汽车行业首家也是唯一一家获得上述3项国内财务数智化领域奖项的企业,得到业内外广泛认可,并多次对外开展交流分享,接待参访对标,传播智能财务建设经验。

(二)未来展望

立足当下,一汽-大众已经在共享财务、智慧财务及数字财务建设中,创新性地将RPA、OCR、NLP、BI等智能技术引入多种应用场景,致力于将财务从对公司历史财务信息的记录和披露的"后视镜",转变为对公司财务信息现状展示的"仪表盘",进而转变为对今后决策提供财务指引的"导航仪",赋能公司全业务流程,实现价值创造。展望未来,一汽-大众将继续深化改革,持续探索汽车行业智能财务建设,如全面应用企业架构方法论构建生态环境、制定企业数智化工具标准规范、探索数据中心应用实践、建立电子发票管理平台等研发平台、建立员工数智化能力评价标准、培养智能财务数智化人才、推广RPA、流程挖掘等智能技术应用,将智能财务打造为支撑公司战略目标落地的重要利器,为成为汽车行业的财务领军者和值得信赖的财务伙伴而不断努力。

参考文献

[1] 陈虎,郭奕.智慧财务的实现模型及应用场景[J].财务与会计,2021(19):10-14.

[2] 付建华.财务数智化基础研究[J].会计之友,2021(18):2-8.

[3] 刘梅玲,黄虎,佟成生.智能财务的基本框架与建设思路研究[J].会计研究,2020(3):179-192.

[4] 刘勤,杨寅.智能财务的体系架构、实现路径和应用趋势探讨[J].管理会计研究,2018,1(1):84-90,96.

[5] 王宏利,张耀杰,王彦博.智慧财务发展现状分析[J].财务管理研究,2021(10):101-104.

[6] 徐玉德,董木欣.国有企业财务数字化转型的逻辑、框架与路径[J].财务与会计,2021(17):4-7,21.

[7] 张庆龙.企业应以财务共享构建智能财务决策的数据基础[J].中国注册会计师,2019(7):99-100.

强管理,控风险,提效率

——海通证券智能财务最佳实践

■ 张信军　海通证券股份有限公司财务总监
　马　中　海通证券股份有限公司计划财务部总经理
　陈巍鋆　海通证券股份有限公司计划财务部会计管理部经理
　刘兆旭　海通证券股份有限公司计划财务部信息化管理岗
　刘梅玲　上海国家会计学院副教授、硕士生导师

■ 智能财务　　智能费控
　财务机器人　财务转型

近年来,海通证券紧紧围绕国家"十四五"规划和公司的整体发展战略,以"强管理+控风险+提效率"为目标,以"科技+数据+场景"为驱动,运用人工智能、数据中台、RPA、云计算等前沿技术,挖掘应用场景,开展系统整合,逐步推进智能财务实践,全面深化科技赋能,促进财务转型升级,提升财务管理能级,为证券行业的智能财务实践探索提供有价值的参考和借鉴。

一、案例背景

（一）案例单位简介

海通证券股份有限公司（以下简称"海通证券"或"公司"）成立于1988年，是国内最早成立的券商之一，在沪、港两地上市，是一家资本实力雄厚、业务牌照齐全的综合金融服务集团。2021年年末，公司总资产7 449亿元，全年实现营业收入432亿元，各项业务、财务指标均排名行业前列。

海通证券成立30余年以来，始终坚持以客户为中心的发展战略，以建设国内一流、国际有影响力的中国标杆式投行为使命，坚持"务实、开拓、稳健、卓越"的经营理念，"稳健乃至保守"而不失创新。经过多年的深耕细作，公司逐步完善了集团化、国际化的战略布局，基本建成涵盖证券期货经纪、投行、自营、资产管理、私募股权投资、另类投资、融资租赁、境外银行等多个业务领域的金融服务集团；经营网点遍及全球14个国家和地区，覆盖纽约、伦敦、东京、新加坡、中国香港、上海六大国际金融中心；在境内拥有343家证券及期货营业部，正式员工人数过万；在境内外拥有超过1 850万名客户，托管及管理客户资产总额超5.9万亿元。

（二）智能财务实践动机

1. 顺应国家数字化发展战略

近年来，随着大数据、人工智能、移动互联网、云计算、物联网、区块链等新兴技术的蓬勃发展，国家从战略层面大力推进数字中国建设，鼓励国有企业加快数字化转型，国有企业的数字化转型工作迎来蓬勃发展的新阶段。党的十九届五中全会通过了《中共中央关于制定国民经济和社会发展第十四个五年规划和二〇三五年远景目标的建议》（以下简称"十四五"规划），党中央站在战略和全局的高度，明确提出要"加快数字化发展"，并对此做出了系统部署。2020年9月，国务院印发《关于加快推进国有企业数字化转型工作的通知》（以下简称《通知》），就推动国有企业数字化转型做出全面部署，系统明确国有企业数字化转型的基础、方向、重点和举措，吹响国企数字化转型号角。《通知》指出，促进国有企业数字化、网络化、智能化发展，增强竞争力、创新力、控制力、影响力、抗风险能力，提升产业基础能力和产业链现代化水平。财政部按照党中央、国务院决策部署，于2021年11月印发《会计改革与发展"十四五"规划纲要》（以下简称《纲要》），《纲要》指出要准确把握新发展阶段、深入贯彻新发展理念、加快构建新发展格局，助推会计工作运用新技术、融入新时代、实现新突破，扎实推进会计改革与发展各项工作，助力国家治理体系和治理能力现代化。

2. 符合海通证券科技发展战略

"十三五"期间，为充分发挥科技进步和创新对业务发展和经营转型的重要支撑作用，提升海通证券科技整体能力，加快推进科技核心竞争力的形成，围绕"集团化、国际化、信息化"的整体发展战略，海通制定了《2016—2020年科技发展规划》（以下简称"科技发展规划"），构建数字海通1.0。作为海通证券科技发展规划的重要组成部分，财务信息化建设也稳步推进，"十三五"期间，公司初步完成了财务信息系统架构搭建，并积极探索新兴技术在财务领域的应用。

"十四五"期间,海通证券科技工作将紧紧围绕国家"十四五"规划的总体部署和公司的整体发展战略,以"科技+数据+场景"为驱动,打造以"敏捷化、平台化、智能化、生态化"为核心特征的数字海通2.0。财务信息化建设也迈入新阶段,面对新挑战。随着公司集团化、国际化、信息化战略的深入推进,如何借助智能财务建设提升财务管理水平、强化财务管控力度、支撑经营管理决策,成为摆在海通证券财务人员案头的新命题。

3. 新形势推动财务工作转型

近年来,伴随宏微观经济金融环境的变化,证券公司纷纷谋求战略转型,加快结构调整。财务管理工作承担着配置公司资源、支持经营决策、配合战略落地等职能,工作环境、工作模式、工作要求等都发生了较大变化,转型迫在眉睫。如何有效运用智能财务技术、助力财务转型是各大证券公司积极探索的方向。

财务转型的本质就是要改变财务工作价值创造的路径、方法和工具,以及与之相适应的组织、职能和文化。借助智能财务平台,一方面可以优化财务工作流程,减少基础工作投入,提升财务工作效率;另一方面可以加强财务业务数据的积累、联通、分析和运用,助力财务工作由传统的监督和价值守护转为服务和价值创造,提升财务的管理主动性,从而支持公司经营发展和战略落地。

二、案例具体实践

(一)智能财务方案设计

海通证券自"十三五"规划之初开始,大力推动财务信息化建设,先后启动核算系统升级、增值税平台建设、网络报销系统建设、财务共享中心建设等,逐步搭建起覆盖全面的财务信息系统架构(图1)。在此基础上,公司再接再厉,建构财务数据集市,以管理会计和共享财

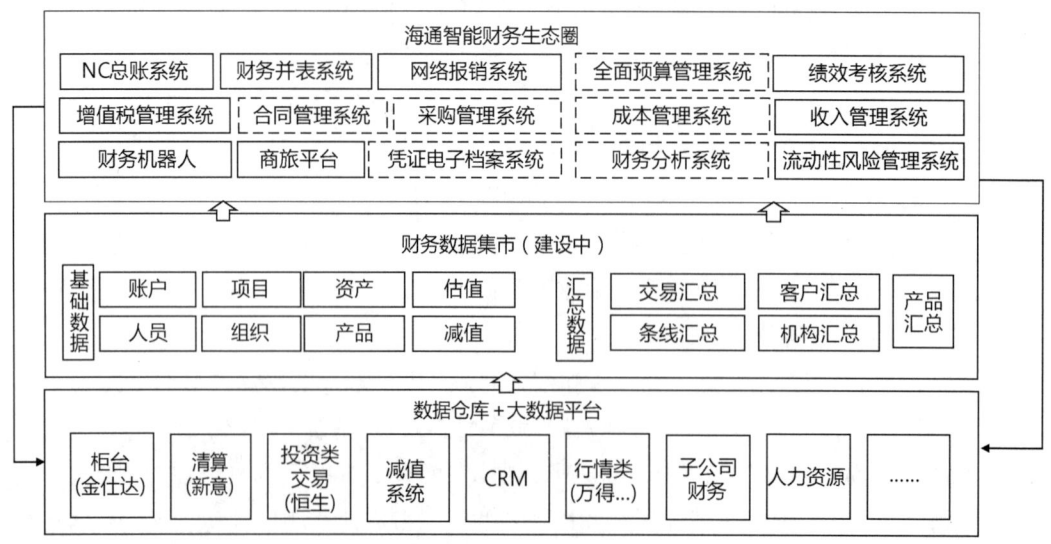

图1 海通证券财务信息系统架构

务两大应用为依托,将大数据、人工智能、移动互联网、云计算等技术深入运用在公司财务管理(如智能费控、预算管理、税务管理等)和运营管理(如智能商旅、智能集采、资产管理等)的各场景中,并不断推动公司内外信息系统间的互联互通,促进财务管理能级的整体提升。

在推动智能财务建设的过程中,公司秉持"战略财务"和"业财融合"的管理理念,以"强管理+控风险+提效率"为目标,引导和支持财务人员站在服务和支撑战略的高度开展财务工作、拓展财务工作边界、聚焦财务工作的服务属性。

1. 强管理

强管理,就是要让财务工作承担更多主动管理的职能,即财务工作要深入业务一线,穿透财务数据,钻研业务逻辑,服务业务,促进协同;要发挥向前看的价值潜能,加强预测和分析,为公司经营管理决策提供专业建议;要提高精细化管理水平,优化资源配置,完善考核管理,为公司创造最大价值。为实现强管理目标,海通证券非常重视以大数据平台建设为基础的数据资产积累,通过提高数据质量,联通信息系统,搭建应用平台,助力财务提升数据挖掘和应用水平,从而提高财务的主动管理能力。

2. 控风险

控风险,就是要深化集团管控,加强对集团内各单位财务、业务信息的实时监控;要运用先进工具,建立有效的风险管理平台,提升防范和预警风险的能力。为实现控风险目标,海通证券针对资金、财务合规和税务风险搭建了联通集团的信息管理平台,满足了风险集中管理的需求。

3. 提效率

提效率,就是要运用先进的智能财务平台,将大量标准化、流程化的工作交由信息系统完成,提升财务工作效率,强化财务流程管控。尽可能地将财务基础职能自动化,解放财务人员生产力,为财务人员走出财务、服务业务提供可能性。

(二) 智能财务应用场景选择

经过多年努力,海通证券按照"强管理+控风险+提效率"的目标不断推进,基本实现财务职能由核算型向管理型转变的目标。

1. "强管理"应用场景选择

针对"强管理"目标,海通证券搭建了财务数仓,并在此基础上建设业财管理平台与财务驾驶舱,助力公司财务管理水平的不断提升。

1) 财务数仓

财务管理提倡"用数据说话,用量化管理",数据是财务管理发挥职能的重要支撑。在"数据为王"的时代,如何从庞杂的数据中筛选出精准有效的信息并让数据产生价值,为业务运营赋能,是企业智能财务实践中的核心问题之一。海通证券以公司大数据平台为基础,以业、财、税三大主题构建财务数据集市,运用大数据技术,进行实时全流程数据采集,依靠集成数据共享平台与数据处理模型,规范数据的获取、流动、应用,实现数据收集的程序化、数据质量的规范化、数据资产的规模化和数据分析的可视化。同时,按照数据质量规范化要求对财务数据集市进行系统性和规范性的改造，提升财务数据的可用性、易用性，为智能财务实践打好基础。在数据平台的基础上，建立财务分析模型，提升财务分析能力，延展财务工作内涵，提升财务管理能级。

2）业财管理平台

业财管理平台是基于海通证券财务数仓的一项应用，主要包括商机发布、绩效考核、成本分摊三大模块，通过打通业务和财务的连接，将财务工作向上游延伸，让财务人员主动参与业务全流程管理，以提升服务业务的意识，并且运用其自身的专业能力，为公司业务发展做贡献。

其中，商机发布模块覆盖商机发布、资讯发布、业务学习等多个功能，实现了内部商机发布、事项撮合，并提供知识帮助，支撑集团内大协同战略。该模块既面向财务人员，侧重业务学习、统计分析，也面向业务人员，实现找客户、发资讯、寻合作。商机发布模块理顺了业务流程，让财务人员在业务筹备期就做好与业务人员的沟通，全面评估业务发展可能带来的财务影响，有助于促进综合型、复合型人才团队的培育，提升公司整体竞争优势。

绩效考核和成本分摊模块以促进业财融合、提高精细化管理水平为目标，包括备案管理、收入分配、成本分摊、考核报表等功能模块，为公司绩效考核、成本管理、业务协同、经营决策提供了有力支持。

（1）有助于考核数据管理的完善，通过简化备案机制，前置审批流程等功能设置，实现精细化、自动化的收入认定和分成，提高考核数据的及时性和透明度。

（2）有助于提高成本管理效率，成本分摊模块细化了成本管理颗粒度，优化成本分摊管理模式，还原全面、真实的成本，逐步推进全成本分摊，加强降本增效意识的同时，也为公司内部进行经营分析、评价、控制和决策提供了依据。

（3）有助于提升绩效管理和经营监控，通过引入绩效指标模型、量本利模型、杜邦分析模型等分析模型，提升了数据的自动化程度和经营分析深度，通过事前、事中的预算控制，加强对经营情况的监控，从而促进经营目标的实现。

（4）为经营决策提供了有力支持，通过打破固有会计报表结构，实现了数据的多维度统计、分析和灵活展示，从而满足不同的管理需求，实现客户、项目的盈利分析和风险收益计量，指导业务经营，支持管理决策。

3）财务驾驶舱

财务驾驶舱是基于海通证券财务数仓的另一项应用。近几年，随着智能财务实践的深入推进，海通证券积累了海量的数据资产，使其有条件从中挖掘出大量关于市场、业务、客户的有用信息，经过整合和加工，为公司创造价值。以差旅信息为例，海通证券开发了智慧差旅数据可视化大屏，通过归集智能商旅系统中的差旅大数据，为公司经营管理提供有价值的建议。例如，通过展示业务人员经常出差的区域和客群，可以判断公司的网点布局是否合理；通过将员工出差费用与相应项目收入配比挂钩，进行投入产出分析，有助于提高资源配置的效率等。又如，通过连接市场、经营情况等实时数据，将量本利分析、杜邦分析等财务管理工具创新性地运用在证券公司 ROE（Return on Equity，净资产收益率）等经营指标分析中，提升了财务预测能力和风险防范能力，为公司经营目标达成和战略目标实现保驾护航。

2. "控风险"应用场景选择

证券行业面临诸多风险，在财务领域主要有资金风险、财务合规风险以及税务风险。近年来，海通证券积极借助信息化手段，搭建联通集团的资金、财务、税务系统，满足集中管理需求，加强财务信息监控，防范财务风险。

1）资金风险防范

为加强对集团资金的集中管理，海通证券搭建了资产负债及流动性风险管理系统和 E 海智付系统，以提升对资金流动性风险和自有资金支付风险的集中管控能力。

资产负债及流动性风险管理系统通过连接财务、风控、前端业务等周边信息系统，对自有资金管理、流动性风险、融资管理、资产负债相关数据进行计量、汇总、监控，实现覆盖事前信息输入、事中信息计算、事后风险分析的信息集成和管理平台，助力强化集团层面的流动性风险管理，精细化债务融资、自有资金、资产负债管理，切实提升公司流动性风险防范水平。

E 海智付系统将线下资金审批支付流程转为线上流程，通过全面梳理业务管理和职能管理工作流程，统筹规划，建立了前、中、后台管理系统间交互畅通的系统架构，同时，对接财务系统，交互资金收付信息，构建一体化资金财务信息；实现对自有资金审批支付全范围、全流程的监督与控制，及时准确反映资金的运行状况和风险，有效防范自有资金支付风险，切实提高资金管理的科学性和及时性。

2）财务合规风险防范

为防范财务合规风险，海通证券搭建了商旅及网报平台，与商旅资源、集采资源打通，加强资源线上管理；利用图像识别和云计算等技术，通过手机拍照获取发票结构化数据，实现增值税发票的自动验证、自动价税分离、自动匹配抵扣项目等；将智能规则引擎内嵌到费控系统中，对发票连号、敏感字段等在报销时就进行自动提醒，经审核人员进一步核实后驳回其中不合规的报销事项，实现事前管控；进一步扩大数据采集范围、细化数据维度，数据采集从财务的凭证端延伸至报销人的发票端，形成"业财税票"完整的数据库，为公司经营管理提供决策支持。同时，将系统中积累的商旅和费用数据与对应的业务收入数据相结合，进行跟踪分析，强化信息流、业务流、财务流的三流融合，提升业务反馈的全面性，在业财全面融合的基础上切实防范业务合规风险。

此外，为强化对子公司的财务风险管控，海通证券还搭建了集团自动化并表系统。该系统通过大数据和云计算技术，实现了母公司、境内子公司凭证级财务数据每日自动上传，及境外子公司报表数据每日自动上传；并可以将子公司的财务报表转为基于母公司合并表样的财务报表，实现集团境内外 14 个国家和地区的 59 家主要子公司和 300 多家分支机构合并报表自动生成，150 多项财务关键指标自动出具。集团自动化并表系统实现了全集团财务数据互联互通，方便总部管理人员实时掌握子公司财务经营动态，当财务数据出现异常波动时，可直接下钻至凭证级财务数据查找原因，并向子公司了解相关情况，提高了集团合并财务数据的准确性和及时性，更有利于展开财务预测分析及财务动态监测工作，预警风险事项，切实防范财务风险。

3）税务风险防范

为防范税务风险，海通证券搭建了全税种管理系统：固化各个税种管理的规则和流程，自动完成税会稽核、统计分析及纳税申报表填制，提高税务管理的标准化程度；运用OCR技术，自动识别、采集、校验发票信息，避免取得虚假发票、重复报销和违规报销等；实现从前端业务系统中自动获取收入数据，不落地开具增值税发票，同时，运用区块链技术确保业务数据的真实性与销项发票的可信性，防范虚开发票风险。

3. "提效率"应用场景选择

海通证券通过将机器人流程自动化（RPA）软件应用于税务管理、会计核算辅助支持、数据采集及加工、财务统计分析四大类62个财务场景中，大幅提高了工作效率，解放了生产力。例如，增值税发票验证机器人，通过登录国税总局增值税发票认证平台，批量导出未勾选认证的增值税发票，并按发票代码与号码进行批量查询，自动比对生成验证结果，并将邮件发送给海通证券的发票管理人员；分支机构清算附件输出机器人，通过登录柜台系统，每日查询导出所有分支机构保证金日结表作为凭证附件，批量输出至对应文件目录并上传FTP（File Transfer Protocol，文件传输协议）系统，交还给各分支机构财务人员，效率提升约15倍。RPA的应用减少了手工录入工作量和人工出错概率，响应更及时，处理时长大幅缩短，切实提升了财务工作效率，解决了财务工作"最后一公里"问题。

商旅平台运用移动互联、语音识别、图像识别、云计算、大数据等科技手段，将公司现有的网络报销平台向移动终端延伸，利用手机强大的数据采集能力集申请、预订、报销于一体，支持移动端"一键报销"，随时随地完成出差报销，提升了员工的商旅体验，支持一线人员展业。

4. 全面预算管理系统搭建

海通证券目前正在搭建的智能全面预算管理系统，集中体现了"强管理、控风险、提效率"的总体建设目标，以"全面性、统一性、合规性"为原则，通过细化落实公司战略规划、年度经营计划和考核目标，实现预算管理工作"流程线上化、编报模板化、管理可量化"，并通过系统的建设扩大数据分析的维度、积累丰富的数据资产，深化业财融合，强化财务管控，提升工作效率，助力公司战略规划和经营目标的实现。

首先，全面预算管理系统坚持将预算与公司战略目标紧密结合，在充分考虑宏观经济、资本市场发展等因素影响的基础上，从业务视角和业务指标出发，通过搭建预算预测的模型，实现业务预算和财务预算、投资预算、资金预算的有机结合，进一步提升预算编报的科学性、合理性和及时性。

其次，全面预算管理系统可以进一步提升内部管控能力，防范经营风险。全面预算管理作为一项全员参与、涵盖公司各业务、贯穿公司经营全过程的系统工程，要通过事前规划、事中控制、事后考核的全流程管控,充分发挥经营的"指挥棒"作用,促进经营管理能力不断提升;通过系统建设,可以进一步强化预算目标的刚性和权威性,并通过各系统间数据的互联互通,让全面预算管理工作达到线上化、流程化、规范化的工作目标,有效防范风险,提升工作效率。

最后,全面预算管理系统利用科技赋能,实现效率提升。此次预算系统建设强调"智能"二字,正是想要依托海通证券信息化战略发展所带来的各项"智能"科技手段,全面赋能预算管理工作,提升预算编制、执行以及分析的效率。例如,通过大数据、人工智能等技术,不断完善经营预测模型,进一步提升经营预测工作的科学性和准确性;通过数据挖掘、智能分析等手段,了解各个业务条线的预算完成情况,并通过大屏、移动端等方式实现实时展现,直观地为管理层提供预算相关的决策有用信息,助力公司价值创造。

(三)智能技术及其产品的选择

在推进智能财务实践的过程中,海通证券坚持采取内部场景挖掘与外部成熟产品应用相结合的方式,因此,对供应商、技术及产品的选择极为重视和谨慎。在选择供应商时,海通证券不拘泥于传统品牌,而更看重对初创型科技公司的发掘与扶持;在选择技术时,海通证券充分考虑相关技术的成熟度、市场前景以及与自身需求的匹配程度;在选择产品时,相比已有成熟产品的固化应用,海通证券更倾向于发掘新产品并加以完善;此外,公司也致力于扶持民族自有品牌,积极支持本土软件厂商的快速发展。

在建设财务机器人时,海通证券对UiPath、艺赛旗、容智等多款产品进行了全面考察,并评估了德勤、毕马威等咨询公司的实施方案,了解到RPA技术是基于规则的流程自动化软件,在提高合规性和安全性的同时,可有效降低运营成本,提高生产效率。应用RPA仅需要少量运营维护人员,但却可以替代大量人力,相当于用很低的成本招募若干数字化助理。了解到这些好处后,2018年,海通证券与上海艺赛旗软件公司合作,在证券行业试点应用RPA技术。目前,海通证券在税务管理、数据采集及加工、会计核算辅助支持、财务统计分析四方面落地实施了62个应用场景,切实解决了海通证券财务工作"最后一公里"的问题。

在建设商旅平台的过程中,海通证券通过市场调研发现智能语音技术(Automatic Speech Recognition,ASR)可以将语音转换为文本,如果将其运用在商旅预订与报销单填写中,将会增加操作便捷性,大幅提高工作效率;光学字符识别(Optical Character Recognition,OCR)技术可以识别图片上的文字内容并将其转化为可编辑的文本,可有效代替手工录入报销单据。海通证券综合考虑后决定将ASR技术与OCR技术打包内嵌至商旅平台中,实现从商旅出行到商旅报销单填报的智能化应用。

区块链技术是一项新兴的互联网技术,它具有去中心化、自证性、防篡改和可追溯性等特点,目前已被广泛应用在政务、金融、民生等各个领域,而在财税领域的应用仍在探索当中。海通证券突破性地运用中证联盟链将销项增值税发票上链,为业务增信,有效防范了增值税发票风险。

(四)投入部门和人员情况

海通证券以"统一管理、自主可控、融合业务、引领发展"科技方针为指引,通过在应用架构、数据管理、基础设施、科技治理四大领域全面落地各项任务,为智能财务实践提供全方位的支持。

在硬件支撑上,海通证券重点推进张江科技园区建设,完善信息技术基础设施配套;在技术支持上,海通证券拥有专业的科技部门与研究机构,为智能财务实践提供规划咨询;在人员配置上,海通证券科技条线有近千名信息技术员工及外包人员,财务部门就智能财务实践配备专职人员四名;在工作机制上,海通证券积极尝试科技与业务双向融合,即在业务部门建立科技融合岗,科技部门员工前置赴该岗位工作,由此搭建起业务与科技沟通的桥梁;在资金保障上,海通证券在智能财务建设方面的投入逐年稳步增长,截至"十三五"期末,相关投入较"十三五"期初已实现翻番。

海通证券的智能财务实践由财务部门牵头,协调各个部门通力配合,共同推进此项工程。在实践过程中,计财部负责人亲自组织,成立了智能财务实践工作小组,负责推进各项系统建设;金融科技部、软件开发中心、数据中心为智能财务实践工作配置了充足的信息技术人员,提供了强大的技术支持;办公室等职能部门充分配合,对相关系统的集成和互联互通提供帮助;债券部、投行部等业务部门在系统上线和使用过程中主动配合,积极提供建设性的改进和优化建议。

(五)实践中遇到的主要问题和解决方法

在智能财务实践中,海通证券也遇到了一些困难与挑战。例如,智能财务实践带来的组织变革与阵痛;财务原有的工作职责划分对智能财务实践的束缚;子公司地域与业务的差异对智能财务实践造成的障碍等。对此,海通证券直面困难与挑战,审时度势,顺势而为,循序渐进,通过革新财务管理理念、构建新型财务团队、敢于突破职责局限、理念流程全面转型、因势利导逐步推进、有效防范实践风险,不断予以解决和完善。

1)革新财务管理理念

革新财务管理理念是推进智能财务实践的前提。随着智能财务实践的深入推进,财务工作的传统职能被重新定义,大量基础性工作被机器替代,取而代之的是数据分析、信息需求管理、算法设计、流程设计等新的工作职责。在这一过程中,如何帮助财务人员转变工作思路、拥抱全新工作模式显得尤为重要。

海通证券在智能财务实践过程中始终将推动员工观念转变放在重要位置,通过定期召开工作例会等方式,宣传先进的财务管理理念,传递智能财务的工作目标与实施路径。财务人员观念的转变并不是立竿见影的,只有通过长期持久的宣传、引导和培训才能做到统一思想、协同一心,从而更顺利高效地推进数字化转型工作,以助力财务管理工作迈上新台阶。

2)构建新型财务团队

在智能财务实践过程中,原先财务组织中的人员结构、知识技能及工作经验与转型后的财务工作不再匹配。面对自身知识结构与工作要求的错配,财务人员在短期内难免会产生恐慌、抗拒、反感的心理，从而阻碍智能财务实践的推进。如何转岗分流财务人员充实一线业务；如何二次赋能财务人员，使其快速适应新的财务工作职责；如何建立人才梯队，培养和储备一精多专的复合型财务人才等，都是公司需要思考和解决的问题。海通证券从以下几方面做了积极探索：

（1）采取措施帮助员工消除、缓解转型过程中的压力，将员工的心理落差稳定在一个可控的水平。具体措施包括及时自上而下地向员工传达、沟通转型方案，帮助员工更好地理解流程和组织变革的意义；通过宣传和培训打破员工的一些旧有观念和传统认知。例如，在建设财务共享中心、推动分支机构财务集中时，打破各单位都需配备财务部的传统观念，在重塑分支机构财务职能架构时，更加强调财务工作的服务属性，从而将分支机构的财务职能向区域分公司集中，同时，分流财务人员充实一线业务部门。

（2）持续加强对财务人员的相关培训。由公司总部统一制定专门的培训方案，拟定培训计划并编制培训材料。通过全面深入的培训，让员工尽快掌握新技能，了解新岗位，适应新工作。同时，在集团层面重点组织培训一批业务骨干，由业务骨干指导各单位的智能财务实践工作，通过频繁而密切的沟通，保证培训的成效，确保智能财务实践自上而下扎实高效开展。

（3）不拘一格求人才。智能财务实践需要打造一支专业性很强的人才队伍，为此，海通证券突破原有的财务招聘要求，对外从华为、平安、用友等招聘一批专业性人才，对内则通过协调信息技术部，内部推荐一批具备信息技术背景的员工，将他们充实到智能财务实践工作的队伍中去。

3）敢于突破职责局限

在传统企业架构中，各部门的职责范围界限明确，财务部门作为传统的中后台职能部门，也有着清晰的权责限定，这对财务工作的数字化转型造成了一定的限制。在智能财务实践过程中，海通证券大胆突破，打破财务和业务的固有边界，强调业财融合和财务的服务属性，淡化财务的监督职能，推动智能财务实践为业务发展服务，赢得了公司领导和相关部门的支持和协作。

4）理念流程全面转型

智能财务实践不仅是理念的革新转变，也不仅是财务流程中部分环节的自动化，而是通过智能技术手段，重塑财务管理流程，打造全新的财务管理模式。在新型的财务管理理念下，海通证券深刻认识到服务公司员工和支持企业发展是智能财务实践的最终目标，以"制度＋科技"为驱动，不断完善制度建设，紧抓信息系统建设，适时推动各项财务业务流程制度改革，切实推动财务职能全面转型，助力公司经营高质量发展。

5）因势利导逐步推进

智能财务实践涉及公司各部门、各分支机构、各子公司，财务管理诉求不尽相同。海通证券在推动智能财务实践的过程中，没有抱着硬性推进、一步到位的心态，始终遵循"因势利导、逐步推进"的原则，坚持先试点后推广，讲策略，分步走，稳步推进智能财务实践。例如，公司在建设集团财务自动化并表系统时,面对境外监管要求的差异,经审慎评估后,决定在充分尊重境外监管要求的前提下,分步实施境外财务数据采集工作,既遵循了合规要求,又高效地完成了并表数据获取。此外,公司充分认识到人机协同在智能财务实践中的重要性,针对每项新技术、每个新场景,都会进行全面系统的培训,充分赋能员工,确保新技术在实际财务工作中得到有效运用。

6）有效防范实践风险

智能财务实践在给财务工作带来更多便利和创造更多可能的同时,其自身固有的风险和在财务场景应用中的特有风险,都给公司带来了新的挑战。海通证券在智能财务实践的过程中,始终牢牢树立风险防范意识,厚植合规风控文化,坚守财务合规底线不放松,配套完善制度建设,优化改进内控机制,定期做好风险有效性分析,确保智能财务实践过程中没有重大财务风险发生。

三、实践成效与未来展望

（一）实践成效

海通证券的智能财务实践具有全局性视角,顶层设计着眼企业整体业务结构,始终聚焦"强管理＋控风险＋提效率"的目标,坚持服务与支持的理念,通过深入有效运用科技手段,完成从财务管理观念到财务管理实践的全面革新。

首先,智能财务实践帮助海通证券实现了财务职能的转型(图2),优化了人员结构,节约了人力成本,促进了业财融合,让财务工作更好地发挥价值创造职能,为公司战略目标落地和经营目标实现提供支持。截至2021年年末,海通证券建立了28个区域财务共享中心,提高了工作效率,强化了财务管控。分公司财务集中后,财务人员由原先的394人减少到现在的131人,减幅为67%(图3)。原财务人员在各自单位自主转岗,岗位主要分布在营销管理岗、机构营销岗、渠道营销岗、业务处理岗等,充实业务一线,支持业务发展。

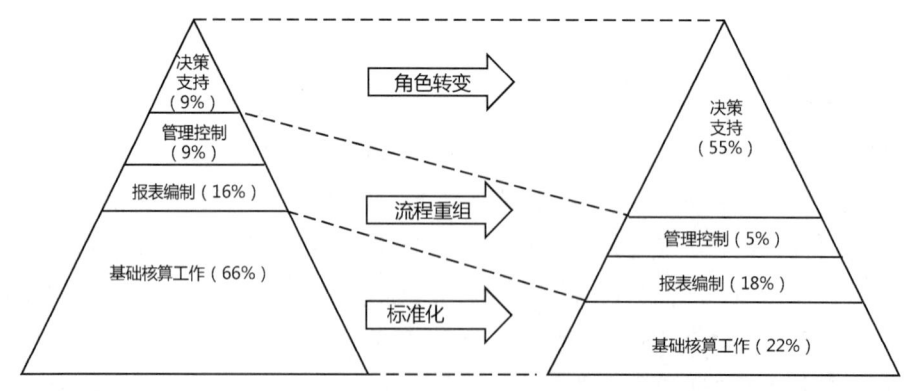

图2 海通证券财务职能转型

其次,智能财务实践助力海通证券强化费用管控,防范财务风险,节约财务成本。海通证券通过智能财务实践,将成本费用管理标准化、流程化、智能化。通过分析成本费用的动

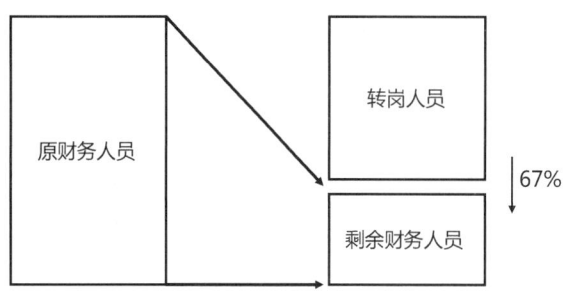

图 3　海通证券财务共享建设前后财务人员对比

因及发生的规律,优化了成本费用管理的细度和深度,强化了费用管控力度,实现了精细化管理,节约了财务成本。此外,公司在现有财务数据基础上向前延伸,做好业财税融合,满足集团化税务管理需求,提升集团化税务管理能力。通过争取税收优惠政策,节省行业税收成本支出。例如,公司牵头争取到永续债利息所得税前扣除政策,截至 2019 年 6 月 23 日,全市场共存续永续债券 19 375.27 亿元,"税前抵扣"政策的明确预计每年将为相关企业节省财务费用约 300 亿元。

再次,智能财务实践帮助海通证券提升工作效率,优化资源配置,全面提升管理能级,助力公司实现"战略财务"转型。例如,智能商旅平台有效整合了航司等各类商旅资源,实现了差旅订票的自动比价,据不完全统计,该平台每年为公司节约机票成本约 400 万元。又如,公司以建设全面预算管理系统为抓手,实现了事前预测、事中管控和事后分析的全流程管理,全面提升公司管理能级,优化公司资源配置,促进公司战略达成。在智能财务实践过程中,公司运用 RPA、OCR、NLP 等技术优化改造原有业务流程,提升了工作效率,节约了人力成本,仅运用 RPA 技术一项,就节约将近 30% 的人力成本,具体应用效果如表 1 至表 4 所示。

表 1　税务管理 RPA 应用效果　　　　　　　　　　　　　　　　　　　　　单位:分钟

项目	增值税发票打印	纳税申报明细查询	增值税发票验证
应用 RPA 前	15	12	180
应用 RPA 后	5.4	4.2	9

表 2　会计核算辅助支持 RPA 应用效果　　　　　　　　　　　　　　　　　单位:分钟

项目	总分往来对账	分支机构清算附件输出	审核记账	新意银行互划凭证导出
应用 RPA 前	420	3 600	30	50
应用 RPA 后	150	240	10	20

表 3　数据采集加工 RPA 应用效果　　　　　　　　　　　　　　　　　　　单位:分钟

项目	滴滴打车费用分拆	券商采集公告
应用 RPA 前	180	90
应用 RPA 后	1.8	10.2

表 4　财务统计分析 RPA 应用效果　　　　　　　　　　　　单位：分钟

项目	科技投入数据查询	集团并表数据差异分析
应用 RPA 前	50	30
应用 RPA 后	15	10

最后，智能财务实践助力海通证券实现制度创新与流程重组。海通证券在智能财务实践过程中始终坚持构建良好的财务转型生态圈，将制度建立在流程上，将流程建在系统中。随着系统的不断完善，公司也开展必要的制度创新、流程重组和组织架构变革，以解决数字化与传统部门组织协作方式之间的矛盾，打破原有部门之间的信息"孤岛"，鼓励协同创新。此外，公司也积极摆脱旧有财务管理理念和模式的束缚，将智能技术有机地融入财务转型战略中，让财务工作在经营管理中发挥更大的作用。

（二）未来展望

随着数字经济的蓬勃发展，大数据、人工智能、移动互联网、云计算、物联网、区块链等技术给财务管理工作带来了颠覆性变革，这对财务工作者而言，既是挑战，更是机遇。未来，海通证券将继续创新管理理念、拥抱数字科技，推动管理变革，践行智能财务，深化财务转型，积累专业人才，跟踪关键技术，优化工作方法，以全面提升财务管理能级，实现公司高质量发展。

（1）继续推动财务管理理念革新。引导财务人员跳出财务看财务，鼓励财务人员贴近业务、熟悉业务、与业务部门沟通交流，成为懂业务的财务人员。引导财务人员回到财务做财务，运用财务专业知识、财务管理经验、管理会计工具为公司增收、节支、防风险做贡献。引导财务人员延伸财务促业务，在履行好价值守护职能的同时，围绕服务、支持的工作理念，服务好员工和客户，进一步做好价值创造工作，为公司业务发展和效益提升添砖加瓦。

（2）通过智能财务的实践，提升业财融合水平，实现"战略财务"目标。业财融合与战略财务是相伴而生、相互促进的。业务数据和财务数据的标准化是业财融合的基础，也是战略财务的起点。一方面，业务创新发展源源不断地催生出更多的财务管理需求，要求财务更深入、更透彻地去理解业务、配合业务、支持业务；另一方面，随着智能财务的深入推进使公司有能力、有精力、有信心去直面这些需求，解决这些管理问题。未来，公司将在智能财务实践的基础上，持续以业财融合为抓手，引导财务人员站在公司战略高度，深入理解各项业务，积极尝试在公司各项业务管理中，运用智能技术，为公司创造价值。

（3）坚持完善财务制度建设。随着智能财务实践的深入推进，公司的财务工作必将发生深刻的变化。财务组织的重塑、工作流程的再造、岗位职责的重新定义，都需要财务制度予以指导、规范、约束和保障。未来，公司要结合公司实际情况与财务管理特点，及时制定、优化、调整各项财务管理制度，指导智能财务实践，规范财务管控体系，约束财务作业行为，保障财务管理成效。

（4）要打造科技生态圈，孵化数字产业链。海通证券在智能财务实践过程中深刻体会到完备的科技生态圈和数字产业链对推动金融行业信息化建设的重要性。一方面,通过运用优质信息系统开发商的成熟软件产品和专业化实施经验,企业可大幅缩短系统建设投产周期,降低试错成本;另一方面,企业在智能财务建设中的个性化需求和项目实施改造经验,也会反过来推动系统开发商对其技术、产品和方案的完善与细化。海通证券致力于推动这样的良性互动,并将自身多年信息化实践的宝贵经验、深刻教训无私地在行业内与兄弟单位分享。未来,海通证券仍将秉持合作共赢的理念,助力科技企业发展,互相反哺对方业务,打造多方共赢的科技生态圈,做深数字财务产业链,共享数字财务发展成果。

(5)海通证券将一以贯之,践行智能财务,深化业财融合,推进自身财务管理水平不断提升。同时,也将在上海国家会计学院的平台上,与智能财务研究院的会员单位一起,以开放、共享的格局共同推动财务数字化转型,为数字中国建设做出应有的贡献。

上云、用数、赋智

——云南中烟智能财务应用实践

- 周芳旭　云南中烟工业有限责任公司财务部部长
- 刘长波　云南中烟工业有限责任公司财务部副部长
- 董志强　云南中烟工业有限责任公司财务部科长
- 张国伟　云南中烟工业有限责任公司财务部科长
- 朱俊宁　云南中烟工业有限责任公司财务部科长
- 杨　寅　上海国家会计学院教授、硕士生导师

■ 国产替代　　新一代 ERP
　 智能财务云　一体化

> 云南中烟作为全国卷烟产销规模最大的省级烟草工业公司,为实现深化改革、高质量发展的数智化转型,以统一信息化平台建设,成功实现了对ERP软件的国产化、云化替代,开创了行业先河,并按照统一标准、统一平台、统一流程实现了企业"三流合一、上下贯通、左右协同"。云南中烟以新一代ERP为基础搭建智能财务云平台,实现了"预算、业务、财务"一体化,深度应用人工智能、图像识别、电子发票、RPA、财务机器人、大数据处理分析与预测等各项前沿的智能技术,构建了具有灵活性、智能化特点的管理会计财务平台,为数字化共享服务中心、整体数字化转型、财务管理智慧化的实现奠定了坚实基础。

一、智能财务建设背景

(一) 云南中烟概况

云南中烟工业有限责任公司(以下简称"云南中烟"或"公司")集卷烟生产销售、烟草物资配套供应、科研以及多元化经营等为一体,是目前全国卷烟产销规模最大的省级烟草工业公司。

云南中烟拥有卷烟产量规模位居行业前两位的红塔烟草(集团)有限责任公司(以下简称"红塔集团")和红云红河烟草(集团)有限责任公司(以下简称"红云红河集团")以及多家直属单位,并在瑞士、罗马尼亚、阿根廷、巴西、美国、缅甸、老挝、印度尼西亚、纳米比亚、伊朗、迪拜、中国香港、中国澳门等国家和地区拥有多家全资、参控股境外企业和多个境外许可生产项目。红塔集团和红云红河集团下辖国内10家全资卷烟生产企业、控股国内4家卷烟生产企业。公司在卷烟产销总量、税利总额、一类烟产销量、全国市场覆盖率、国际市场销量、非烟产业等多项指标上均位居行业第一。

云南中烟始终坚守和贯彻"做精做优品牌、做大做强企业"的发展战略,大力推进省内外卷烟工业企业战略重组,不断推动品牌发展和市场拓展,逐步发展壮大。公司确立了"经营管控型"的管控模式,将职能定位为"战略管理、资源配置、经营管理、统筹协调、绩效管理",并按照建立现代企业制度和法人治理结构的要求,设立了董事会、监事、经理层,构建了权责一致、决策科学、执行顺畅、监督有力的管理体制,如图1所示。

(二) 智能财务建设动机

1. 战略发展的诉求

数字时代的到来,颠覆了传统产业的商业模式,数据成为全新的生产要素。云南中烟将数字技术与传统产业结合,推动业务数字化、生产智能化、服务网络化转型发展,最终形成数字资产构建数字世界的竞争力,是行业发展的必然趋势。

"十四五"时期是云南中烟立足新发展阶段,贯彻新发展理念,向"数智化企业"转型的关键时期。按照国家烟草专卖局的高质量发展要求,云南中烟把数字化转型作为战略要求,以数字化转型为主线,积极推进数字技术与卷烟工业生产经营活动的深度融合,为企业的高质量发展注入新动能。云南中烟数字化转型整体规划如图2所示。

智能财务作为所有数字资产产生价值的闭环,是云南中烟数字化转型的核心重点之一,也是数字化转型整体战略规划的重要组成部分,具有重大的战略意义。

2. 经营管控的诉求

依据烟草行业发展变化和公司战略规划的要求,云南中烟管控模式由战略管控模式转变为经营管控模式。该模式明确了公司总部、各直属单位业务流程的管理深度和幅度,界定了公司总部与各直属单位之间的职责权限划分,充分发挥了公司总部的主导作用和直属单位的主体作用,坚持"统一管理、统一流程、统一标准、统一资源调配使用"的"四统一"原则,理顺和强化工商价值链、供应链。

云南中烟基于经营管控模式,一方面需要发挥财务部门等总部职能部门对两大体系和

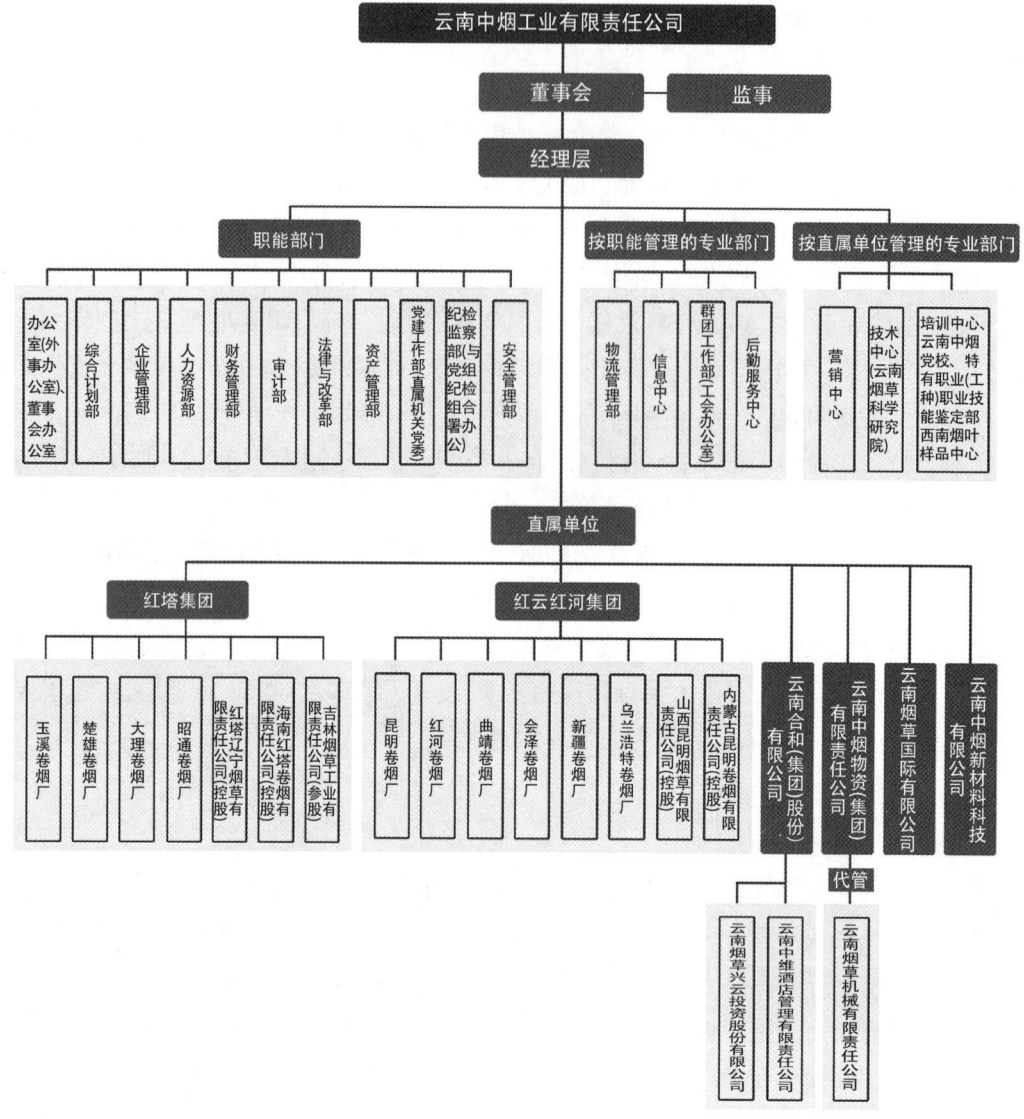

图 1　云南中烟组织架构

五个联动机制的管理深度和幅度,以发挥对价值创造过程的支持作用;另一方面发挥财务部等总部职能部门对两大体系和五个联动机制的规范和监督作用,以保障"严格规范"这一行业管理主题的落实;同时,为适应经营管控模式的要求,进一步促进智能财务的持续提升,成为云南中烟智能财务管理的迫切诉求。

3. 财务转型的诉求

数字技术推动财务管理从信息化向智能化发展,应用语音识别、影像识别、电子发票、移动应用、RPA、大数据、机器学习等技术,让标准化的财务处理工作实现了自动化与智能化,让数据分析、数据洞察、数据预测等发挥出更大的价值潜能。

同时,云南中烟的财务组织也在持续变革。财务共享将分散、重复、基于规则可以标准

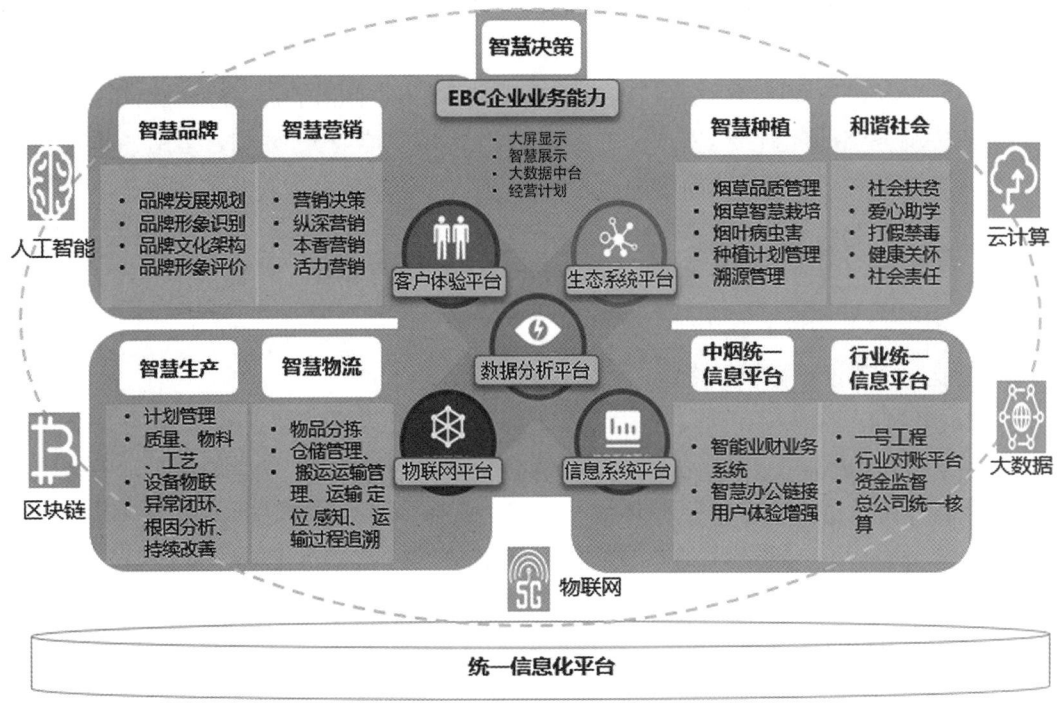

图 2　云南中烟数字化转型整体规划

化的工作集中处理,实现了财务工作效率和质量的同步提升。数字时代的财务组织应该是敏捷的,深度融入企业端到端业务流程和管理活动,并向着"战略财务、业务财务、共享财务"三位一体的方向不断发展。

云南中烟既往的财务管理呈现出管理分散、组织分散、数据分散、系统分散等问题,缺乏专业化管理,集团整体管控较弱。为了支撑云南中烟的数字化转型,云南中烟财务管理在借助智能技术的基础上,实现管理模式的重构,通过财务转型,实现价值创造。

4. 信息化迭代的诉求

云南中烟公司本部和红塔、红云红河两集团根据不同的发展阶段需求,先后建设了三套 ERP 系统,支撑公司和集团整体运营管理,其中,红塔集团 ERP 系统于 2002 年上线,红云红河集团 ERP 系统于 2012 年上线,云南中烟公司本部 ERP 系统于 2013 年上线,公司和集团 ERP 系统的建设时间和实施方均不一致。

由于建设时间跨度大,云南中烟三套 ERP 系统没有按规划进行统筹建设,其劣势主要体现在:第一,应用协同效果差;第二,核心业务缺乏统一的流程管控,系统不能及时有效支撑管理协同和业务联动;第三,国外 ERP 系统的核心技术、知识产权不能自主掌控;第四,系统改造费用高,开发周期长,软硬件成本增长难以控制。云南中烟三套 ERP 系统独立部署存在管理模式不一致、业务流程不统一等问题,已经不能适应云南中烟深化改革和高质量发展要求。

基于上述情况,云南中烟需要通过对三套 ERP 系统进行统一信息化平台建设,纵向打通各管理层级,横向打通供应链各业务域,形成"上下贯通、左右协同"的公司运营主干,遵循"求大同、存小异"的原则,构建适合云南中烟管理的 ERP 信息化平台,并以此为基础,搭建"预算、业务、财务"一体化平台,实现业务驱动财务、财务赋能业务,并综合运用各项智能化技术,实现数字化转型的总体战略目标。

二、智能财务建设实践

(一)智能财务建设方案设计

1. 智能财务建设目标和思路

智能财务建设是在新一代信息技术驱动下财务管理模式的深度变革重构,也是企业数字化转型的重要组成部分,因此,云南中烟智能财务建设思路可以分为两个阶段:一是以新一代 ERP 搭建统一信息化平台,实现"预算、业务、财务"一体化,达到"物流、资金流、信息流"三流合一目标;二是在"预算、业务、财务"一体化基础上,进一步建设财务共享中台,借助财务共享中台构建创新型财务管理模式,最终实现财务转型。

2. 智能财务建设路径和方法

在统一信息化平台建设阶段,云南中烟围绕高质量发展目标,遵循"一盘棋、一体化"原则,选择"整体规划、逐步替代"的路径,打通云南中烟各管理层级信息孤岛,实现管控应用模式统一,业务数据集成统一。整合后的新一代 ERP 系统作为一体化信息管控平台,在规范管理、优化资源、提高效能、维护企业文化方面发挥着显著推动作用。

在统一信息化平台选型上,云南中烟详细评估了国内外厂商在技术架构方面的优劣势,进行了如下分析:

(1)国外 ERP 软件是基于工业时代管理场景开发的产物,普遍存在"大、笨、重"的传统架构部署,结构复杂、响应缓慢,无论扩展还是迭代都不能与数字化时代下的发展需求匹配。

(2)国外 ERP 软件缺乏数据中台,数据"壶"中大量数据口径多元,信息失真,形成数据孤岛。

(3)国外 ERP 软件使用成本高,实施成本高,实施运维生态圈相对本土 ERP 更难培养,对使用国外 ERP 的企业在运维和迭代方面都会构成瓶颈,后续使用许可和运维成本较高。

而以新一代 ERP 系统为代表的国内 ERP 系统具有如下特点:

(1)创新引入云原生技术及中台架构。

(2)系统功能模块齐全,灵活性强。

(3)本地化属性强,充分考虑了国内企业特点,可根据客户需求快速迭代。

(4)界面设计友好,符合国内用户使用习惯,简单易用。

(5)系统软件兼容性强,实施及运维成本较低。

基于此,云南中烟选择国内厂商基于新一代云原生技术搭建 ERP 平台,通过分布式云化架构,大幅提升平台的性能和可用性,通过微服务和容器部署,实现 ERP 解耦和业务灵活配置,支撑海量数据的实时处理和各类移动社交应用的接入,从而真正匹配未来长期的数字化转型建设,并打开了国产替代国外的行业先河,实现了新一代 ERP 系统自主可控。

通过统一信息化平台建设,云南中烟实现了主数据、"预算、业务、财务"、产供销的集中统一管理,通过主干业务与延伸应用无缝融合,支撑了从决策层、管理层、执行层三个层面高效贯通,形成了云南中烟统一应用的基础体系,实现统一主数据、统一业务系统、统一流程制度、统一核算规则四个统一,奠定了云南中烟数字化转型的重要基石,成为云南中烟"一盘棋、一体化"强有力的抓手。云南中烟统一信息化平台整体规划如图 3 所示。

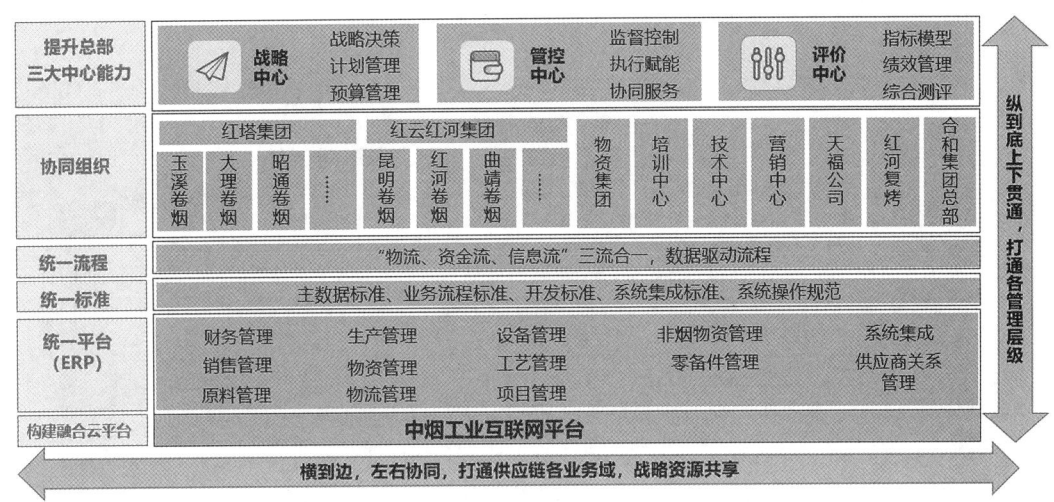

图 3　云南中烟统一信息化平台整体规划

3. 智能财务建设系统框架

在统一信息化平台的基础上,云南中烟进一步搭建了智能财务管理平台,夯实了集团财务管理的基础,包括统一了财务会计政策、会计科目体系、报表体系;统一了组织、员工、客户、供应商等主数据;建立了统一的财务核算体系、统一的资金债务业务流程,使集团统一会计制度政策得到执行,实现财务管理的规范化、标准化、精细化。

"凡事预则立,不预则废。"首先,烟草行业作为国家强管控行业,具有高度计划性,这决定了云南中烟每年的业务计划是行业下达、行业规定——"无预算不业务";其次,卷烟价格是由国家烟草专卖局规定的,企业唯一能做的就是提升产品结构和成本管理精细化,那么提升产品结构和降本增效决定着企业税利目标;最后,由于资源有限,只有对有限资源进行合理配置,才能确保税利目标实现。因此,预算管理是云南中烟的经营出发点和指挥棒,预算驱动业务、业务驱动财务的"预算、业务、财务"一体化,是烟草行业的核心经营特性,也是云南中烟智能财务平台建设的核心主轴。

云南中烟在搭建智能财务管理系统时,需要先搭建全业务、全闭环的预算管理模块,实现预算编制与经营目标的紧密联系,确保预算控制的有效执行,通过预算指导核算、计划优化生产,将产销做到集团内统筹,并基于数据建模,根据市场行情实时预测,实现产品结构优化和集团税利最大化。

在预算管理的整体规划下,云南中烟智能财务建设需要实现各主要业务循环的端到端打通和数据共享,包括销售到收款、采购到付款、生产到成本、费用与差旅、资金管理、核算到报表等,实现"预算、业务、财务"一体化。在此基础上,借助各项智能技术的深度应用,云南中烟将传统的财务会计业务实现自动化处理,并充分运用数据共享和数字技术,实现精细化管理核算和数据分析,包括标准成本的精细化管理、多维管理报表的自动化编制等,从而为云南中烟为实现从财务会计向管理会计转型给予坚实的支撑。云南中烟智能财务系统框架如图4所示。

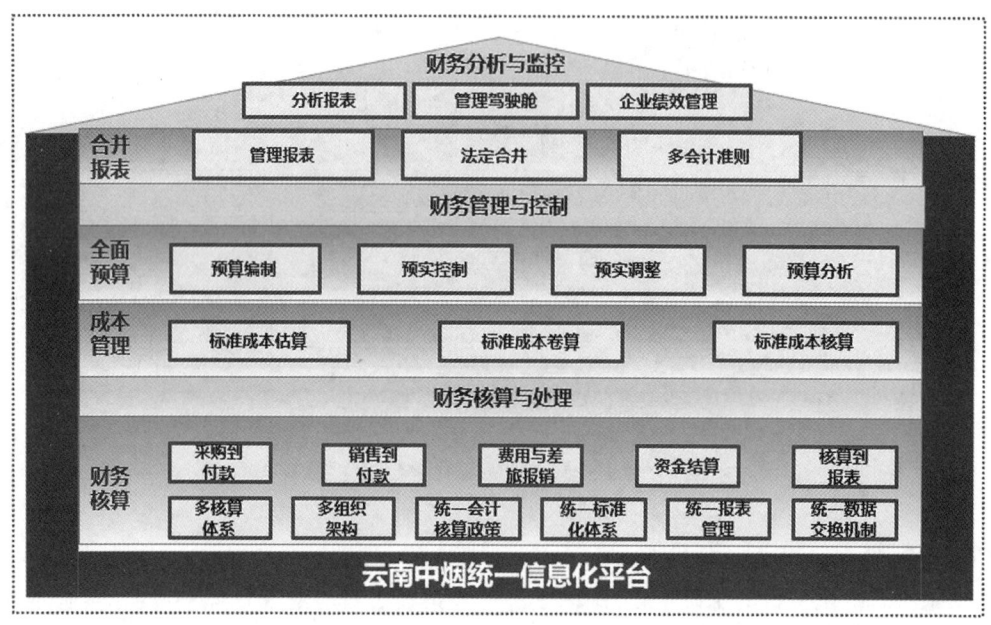

图4 云南中烟智能财务系统框架

(二)智能财务核心应用场景及应用技术

云南中烟通过在统一信息化平台上建设标准化、智能化的财务系统,实现了账套标准化、数据共享化、流程协同化、操作智能化,推进了"预算、业务、财务"深度融合,在预算管理、销售到收款、采购到付款、生产到成本、费用与差旅报销、资金管理、核算到报表七大核心领域中实现了智能财务的深度应用。

1. 预算管理

烟草行业作为国家强管控行业,具有很强的计划预算管理属性,国家烟草专卖局每年对云南中烟的销售量设定计划目标。云南中烟在明确公司战略规划、年度经营目标以及相应预算指标的情况下,明确预算管理需要覆盖定额管理、预算编制、预算审批、预算控制、预算调整、分析与评价的全面预算管理闭环,从而实现预算编制与经营目标的紧密联系,确保预算控制的有效执行。云南中烟智能预算管理系统如图5所示。

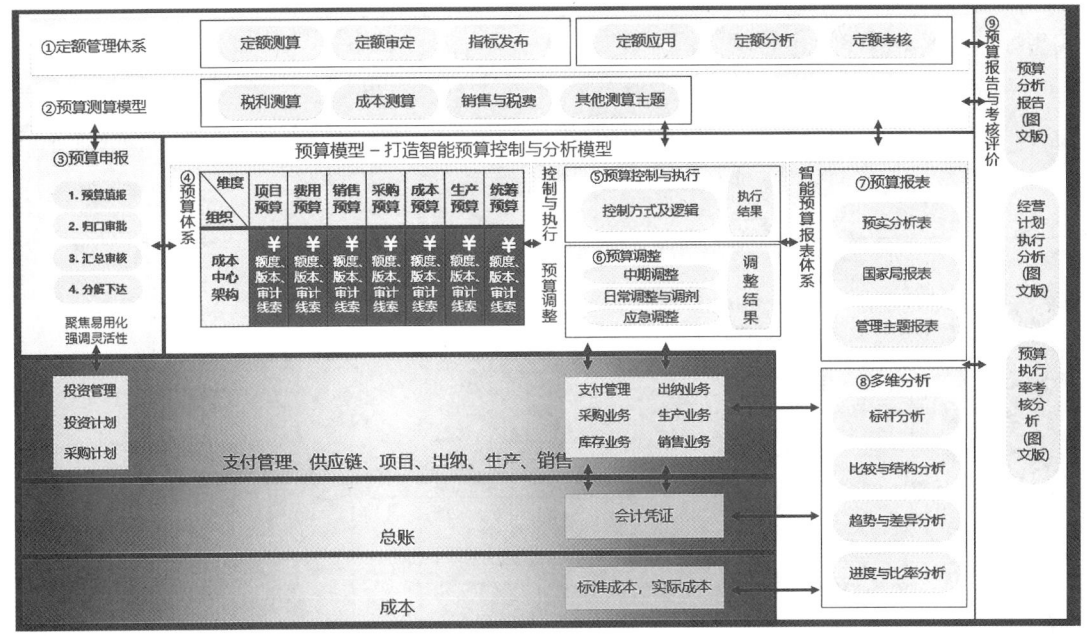

图 5　云南中烟智能预算管理系统

1）实现全面预算管理的系统化落地（涉及智能化技术：数据中台、数据建模、流程自动化）

云南中烟实现预算管理系统化落地，覆盖业务预算、资本预算和财务预算等各项预算，同时根据不同阶段管理重点建立相关专项业务预算，预算管理全面覆盖生产经营所有业务，充分发挥预算管理在资源配置中的作用。

云南中烟智能财务管理平台通过数据共享与数据治理，实现了预算组织与会计核算组织统一、预算科目与会计科目统一、业务表单统一等，实现了预算系统、业务系统、财务系统的全面互通，为"预算、业务、财务"一体化奠定了基础。

2）实现预算定额管理系统化应用（涉及智能化技术：数据中台、数据建模、流程自动化）

云南中烟在统一信息化平台上，实现了统一主数据、统一业务系统、统一流程制度、统一核算规则四个统一。预算系统中已单独设计预算定额体系业务模型，可以按预算科目、项目、物料、组织等维度配置不同的定额标准。在预算申报的业务模型中，配置部门预算申报、项目预算申报模板时关联定额体系模型取各业务维度的定额标准，在申报时只需要填写各维度，如项目、业务量、人数、比率等参数，即会根据标准和数量自动计算预算申报金额。以会议费为例，相关人员只需要申报计划的会议参会人数，即可以完成申报，预算系统会根据业务规则引擎自动进行预算金额的计算，并自动将申报表单转成预设在预算模块的预算表单，方便业务部门申报，方便管理人员审核，方便预算管理人员分析考核。

3）细化预算编制、动态表单灵活申报（涉及智能化技术：规则引擎、流程自动化）

云南中烟预算申报面临很多挑战：第一，跨部门、跨单位的预算申报流程及预算表单难以统一，对重点预算的全过程追溯难以实现；第二，各直属公司的编制特点不统一，多种预算编制模式的结合应用难以实现,预算编制缺乏灵活性;第三,多套系统协同应用效果差,难以实现数据的实时共享及多角度分析。

为解决预算申报问题,云南中烟智能预算管理的预算申报采取"一单到底"的创新方式,通过动态申报表单,支持自定义比预算科目更细的维度,方便在线记录所申报预算的详细计划,提升预算编制质量,明晰细化预算编制依据,如图6所示。

图6 云南中烟预算申报表单与定额管理示意图

4)强化预算组织管理、业务归口驱动预算审批(涉及智能化技术:流程自动化、智能协同)

云南中烟强化各职能归口管理部门在专项预算管理中的统筹管理作用,各职能管理部门在归口范围对预算实行专业管理,体现资源集中管理。全面预算的审批目标是需要实现多级次审批模式,支持业务归口审批和多层级审批,满足审批场景驱动工作流,灵活地触发多种审批流程,预算审批与预算申报紧密结合,实现预算数据全过程可追溯,如图7所示。

为达到以上目标,预算管理模块可以面向系统管理人员自由配置归口审批模板和归口审批工作流,并且可通过消息中心或预算模块的功能菜单,进入一站式的审批界面,如图8所示。预算系统对于审批任务每一笔明细申请金额,支持对申请金额的审批调整,以及支持填写审批意见,满足预算审批过程在线沟通需求,预算审批人员可以通过流程预览方式随时监控审批状态。

5)实现预算集中管控、分级下达(涉及智能化技术:流程自动化、智能协同)

在云南中烟集团预算编制过程中,实现预算审批调整后,需要对调整后的预算进行逐层分解下达。在云南中烟智能预算系统中,预算审批界面执行调整与分解下达,无须切换界面,同时支持在不同视图完成多个分解下达场景,如图9所示;预算系统对最终审定数完成中烟到集团、集团到工厂、工厂到部门多级分解下达;系统同时支持按差额和目标结果两种分解方式,便于用户灵活操作,并支持分解下达操作留痕。

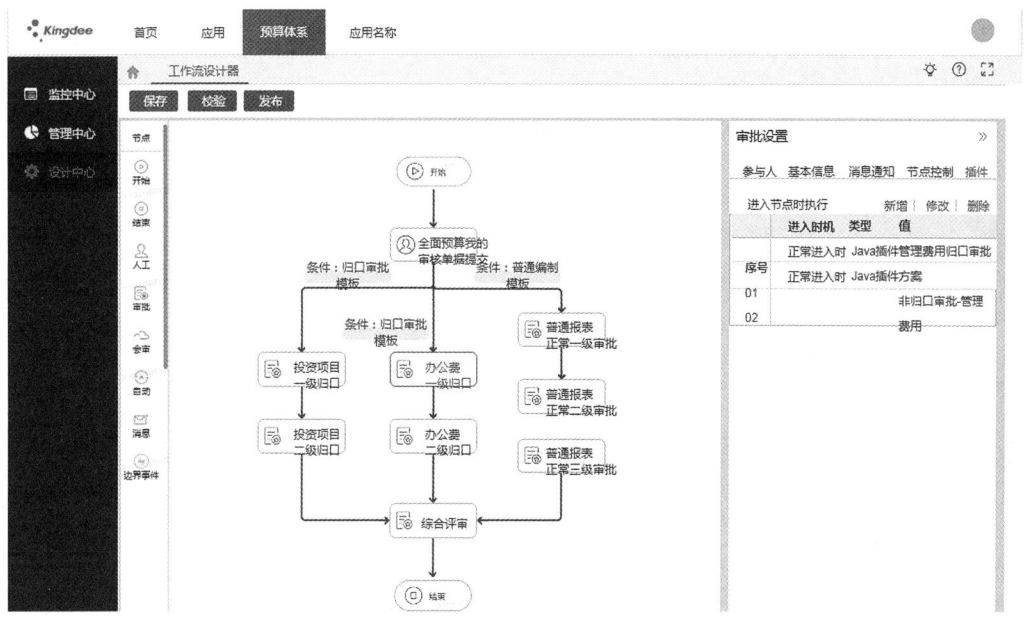

图 7 云南中烟预算审批场景化工作流程

图 8 云南中烟预算归口审批模板

图 9　云南中烟预算分解下达操作界面

6）刚柔并济、实现预算灵活控制（涉及智能化技术：规则引擎、流程自动化）

云南中烟根据集团管控需求，搭建了灵活的预算控制体系，全面拉通"预算、业务、财务"一体化，覆盖项目预算、费用预算、采购预算、资金预算等各个业务场景的预算控制与执行，如表1所示。智能预算系统对各类业务单据、各类操作行为触发预算控制逻辑（如占用、执行、返还）等进行了设置，并匹配了对应的预算控制方式，包括刚性控制、柔性控制、总额控制、归口控制等，从而实现灵活的预算控制与执行。

表 1　云南中烟费用预算控制方案设置

单据	业务预算				资金预算
	控制	占用	释放	消耗	消耗
对公报销单 对私报销单 差旅报销单	提交	审批通过	反审核关闭	生成凭证	（付款单/代发单）审批通过
说明	预算不够，无法提单	审批通过后，占用预算额度		付款完成后，消耗费用预算	付款完成后，消耗资金预算

7）数据建模、实现实时税利预测（涉及智能化技术：规则引擎、数据建模、数据处理与数据预测）

云南中烟基于税利预测对年度预算目标进行测定，如图10所示。在智能预算系统中，通过搭建用于模拟预测的业务模型支持采集预算模拟需要的相关数据,通过业务规则自动实现业务量和预算相关定额指标的业务关系计算,通过预算模板搭建模拟预测相关的预算表单,调整关键指标或定额参数,根据业务规则自动模拟、计算出需要的预测结果,以预测结果反向推动前端业务优化,如优化烟叶配方,产生与预测结果相符的生产经营结果,全面支持云南中烟"预算先行,指导业务"的管理理念。

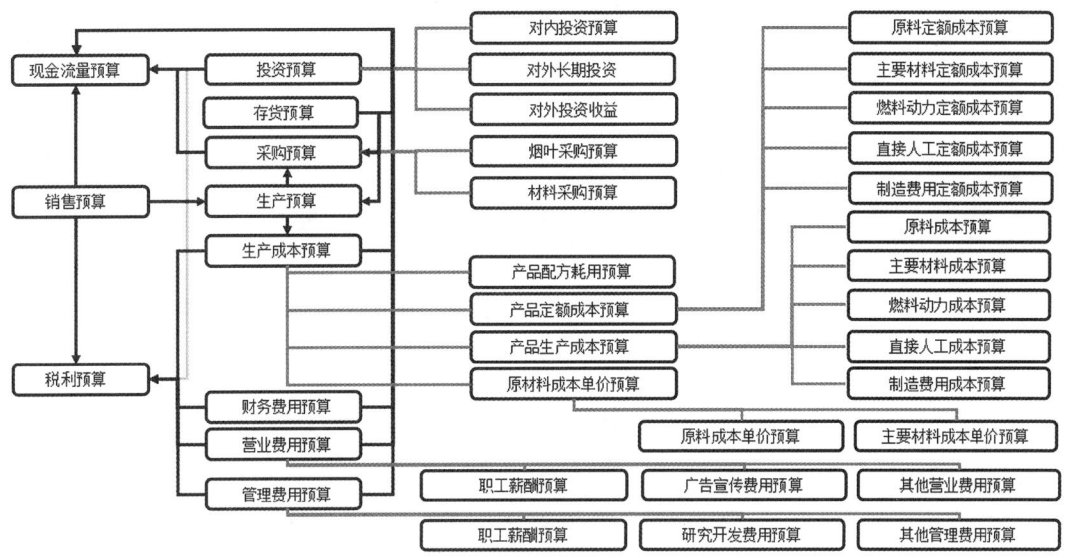

图 10 云南中烟基于税利预测数据模型

基于完整业务流程模拟、数据建模和动态参数调整,智能预算系统可以实现云南中烟税利和现金流自动测算,便于制定预算目标,实现企业税利最大化,并对核心影响参数进行情景分析和敏感性分析,对于后续运营规划、差异分析提供评价标准,从而真正实现数据驱动管理决策。

2. 销售到收款

云南中烟作为卷烟生产加工集团,销售到收款覆盖端到端流程管理,包括成品卷烟销售协议管理、年月需求预测管理、配货管理、销售管理、应收管理、收款管理、工商对账、税金计算、库存管理等全流程。

1) 跨组织单据自动生成(涉及智能化技术:财务云、流程自动化)

云南中烟是集团销售模式,即总部统一接单,各子集团下属烟厂负责生产出货:云南中烟营销中心和各烟草公司对接,接收销售订单并进行订单分配,下属红塔、红云红河两集团作为生产中心,根据订单进行生产计划下达、成品调拨和交付,如图 11 所示。

对于集团销售的模式,如何实现产销协同和自动化的组织间结算是管理的核心,也是智能财务建设的重点方向。云南中烟通过搭建统一信息化平台,实现了各烟草公司与云南中烟(营销中心)、两红集团(生产中心)成品卷烟销售的完整闭环管理。通过智能化的跨组织参数配置,可以实现组织间单据的自动转换(图 12):云南中烟统一信息化平台自动根据营

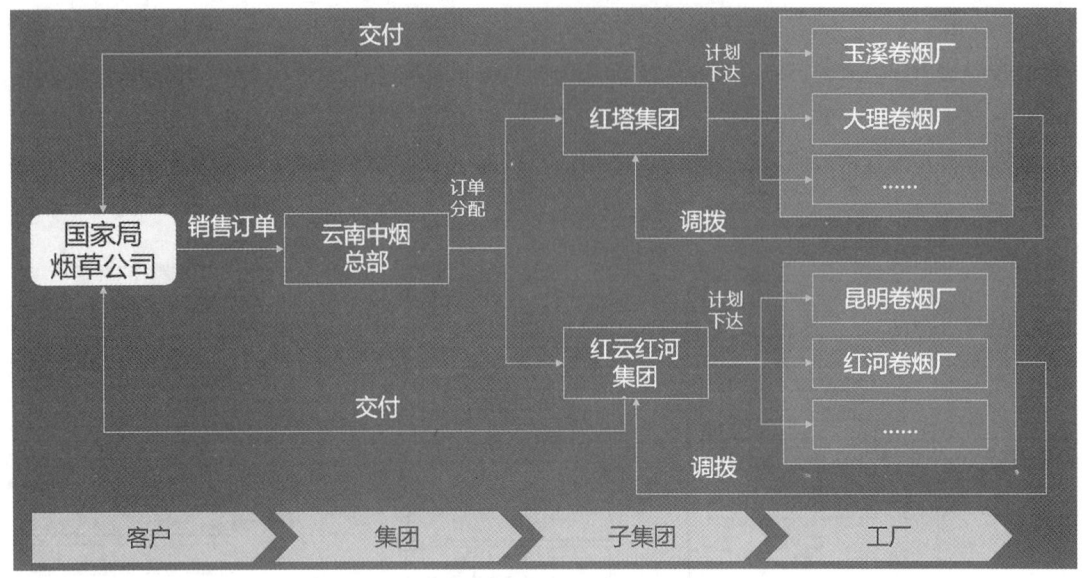

图 11　云南中烟销售业务流程

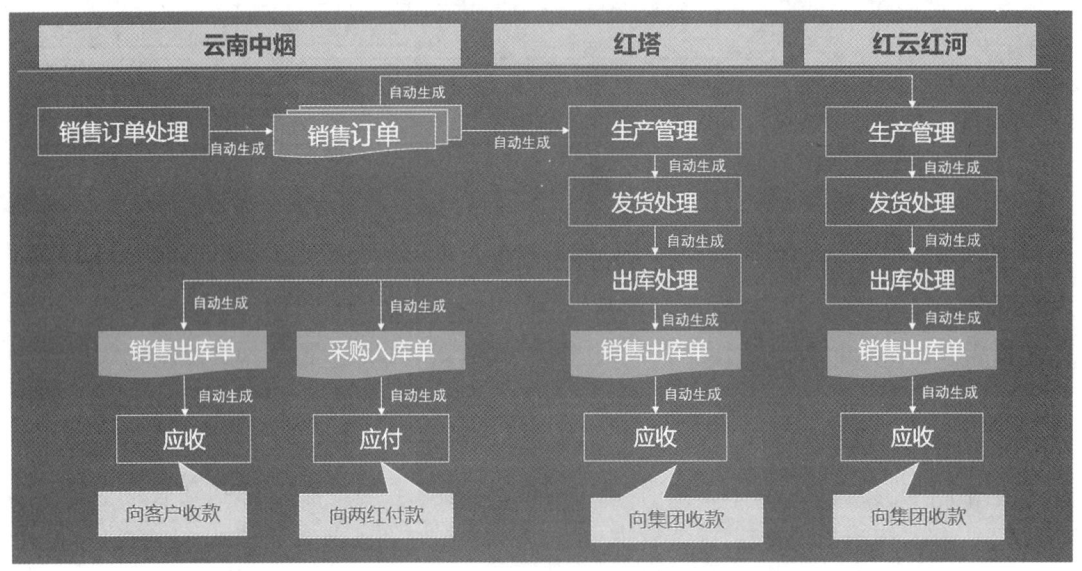

图 12　云南中烟跨组织单据自动生成和组织间自动结算

销综管平台的工商合同在系统中创建销售订单,基于营销中心的销售订单,自动生成两红集团的销售订单及云南中烟的采购订单,从而实现了内部供应商/客户间的单据自动生成,基于同一的核心单据号实现集团内部交易业务的自动核销,为集团内/外自动对账提供了支撑。

2)一键批量直连开票(涉及智能化技术:财务云、电子发票、税企直连、流程自动化、开票 RPA)

云南中烟智能财务平台基于发票云管理,可以将各核算组织关联的应收单自动下推生成开票单,实现业务财务数据与发票数据的自动转换,并直连金税系统进行集中批量开票处理,开具发票自动汇集形成发票池,实现了卷烟销售开票及税费核算与金税系统的无缝集成与统一,如图13所示。

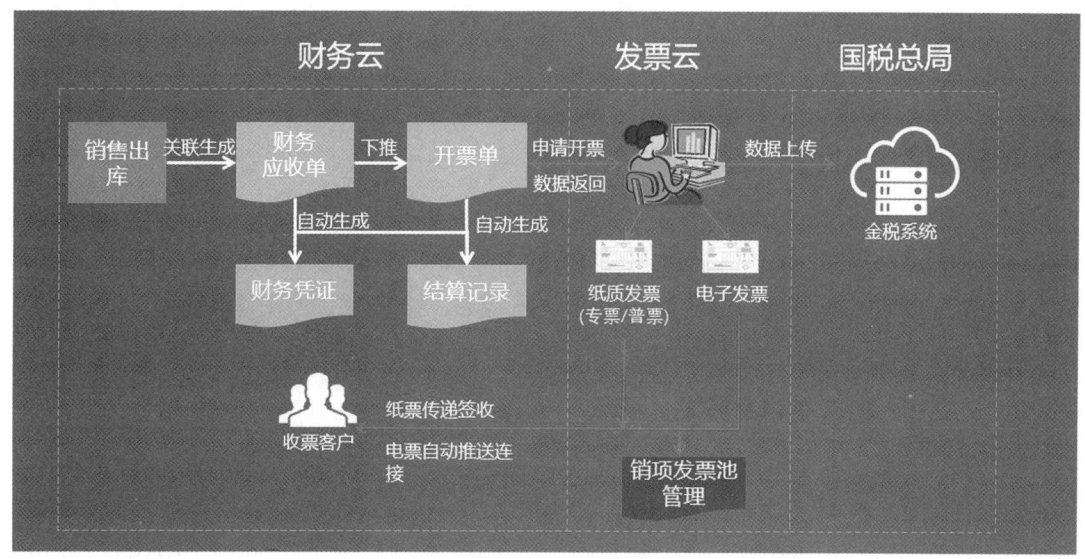

图13 云南中烟自动开票与发票池管理

3. 采购到付款

云南中烟采购到付款环节主要考虑所有烟用物资、非烟物资等领域的采购与库存业务,包括三单匹配、供应商管理、付款申请、存货管理等领域。

1) 集团物资集采高效协同(涉及智能化技术:财务云、流程自动化)

云南中烟统一信息化平台实现了云南中烟体系下各生产单位物资需求计划的集中采购,大大提高了议价能力,可节约企业采购成本。云南中烟通过灵活的单据配置及组织间结算功能设置,实现了在集采业务中由需求计划出发的采购订单,以采购订单作为统一的核心单据,生成采购入库单、应付单、付款单以及银企付款等业务,在不同核算组织下自动生成采购/销售订单,在不同单据间也可进行自动/手工核销,形成完整的物资集采流程。

2) 供应商管理共建产业生态(涉及智能化技术:财务云、流程自动化)

云南中烟统一信息化平台可以通过供应商管理以及供应商协同应用,与上游供应商进行在线协同业务,从采购寻源、订货、交货、账务各环节实现全面实时信息交互。在统一信息化平台中实现云南中烟的订单发布与供应商的订单确认的同步,供应商的发货确认和云南中烟的收货确认的协同,供应商在线发起对账、开具发票、确认收款,云南中烟在线确认对账、确认收票和发起付款,从而提升物资采购管理的效率和准确度,同时通过询报价以及在线竞标等业务,大大提高了公司的议价能力,以节约公司采购成本。

基于供应商协同平台的建设,为烟草行业二维码的推广打下基础,可以通过供应商协同平台推送二维码段给供应商,确保供应商在供货前打上二维码。

3) **智能发票稽核认证**(涉及智能化技术：财务云，电子发票，OCR 技术，税企直连，规则引擎，审核 RPA)

云南中烟智能财务平台的发票云功能，支持扫描、拍照、上传等多种方式采集电子发票和纸质发票，通过 OCR 技术进行图像识别，可自动提取发票的结构化数据信息，并直连金税系统电子底账库，自动进行发票的真伪校验。基于发票云历史数据库，自动进行重复报账的校验，对于发票池归集的进项发票，可进行批量的抵扣勾选认证，实现了发票的风险管理，大幅减轻了财务人员的工作量。同时，基于规则引擎，可进行采购发票与财务应付间的自动结算和采购入库单的自动核销。云南中烟智能收票管理如图 14 所示。

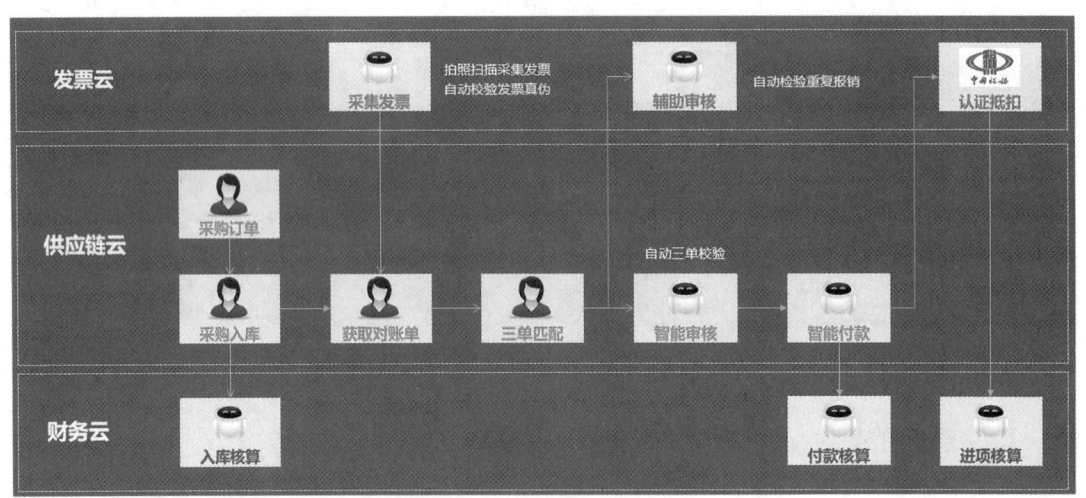

图 14　云南中烟智能收票管理

4. 生产到成本

云南中烟智能财务平台开创了国产化 ERP 标准成本的先河，标准成本模块以多成本类型、多账簿、多维度的成本核算平台为核心，通过多级成本核算，可实现从下往上进行成本核算，成本中心通过层级管控，可核算细化到机台。系统支持从标准成本卷算到发布、从数据归集到分配、从成本计算到还原、从完工结算到差异分摊，形成了从标准设置、估算、核算、还原的全链路成本管理。

1) **成本精细化管理**(涉及智能化技术：财务云，规则引擎，流程自动化，核算 RPA，数据建模与数据处理)

云南中烟智能财务平台的标准成本支持按订单生产和按流程制造的成本核算方式，能够满足多级成本核算的要求。系统按产品物料清单和工艺路线进行产品标准成本的估算，实时核算产品生产过程中的材料投入成本，支持对于流程生产中的半成品和成品进行成本核算以及成本还原，记录各个成本对象发生的费用，对成本对象的费用按成本动因或设定的规则进行自动分摊。系统支持将实际成本和标准成本的差异分摊精细化分配到订单价差、发票价差、标准成本变更差异、材料耗用差异、制造费用差异、未吸收费用差异、成本更新差异、其他价差、费用价差、跌价差异十种差异上,有力地支撑企业精细化管理诉求。在标准成本计算差异分摊明细中,云南中烟运用了"多元一次方程组差异分摊计算模型",解决了差异分摊在循环调拨和跨期调拨中差异率偏差较大的问题,支持了多种复杂业务场景的成本计算,大大提升了成本计算与业务实质的一致性,进一步推动了"预算、业务、财务"一体化。云南中烟标准成本核算流程如图15所示。

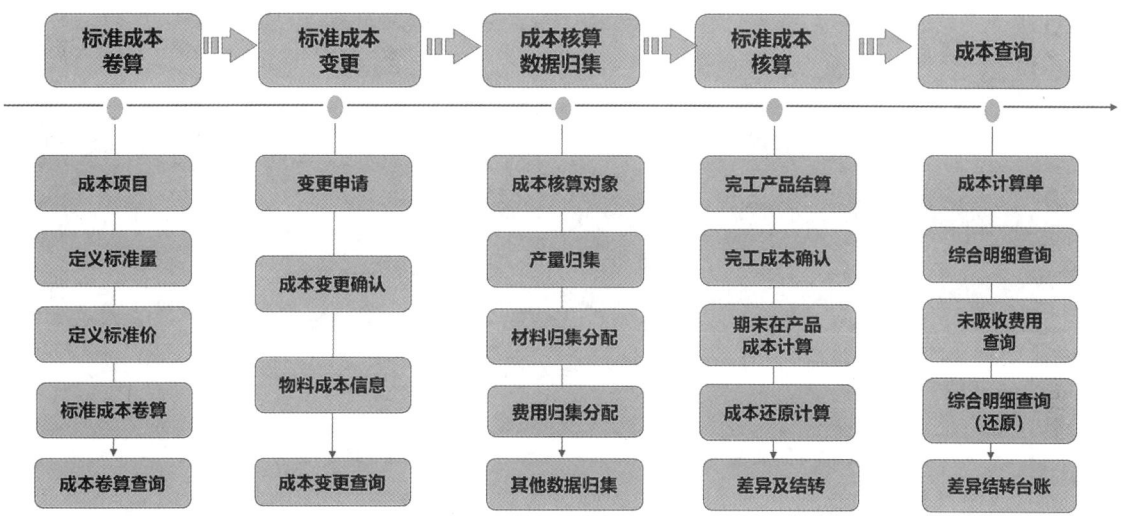

图 15　云南中烟标准成本核算流程

2) **标准成本全过程控制(涉及智能化技术:财务云、规则引擎、流程自动化、数据处理与数据分析)**

云南中烟的不同工厂通过预先制定标准成本,并将其作为成本中心或员工的目标和衡量实际成本节约或超支的尺度,进行成本事前控制。云南中烟卷烟生产过程中将实际消耗与标准消耗进行比较,及时揭示和分析脱离标准的差异,并迅速采取措施加以改进,加强成本事中控制。月末将标准成本与实际成本比较,揭示各成本差异,分析差异原因,评估业绩,并制定有效措施,实现成本事后控制,如图16所示。

成本管理通过估算时多维度与不同成本子要素的对比分析,以及多成本类型与不同成本类型的对比分析,为标准成本制定分析提供数据支撑;云南中烟通过生产过程中的实际发生与标准的差异分析为采取新工艺、新操作、新技术、销售经营的决策做有力支撑。成本管理在期间标准成本变更可通过价表变更或手工新增变更快速发起,联动更新存货成本,不受期间单据影响,变更快速灵活。

5. 费用与差旅报销

费用与差旅报销是云南中烟管理的难点之一,既要满足用户需求,又要提升用户体验,覆盖全场景的报销业务,也要嵌入集团管控制度,加强风险防范,并且提升各类审核处理事项的自动化处理效率,减轻财务人员的工作量。云南中烟智能财务平台重构了整体的报销流程,实现了端到端的一体化智能技术的深入应用,大幅提升了工作效率。

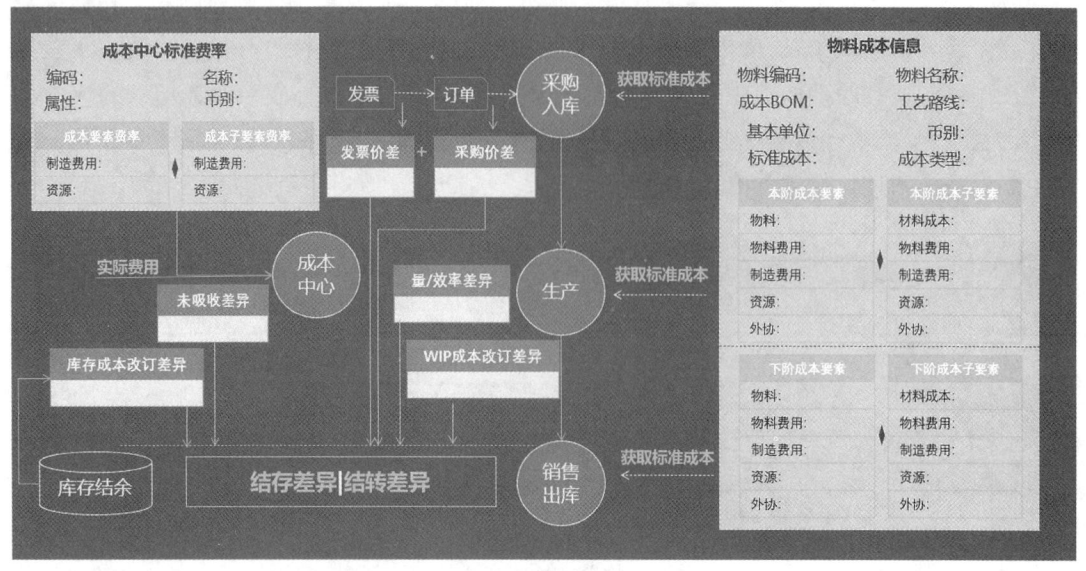

图16　云南中烟标准成本差异类型

1）一站式敏捷报销（涉及智能化技术：财务云、移动应用、智能协同）

云南中烟基于智能财务平台打造的智慧差旅整合了以前多个异构系统的功能，优化了费用报销和差旅报销的整体流程，用户只需在一个平台内就可以完成申请、报销、审批、银企支付、总账记账等操作。

员工在进行差旅报销时，可以实时查看目前差旅费可用的预算额度，把预算控制前移到业务环节，而非财务核算环节通过流程预测功能，在提交单据后就能看到全部审批流程，实时追踪审批进度与支付进度。

云南中烟将统一信息化平台的待办任务、通知消息与企业微信、OA的移动端和PC端全部集成，员工可以通过移动端，不再受时间和地点的限制，随时随地审批出差申请、差旅报销等移动单据，实现了真正意义上的移动办公。同时这也帮助领导消除了被动审批的困扰，缩短了差旅报销审核流程的时间，提升了工作效率。

2）商旅集成自动月结（涉及智能化技术：财务云、移动应用、智能协同、规则引擎、对账RPA）

云南中烟智能财务平台通过与商旅平台进行对接，运用定制化的单服务商、多供应商的模式，整合线上线下资源，保证员工商旅预订集成在同一平台，同时保留供应商比价的功能，实现了云南中烟差旅成本的降低。

商旅平台产生的所有订单都会同步到智能财务平台上的智慧差旅，员工在报销时选择订单就能带出订单相关的信息，这减轻了员工报销的工作量。与此同时，供应商的月结结算单也会自动同步到智慧差旅，并依据业务规则与订单数据进行自动对账，保证人、财、物一致，省去人工对账的过程，极大地减轻了财务人员的工作量，如图17所示。

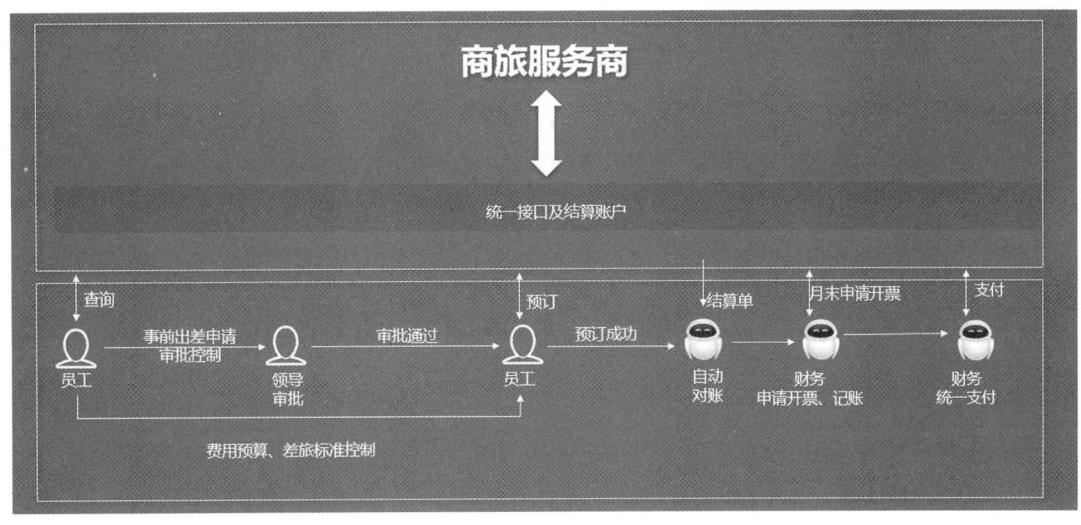

图 17　云南中烟智慧商旅集成

3）差旅标准随需调节（涉及智能化技术：财务云、规则引擎）

云南中烟的差旅标准需考虑包干标准与非包干标准、淡季标准和旺季标准的差异性。在智能财务平台上，系统设置了包干标准和淡旺季标准。员工在报销时，如果选择了包干标准，系统会控制报销的补助金额不能超过根据《云南中烟差旅费管理规定》在系统预设的标准；反之，系统会根据出差的时间及出差地域自动判断出差期间属于淡季还是旺季，并匹配相应的差旅标准进行控制。系统通过智能化、自动化的差旅标准控制方式，保证了员工不会超额报销，财务人员审核时不需要反复核对差旅报销金额是否超标准，这极大地减轻了财务人员审核差旅报销的工作量，同时也提升了云南中烟差旅控制的管理水平。

4）智能发票校验导入（涉及智能化技术：财务云、电子发票、OCR 技术、税企直连、规则引擎、审核 RPA）

云南中烟智能财务平台的智慧差旅与发票云进行了深度融合，通过智能技术进行报销的方式，减轻了员工报销的工作量，提升了操作效率和数据的正确性。比如员工出差结束进行差旅报销时，可以通过导入行程期间产生的原始发票，导入发票时系统会自动进行发票的真伪校验、重复校验、抬头校验，确保导入系统的发票都是合规发票，省去了财务人员查询发票的工作。另外，系统通过 OCR 技术，提取发票上的信息，自动匹配系统的差旅项目，自动填充差旅报销单，例如，导入机票添加机票差旅项目，导入火车票添加火车差旅项目等，进一步降低了员工的操作量，大幅提升了用户体验。

6. 资金管理

云南中烟智能财务平台覆盖云南中烟、子集团、分子公司多级资金管理控制节点的收、付、转等资金结算业务，对各单位的资金运行进行全面掌控，实现了资金分散运作与统一管理。

1）收付款处理自动化（涉及智能化技术：财务云、银企直连、规则引擎、付款 RPA、收款 RPA）

云南中烟目前开通了 14 家银行的银企直连，无须登录多家银行网银进行业务处理。付款处理时通过提交银企直联,付款单会记录提交银企的必要信息,打包报文发送到银行,银行受理支付业务,并返回处理结果。云南中烟通过银企直联支付安全、高效,多重手段保证企业资金安全;对于工资支付、一对多的报销业务等,也支持提交银企,通过银企接口完成一对多支付处理;对于通过薪酬管理数据生成的工资代发单,数据中的敏感信息加密显示,安全性更高。支持一次支付多收款人的成批报销,简化操作,资金支付更高效。

对于收款业务,根据收款入账的规则自动匹配,系统支持将银行收款通过识别对方信息、摘要等自动入账生成收款单,并在收款入账中心对收款入账情况进行监控以及人工干预。对于无法根据规则入账的收款明细,则可发送到收款认领平台,方便责任人进行认领和操作,从而实现收款全面管理。

2) 资金日报表自动化(涉及智能化技术:财务云、银企直联、规则引擎、对账 RPA)

云南中烟通过资金集中管理平台和银企直连,无须登录多家银行网银即可查询流水和账户余额,从而实现资金日报自动化,自动统计企业资金的汇总数,包括现金和银行账户的期初数、借方发生额、贷方发生额、期末数等数据,用于从整体上实时把握资金的流入、流出和结余情况。

同时,对于企业银行日记账和银行对账单的对账,通过对账方案的设置,由用户自定义对账规则,可实现灵活的银行对账操作,包括通过对账标识码相同、结算单据号相同等多种方式,智能完成对账,优化算法,提高对账准确性和对账效率,实现对账的自动化。

7. 核算到报表

云南中烟智能财务平台通过搭建集团核算体系、统一核算制度、建设会计引擎,实现了集团核算的标准化和自动化。同时,基于统一信息化平台的数据共享,智能财务平台的报表平台支持多口径多维度的财务专项报表和管理报表,包括但不限于月报、快报、量本利报表、主要财务指标表、三项费用明细表、库存情况表、物流费用表等各种管理报表的分析查询。

1) 会计引擎实现核算自动化(涉及智能化技术:财务云、规则引擎、流程自动化、核算 RPA)

云南中烟智能财务平台强化业务交易与财务处理的高度集成性,通过凭证模板配置自动生成与业务交易活动有关的会计凭证,可以根据核算的需求配置业务模块生成凭证的取值规则,确保财务数据的可追溯查询,实现了业务财务一体化目标。确保财务总账与明细账、财务账与实物账一致。

同时,系统提供灵活的方案定义功能,只要是企业日常业务中的标准操作、可以总结出执行规则,即可支持智能核算方案定义,由核算机器人来自动执行,执行结果随时可查,如图 18 所示。

2) 多维报表精细化核算(涉及智能化技术:财务云、规则引擎、流程自动化、报表 RPA、核算 RPA、数据建模与数据处理)

为了实现精细化管理的需求,云南中烟按照品类、品牌进行精细化的核算和管理分析。以增值税为例,出口卷烟业务需要进行进项税额转出处理,进项税额的转出需要按照出口业

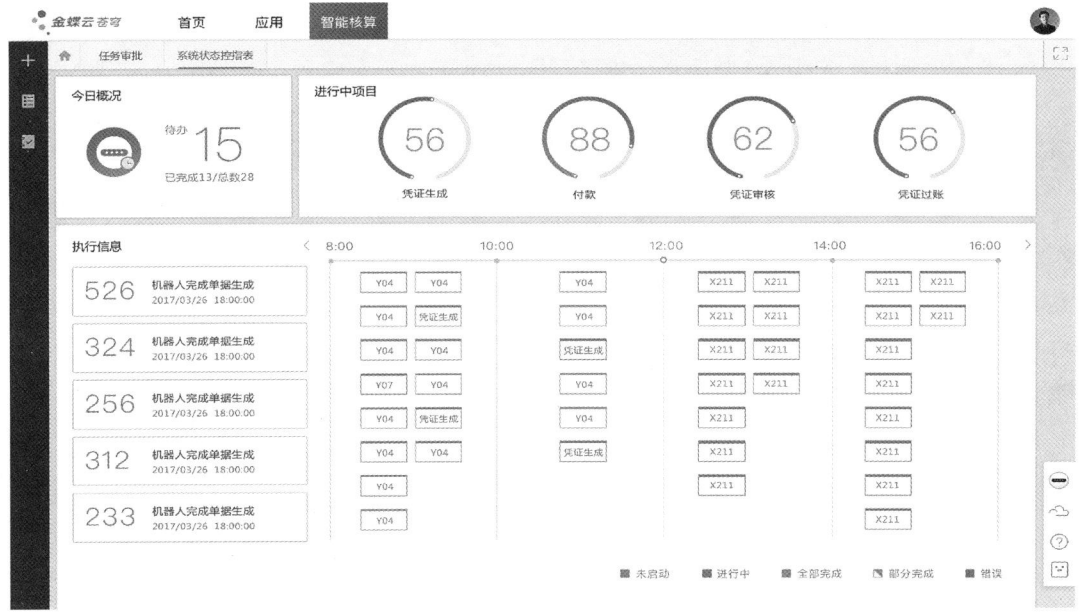

图 18　云南中烟智能核算机器人

务的销售占比进行分摊，企业整体的应交税费也应分配到不同产品线，从而明确各类产品的实际税负。对此，云南中烟在总账模块设计了对应的进项税转出分配表和应交税费分配表，用于系统自动化核算对应的税费明细，并自动生成对应的核算凭证，如图 19 所示。

#	产品编码	产品名称	类别	产品收入	增值税	城市维护建设税	教育费附加税	地方教育费附加
1	101075	红塔山(细支传奇)	二类	¥35,537,748.20	¥2,780,534.73	¥194,637.43	¥83,416.04	¥55,610.69
2	103127	玉溪(华叶)	一类					
3	101001	红塔山(硬欣经典)	三类					
4	101003	红塔山(硬经典100)	三类	¥851,590,051.83	¥66,629,874.86	¥4,664,091.24	¥1,998,896.25	¥1,332,597.50
5	101008	红塔山(硬新势力)	三类	¥21,061,699.50	¥1,647,903.71	¥115,353.26	¥49,437.11	¥32,958.07
6	101011	红塔山(软经典)	三类	¥1,021,599,007.66	¥79,931,668.88	¥5,595,216.82	¥2,397,950.07	¥1,598,633.38
7	101012	红塔山(硬经典)	三类	¥310,589,987.40	¥24,301,096.46	¥1,701,076.75	¥729,032.89	¥486,021.93
8	101067	红塔山(硬恭贺新禧)	二类	¥8,839,987.50	¥691,655.87	¥48,415.91	¥20,749.68	¥13,833.12
9	101072	红塔山(新时代)	三类	¥15,431,900.44	¥1,207,418.51	¥84,519.29	¥36,222.55	¥24,148.37
10	101073	红塔山(硬传奇)	二类	¥21,774,323.00	¥1,703,660.60	¥119,256.24	¥51,109.82	¥34,073.21

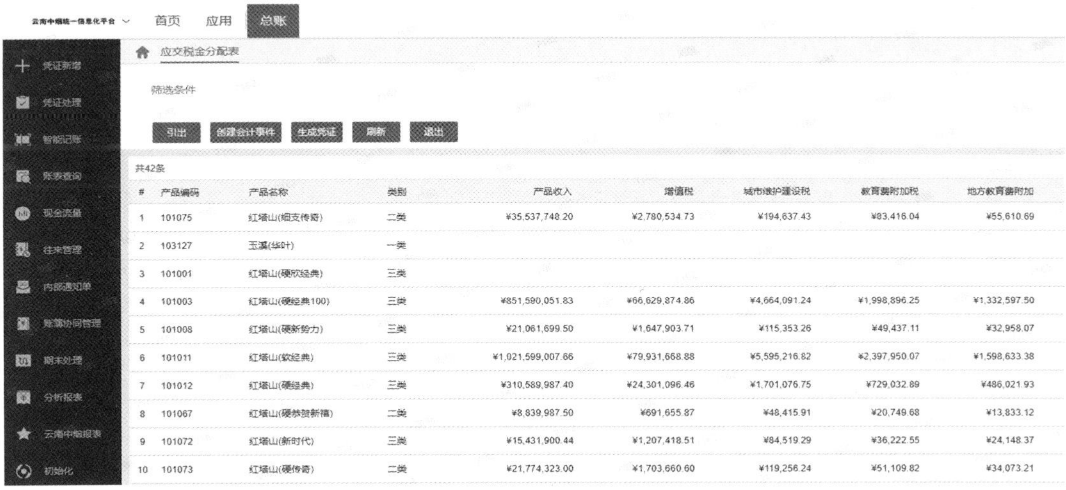

图 19　云南中烟应交税费明细

以进项税转出分配表为例，系统自动提取各卷烟产品的销售数量，并根据计税价格发文号提取各产品的离岸销售价格，根据销售数量和离岸价格，系统自动计算出口销售金额，并按照出口销售金额占全部销售额的比例，计算应转出进项税额的金额，生成进项税转出分配表，财务人员选择组织期间后则自动进行数据提取与计算工作，无须手工处理。

应交税费分配表也是类似的处理原理。系统自动提取各卷烟产品的销售额，并按照销售额占比，对集团整体的应交增值税额进行分配，从而自动计算出每个产品的应交税额。

基于系统自动生成的税金表单和预置的会计引擎，可以自动生成对应的进项税转出分配凭证和应交税费分配凭证，从而同步实现了核算自动化。

3）量本利报表自动生成（涉及智能化技术：财务云、规则引擎、流程自动化、报表 RPA、数据建模、数据处理与数据分析）

云南中烟作为生产型企业，量本利报表是核心的管理分析工具，即根据业务量、成本和利润三者之间的互相依存关系，进行综合分析，掌握盈亏变化的规律，从而指导企业选择能够以最小的成本生产最多产品，并可使企业获得最大利润的经营方案。

云南中烟的量本利报表，基础数据包括销售数据（销量、收入）、成本数据（产量、生产成本、期间成本、库存等）、利税数据（企业利润、各项税费等）。基础数据的来源包括销售管理模块、财务总账、成本核算模块、库存核算模块等。其中，生产成本数据是量本利报表中的核心，不是简单的企业生产成本数据，更重要的是要先按照一定维度进行数据展开，再基于一定维度进行数据汇总。对于卷烟企业来说，其成本构成细分为原料、主要材料、燃动费、制造费用、薪酬等。但是根据云南中烟的相关要求，其中材料成本在整个成本构成中比重较重，按照物料分类又将原料和主要材料进行了细分，按照更明细维度进行数据汇总。系统按照实际成本还原结果进行数据汇总，然后展示在报表中。期间成本数据主要包括销售费用、管理费用、财务费用等数据，取数逻辑按照卷烟销售收入比例进行分摊。应交增值税按照各增值税明细科目汇总金额，基于各成品卷烟销售收入比例进行分摊。云南中烟量本利报表取数与计算逻辑如表 2 所示。

表 2　云南中烟量本利报表取数与计算逻辑

序号	数据列		取数逻辑
1	产品标识码		系统自动获取
2	卷烟名称		当期系统入库卷烟名称
3	代码		当期系统入库卷烟对应编码
4	规格特征		成品卷烟物料主数据自动带出
5	税总核定计税价格（标准条）		香烟规格特征自动确定核定计税价格
6	不含税调拨价（标准条）		香烟规格特征自动确定不含税调拨价
7	产地平均零售价格（标准条）		香烟规格特征自动带出产地平均零售价
8	产量（万支）		当期完工入库数量
9	销量（万支）		当期销售出库数量
10	主营业务收入	金额	当期"主营业务收入"科目余额 + 卷烟名称，主营业务收入科目需要根据卷烟编码区分内/外销，后确定对应科目余额
11		每万支收入	当期每种卷烟对应"主营业务收入"科目余额/当期销售出库数量

(续表)

序号	数据列			取数逻辑
12	主营业务成本	金额		当期"主营业务成本"科目余额+卷烟名称,主营业务成本科目需要根据卷烟编码区分内/外销,后确定对应科目余额
13		每万支成本		当期"主营业务成本"科目余额/当期销售出库数量
14		销售成本率		当期主营业务成本金额/当期主营业务收入金额×100%
15		其中:出口烟进项税转出		当期进项税转出科目余额+卷烟名称
16	应交增值税	金额		当期应交增值税二级科目余额(需要按照当期卷烟销售金额比例分摊)
17		每万支/增值税		当期每种卷烟应交增值税金额/销量
18	主营业务税金及附加	金额		科目余额+辅助维度
19		每万支/税金		主营业务税金及附加金额/销量
20		税率		
21		其中:	消费税额	本期借贷方余额+辅助维度
22			每万支消费税	消费税额/销量
23			消费税率	
24	主营业务利润	金额		主营业务收入-主营业务成本-主营业务税金及附加
25		每万支/主业利润		(主营业务收入-主营业务成本-主营业务税金及附加)/销量
26		销售利润率		主营业务利润金额/主营业务收入×100%
27	经营费用	金额		当期销售费用科目余额按照产品卷烟当期销售金额比重分摊
28		每万支/经营费用		销售费用分摊金额/销量
29		销售费用率		销售费用分摊金额/主营业务数据金额×100%
30	管理费用	金额		当期管理费用科目余额按照产品卷烟当期产量金额比重分摊
31		每万支/管理费用		管理费用分摊金额/完工产量
32	财务费用	金额		当期财务费用科目余额按照产品卷烟当期产量金额比重分摊
33		每万支/财务费用		当期财务费用分摊金额/当期完工产量
34	营业利润	金额		当期(主营业务收入-主营业务成本-税金及附加-销售费用-管理费用-财务费用)
35		每万支/营业利润		当期(主营业务收入-主营业务成本-税金及附加-销售费用-管理费用-财务费用)/当期销量
36		营业利润率		当期营业利润金额/当期主营业务收入×100%
37	税利合计	金额		当期(利润总额+应交增值税+营业税金及附加)
38		每万支税利		当期(利润总额+应交增值税+营业税金及附加)/当期销量

根据从不同模块的取数、计算、分类汇总，云南中烟的量本利报表可以清晰展示各个明细卷烟的利润数据应交税费的金额，并可按照产品品牌维度、产品不同价类维度进行分类汇总，有力支撑了云南中烟的精细化核算和多维度管理，如图 20 所示。

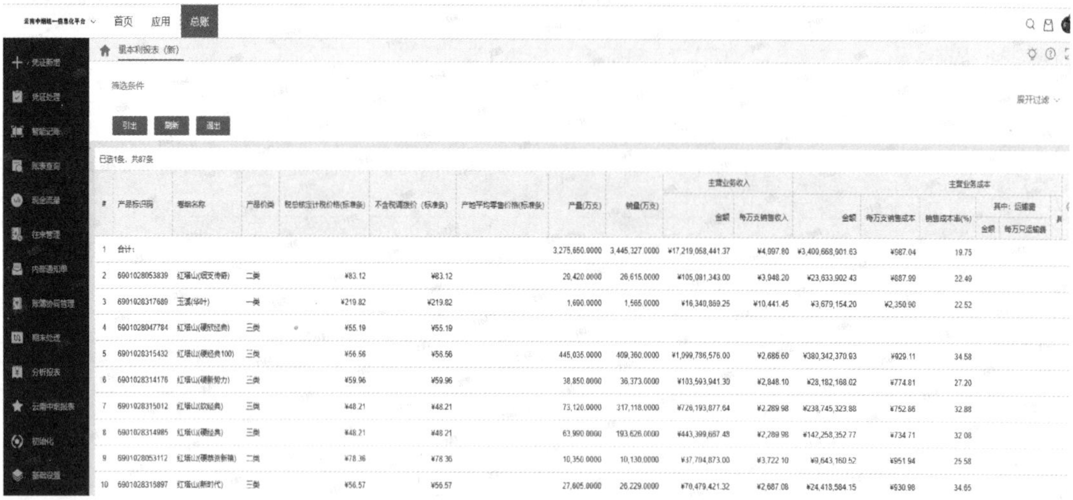

#	产品标识码	卷烟名称	产品价类	税总核定计税价格(标准条)	不含税调拨价（标准条）	产地平均零售价格(标准条)	产量(万支)	销量(万支)	主营业务收入 金额	主营业务收入 每万支销售收入	主营业务成本 金额	主营业务成本 每万支销售成本	主营业务成本 销售成本率(%)	其中：运输费 金额	其中：运输费 每万只运输费
1	合计：						3,275,650.0000	3,445,327.0000	¥17,219,058,441.37	¥4,997.80	¥3,400,668,901.63	¥987.04	19.75		
2	6901028053839	红塔山(经典传奇)	二类	¥83.12	¥83.12		29,420.0000	26,615.0000	¥105,081,343.00	¥3,948.20	¥23,633,902.43	¥887.99	22.49		
3	6901028317689	玉溪(华叶)	一类	¥219.82	¥219.82		1,690.0000	1,565.0000	¥16,340,869.25	¥10,441.45	¥3,679,154.20	¥2,350.90	22.52		
4	6901028047784	红塔山(硬欣经典)	三类	¥55.19	¥55.19										
5	6901028315432	红塔山(硬经典100)	三类	¥56.56	¥56.56		445,035.0000	409,360.0000	¥1,099,786,576.00	¥2,686.60	¥380,342,370.93	¥929.11	34.58		
6	6901028314176	红塔山(硬新势力)	三类	¥59.96	¥59.96		38,850.0000	36,373.0000	¥103,593,941.30	¥2,848.10	¥28,182,168.02	¥774.81	27.20		
7	6901028315012	红塔山(软经典)	三类	¥48.21	¥48.21		73,120.0000	317,118.0000	¥726,193,877.64	¥2,289.98	¥238,745,323.88	¥752.86	32.88		
8	6901028314985	红塔山(硬经典)	三类	¥48.21	¥48.21		63,990.0000	193,626.0000	¥443,399,687.48	¥2,289.98	¥142,258,352.77	¥734.71	32.08		
9	6901028053112	红塔山(硬恭贺新禧)	二类	¥78.36	¥78.36		10,350.0000	10,130.0000	¥37,704,873.00	¥3,722.10	¥9,643,160.52	¥951.94	25.58		
10	6901028315897	红塔山(新时代)	三类	¥56.57	¥56.57		27,605.0000	26,229.0000	¥70,479,421.32	¥2,687.08	¥24,418,584.15	¥930.98	34.65		

图 20　云南中烟量本利报表

4）一键智能集团合并（涉及智能化技术：财务云，规则引擎，流程自动化，报表 RPA）

云南中烟智能财务平台的合并报表，支持合并体系管理、股权投资管理、外币折算、调整管理、自动查询管理、自动对账管理、内部交易自动合并抵销、日常财务报表、行业报表上报、行业对账平台、行业对标分析等功能。通过合并规则的设置和与核算系统的自动取数，系统实现了跨单位多层级多维度报表查询的统一集成化，实现了合并报表自动生成。

5）自定义报表全方位数据透视（涉及智能化技术：财务云，流程自动化，规则引擎，数据建模、数据处理与数据分析，移动应用）

云南中烟智能财务平台的轻分析功能，可以进行动态多维数据分析，通过拖拉拽的方式进行自定义横轴、纵轴数据进行可视化图形分析功能，并且可以将分析的结果分享给对应业务的移动端设备，极大地方便了用户进行报表统计和分析，如图 21 所示。

（三）智能财务建设团队和人员

1. 前期准备(2020 年 5 月至 2020 年 9 月)

围绕企业高质量发展“1 + 11”政策体系目标，为了强化企业信息化保障，有效推进 ERP 项目整合和智能财务建设工作，云南中烟在项目开始前已经做了近半年的前期准备工作，成立了项目领导组、项目办公室、财务管理组和其他业务小组的项目管理架构和组织保障。以下是各小组组成。

项目领导组 9 人，其中公司党组书记兼董事长担任领导组组长，党组副书记兼总经理担任领导组副组长，负责项目的全面领导、统筹规划、组织协调、资源管理、问题管理等工作，监

图 21　云南中烟轻分析图表

督项目的整体实施过程,并检查评价项目实施结果。

项目办公室 19 人,负责制定公司 ERP 系统整合项目的建设目标及各阶段实施计划,负责项目管理监控、计划与协调项目进程、处理和决定项目中出现的重大问题、项目培训工作、项目组织内控整改工作、验收各阶段工作成果等。

财务管理组 24 人,主要是从本部和各集团借调来的财务骨干,负责财务预测、财务计划、财务监督与控制、财务分析、会计核算、管理会计、账务处理、预算、成本费用的流程设计和业务模块的协同建设。在厂商金蝶方入驻前,项目组统筹梳理了各集团业务流程共 300 多条,为项目组实施争取了时间,提高了效率。

2. 项目期间(2020 年 10 月至 2020 年 12 月)

由于财务云实施范围广、项目周期短,云南中烟更是依据"一盘棋"的思想从各集团挑选骨干力量源源不断地输送到项目组,在项目高峰时期,云南中烟投入项目组近 400 人,金蝶方投入超过 200 人,其中云南中烟投入财务人员超过 60 人,金蝶方投入近 50 人。在共同努力下,双方在最短的时间内了解云南中烟的组织架构和业务流程,云南中烟的骨干力量更是参与到方案的确定和系统的配置中。

从 2020 年 9 月底项目组进场,10 月 28 日实现预算编制上线,2021 年 1 月 1 日项目上线,整体信息化平台实现了整个 ERP 系统建设的突破。

3. 项目运维(2021 年 1 月至今)

上线后项目组对应用过程中的流程进行了优化,云南中烟各核算组织分别设有联络人在现场与项目组进行沟通,以满足后期开发优化需求。

(四)智能财务建设中遇到的问题和解决方法

云南中烟统一信息化平台和智能财务建设项目仅 3 个月便实现上线运行,在取得可喜的成绩的同时,智能财务平台在管理、功能和使用上仍存在一定提升的空间,主要体现在以下方面。

1)管理流程未完全统一

在项目立项和启动执行过程中,虽然重点强调云南中烟"一盘棋",统一标准高度集成的建设原则和管理总纲,但毕竟原三套 SAP 建设和各集团发展规划不尽相同,只能求同存异,总体上实现了三级流程的统一,但允许四五级流程可依据实际情况存在差异。业务需求的不同又造成了各自管理颗粒度不同,导致系统的数据设置、流程配置需要进行个性化设置,造成系统复杂度和实现难度偏高,这也是后续持续优化的重点。

2)新系统的使用习惯调整需要时间

云南中烟在统一信息化平台的建设过程中,创新运用了"三合一"工作法,关键用户积极参与方案设计、系统设置和功能配置。但是毕竟新系统上线,界面、功能和使用习惯与原来的 ERP 系统差别巨大,使用群体庞大和角色众多,在短时间内完全符合所有人的使用习惯并不现实,并且掌握难度很大。另外,因涉及单位众多,系统适应所有单位的需求也不现实,有些单位的业务会经常有调整,从而造成使用过程中的不顺畅。因此,系统需要不断完善,以 ERP 为核心,结合实际的业务场景,解决现在过程中存在的不适应、不顺畅等环节,为云南中烟数字化转型奠定坚实基础。

3)财务特定领域的功能需要不断完善

此次云南中烟智能财务建设开创了国产化 ERP 标准成本的先河,也有很多创新,在此期间项目组攻克了很多难点,也遇到了很大困难,目前标准成本已经可以满足云南中烟的标准成本核算要求。后续需要持续结合云南中烟管理的特点,完善标准成本的应用场景,实现云南中烟的标准成本制定、生产经营过程中成本差异的检查控制、定期的成本分析,把三者统一起来,最终形成成本预测、计划、决策、控制、分析和考核的完整成本管理体系。

三、智能财务建设成效与未来展望

(一)智能财务建设成效

云南中烟的智能财务建设,是企业整体数字化转型和统一信息化平台建设的重要组成部分。对此,云南中烟秉承着"一盘棋、一体化"的总体原则,按照统一标准、统一平台、统一流程实现企业"三流合一、上下贯通、左右协同",根据整体规划、逐步替代策略逐步完成系统上线和使用。

云南中烟统一信息化平台项目仅用 3 个月便实现上线运行,这一重大成果的取得离不开云南中烟公司、各集团的高度配合与所有项目组成员、金蝶实施团队的辛勤付出。在业务多、流程复杂、时间短的情况下,梳理整合数百条业务流程,为云南中烟实现"预算、业务、财务"一体化管控、财务管理智能化的目标贡献了大量开创性成果。

1. 统一标准,加强集团管控

云南中烟智能财务管理平台的建设,整合了以前云南中烟本部、红塔集团、红云红河集团三套 ERP 体系,并对预算、业务、财务各个板块做了整体规划,实现了集团层面的标准统一,包括统一主数据、统一业务系统、统一流程制度、统一核算规则。例如,会计科目管理将原三个集团的会计科目统一为国家烟草专卖局标准;辅助核算维度由 168 个统一为 22 个;供应商主数据由 23 278 个整合为 11 163 个;客户主数据由 2 867 个整合为 1 017 个。统一标准是集团管控的基石,也是云南中烟智能财务长远发展的根基。

2. 全面预算,全方位管理闭环

预算管理是云南中烟智能财务管理平台的建设重点。云南中烟的智能预算管理覆盖定额管理、预算编制、预算审批、预算控制、预算调整、分析与评价的全面预算管理闭环,主要体现在:

（1）通过动态表单和定额管理,业务部门全员参与预算申报和执行的全过程。

（2）通过规则引擎和流程自动化,实现刚柔并济的灵活预算管控方式。

（3）通过数据建模和预测,实现产品结构优化和集团税利最大化。

智能财务平台让预算真正成为企业管理的工具和实现战略目标的抓手,从而为企业发展提供坚实支撑。

3. 规范流程,持续提升效率

云南中烟智能财务平台建设,在预算管理的统筹规划下,全面优化了端到端的业务、财务、税务、资金等流程协作,借助机器人流程自动化、规则引擎、财务机器人等智能技术,使数据全程贯通不落地,实现了预算、业务、财务、税务、资金的深度融合一体。

例如,物资集采和卷烟集销实现跨组织业务流程自动化,可实时监控业务流程,单据可追溯,差异数据一目了然,减少过去集团间的沟通成本,采购、销售报表实时生成;通过梳理原 300 多条业务流程,并将其规范为标准流程 162 个,业务单据直接转化为财务凭证,凭证自动化率达 90% 以上,平均每月凭证量 36 万张;卷烟销售自动计提增值税、消费税,从价、从量自动计算,按单生成凭证,方便税务统筹;电子发票自动批量开具,每月开票 3 万张,并将成为云南首批电子发票试运行企业;借助银企直连,自动下载银行流水,余额实时查看,每月处理资金流水 3 000 多亿元。

4. 精细管理,不断探索创新

云南中烟的智能财务管理平台,开创了国产化 ERP 标准成本的先河,填补了国内 ERP 软件没有标准成本核算的空缺。标准成本以多成本类型、多账簿、多维度的成本核算平台为核心,支持从标准成本卷算到发布、从数据归集到分配、从成本计算到还原、从完工结算到差异分摊,形成了从标准设置、估算、核算、还原的全链路成本管理。同时,云南中烟借助智能化技术和数据中台,不断提升成本精细化管理的精度,例如,将标准成本差异分配到订单价差、发票价差、标准成本变更差异、材料耗用差异、制造费用差异、未吸收费用差异、成本更新差异、其他价差、费用价差、跌价差异等十种差异上,并运用"多元一次方程组差异分摊计算模型"等,支持多种复杂业务场景的成本计算,实现了管理创新和突破。

5. 数据赋能,助力财务转型

云南中烟的智能财务管理平台,通过大数据共享和分析,形成了多种管理口径的报表,如量本利报表、税费分摊明细表等,借助数据建模和规则引擎,实现了管理报表、合并报表的自动化生成。同时,通过内嵌轻分析功能,用户通过架设表单关联关系,可灵活定义临时报表,随时为管理提供有效数据,真正让数据成为管理的工具。

云南中烟通过统一信息化平台的智能财务管理体系的建设,逐渐构建了一个面向未来、灵活且智能化,同时承载管理会计的财务平台,实现了"预算、业务、财务"一体化,推动财务处理智能化,建设支持多种且呈动态变化的管理会计分析模型,进一步推动集团财务会计向管理会计转型,最终迈入财务管理智慧化阶段。

(二)智能财务未来展望

基于财务数字化转型的背景,云南中烟财务通过云南中烟统一信息化平台的上线,积极为财务共享的全面推广做了大量的准备,主要体现在:一是财务管理引进了多种智能化应用,如OCR技术、自动化规则、财务机器人等,使财务工作能够进行自动化运营;二是所有的业务从端到端拉通,从业务前端开始,把标准化移植在运行规则中,相应的数据非常标准,平台也成为整个大数据分析的基石,能够为决策提供相应有用的信息;三是通过云计算的技术使财务管理的运行成本越来越低,可以承接更多的服务和管理。

共享中心在发展趋势上有几种形态:

(1)企业的会计职能中心。处理日常的会计事务,包括应收应付共享、费用共享、报账共享、资金共享、税务共享等纵向财务共享。

(2)以横向发展的全业务共享。它包括财务共享、人力资源共享、信息技术共享、和供应链共享等,以财务共享为蓝本,加入更多的职能部门,打造全业务职能共享。

(3)数字化共享服务中心。数字化共享服务中心成为企业数字化转型的抓手和基石。

云南中烟建设共享中心的定位,就是要搭建实现企业数字化转型的数字化共享服务中心的创新平台,要具备后发优势,通过统一规则、智能处理、智慧运营,最终实现具备财务业务中心、能力中心、技术中心、大数据服务中心的智能、协同、开放的财务中台。

云南中烟通过搭建统一信息化平台,通过"上云、用数、赋智"为财务管控赋能,为管理提供抓手,为企业发展提供更有力支撑。

首钢集团：
业财资税智能管控平台助力集团财务转型

■ 邹立宾　首钢集团经营财务部部长
　 梁丽亚　首钢集团经营财务部经理
　 屈伊春　上海国家会计学院智能财务研究院主任

■ 业财资税　　管控平台
　 财务转型

　　"十三五"期间，首钢集团进入转型发展新时代，打造全新的资本运营平台，实现钢铁和城市综合服务商两大主导产业并重协同发展。集团战略发展以推进财务转型战略为重点，以业财融合端到端的流程为基础，抓好业务和系统两方面建设，全面提升财务管控能力，通过财务智能管控平台助力转型发展；探索新一代ERP、RPA、规则引擎等技术应用，强化业务规范、深化业财融合、提升资源配置能力、风险防控能力、决策支持能力，打造与战略定位匹配的价值创造型财务管控体系。

一、案例背景

(一) 案例单位简介

具有百年历史的首钢集团(也简称"首钢")始建于1919年,目前已发展成为以钢铁业为主,兼营矿产资源业、环境产业、建筑房地产业、生产性服务业、海外产业等跨行业、跨地区、跨所有制、跨国经营的大型企业集团,全资、控股、参股企业有600余家,职工近9万人,总资产5 000多亿元。2011年以来12次跻身世界500强。

首钢人传承发扬"敢闯、敢坚持、敢于苦干硬干""敢担当、敢创新、敢为天下先"的精神,第一家采用无料钟炉顶装置、顶燃式热风炉等新技术建成国内首座现代化高炉,第一家通过引进国外二手设备建成现代化炼钢厂,第一家被国家赋予投资立项权、资金融通权和外贸自主权,第一家工业企业创办银行,第一家走出国门收购海外矿产。首钢在改革发展中创造了无数奇迹。首钢实施史无前例的钢厂大搬迁,成为我国第一个由中心城市搬迁调整向沿海发展的钢铁企业,跨地区联合重组水钢、贵钢、长钢、通钢、伊钢,产业布局拓展到沿海和资源富集地区,形成3 000万吨钢生产能力,产品结构也实现向高端板材为主的转变。京唐公司建成我国新一代可循环钢铁工艺示范流程,被誉为钢铁人的"梦工厂"。首钢搬迁为成功举办2008年奥运会做出重大贡献,北京市委市政府授予"功勋首钢"称号,首钢成为京津冀协同发展的先锋队。

进入新时代,奋进正当时。首钢深入贯彻新发展理念,确立新的战略定位,"通过打造全新的资本运营平台,实现钢铁和城市综合服务商两大主导产业并重和协同发展",成为北京市唯一一家国企深改综合试点单位,入选国务院国企改革"双百企业"。结合新业态、新形势,首钢凭借旗下信息化公司近40年技术经验积累,积极向"工业智能化和智慧城市"两大领域转型发展,重点发展智能装备、智能工厂、智能物流和智慧服务、智慧园区、智能建筑、静态交通等产业。首钢积极推动以集团管控、业财融合板块ERP为核心的大数据平台开发建设,主动拥抱智能化、数字化时代的新机遇、新挑战。

(二) 建设动机

1. 集团战略发展要求

首钢集团战略目标为打造具有世界影响力的钢铁产业集团和有行业影响力的城市运营服务商。该战略目标要求做优做强钢铁、发展城市服务、加速产融结合,实现增长与调整,顺应国企改革的大趋势,通过打造国有资本投资平台,倒逼深化改革,提升核心竞争力,为可持续发展打下坚实基础。为满足集团战略转型要求,首钢建设智能财务以推进财务转型为重点,完善集团管控体系,提升整体管控能力。

2. 财务管理能力提升要求

在集团管控体系变革的大背景下,财务管控以价值为导向,通过财务转型推动业务变革的作用尚未充分发挥,原有的财务专业规划与集团整体发展战略的紧密衔接不足。要适应集团新管控模式,财务人员则需完成从传统的"簿记员"到"价值架构师"的转型。财务管理既要发挥价值创造引领作用,进行战略支撑、资源配置、决策支持,提高业务运行效率,又要提高风险管控能力,为集团发展保驾护航。

3. 信息技术战略规划要求

"十三五"初期,集团财务管理相关信息系统较为分散,信息孤岛现象较为严重,在集团总体信息技术战略规划下,财务信息技术规划进行了顶层设计,统筹全局。该规划要求将大数据、云计算互联网等新一代信息技术与集团财务管控,钢铁及各产业的设计、生产、管理、服务等业务环节相融合。集团信息技术战略规划搭建5大平台、19个应用,财务规划涉及3大平台、7个应用。在业财深度融合的加持下,打造智能财务管控平台流程横向贯通、管控纵向协同、核心竞争力持续提升和效益最大化的智慧首钢。

二、案例具体实践

(一)智能财务建设方案设计

1. 总体思路

财务转型需要信息化、智能化的先进手段支撑,通过搭建业财资税智能管控平台,以业务标准化为管理基础,梳理更加合理的数据标准和业务流程,并融入系统,贯彻落实管理质量;以支撑决策为导向,及时满足领导层决策信息获取;以一体化、集成化为技术基础,提高协同效率;考虑可扩展性需求,支撑不同业态需求延伸,为业财融合的集团管控系统打下基础。

2. 建设路径

首钢集团财务转型路径始于共享服务,以预算为龙头,将财务核算、合并报表、资金管理、税务管理、财务分析进行统一规划、统一建设。整体建设分为业务标准化和系统实施两个主要阶段,各阶段分步实施。系统建设阶段分两步走:第一步为试点实施,第二步为重点推广、全面覆盖。并同步集成投资管理、资产管理、主数据管理、人力资源管理等信息系统,搭建集团管控业财资税一体化管控平台。具体实施路径特点如下:

一是分步实施。2015年年底,财务共享中心组织先行落成。2016年,共享标准化流程、费用报销场景、组织运行模式在集团总部试点,后推广至集团钢铁板块。同期,启动全面预算管理系统建设,实现一次性集团合并报表范围全覆盖。2018年年初,启动核算、合并报表、资金、税务、财务分析等5个应用为一体的业财资税智能管控平台建设。2019年上半年,集团5家试点单位陆续成功上线,验证了共享模式下的业财资税一体化、集团一本账、资金一盘棋、发票全生命周期管理的实践。

二是多应用联动。同步启动核算、资金、税务、报表和财务分析五大系统,实施四位一体的项目群管理,先从形式上将甲方、乙方结合为一个团队,有总体协调组、业务专家组、方案专家组和系统实施组。以总体协调组为核心,统一计划、分组推进、多方协同,严格执行的双周滚动计划、周例会制度,确保各个里程碑节点及顺利上线,简化管理过程的同时有效连接各项目目标和财务总体目标,降低实施风险。

三是多平台融合。财务智能管控平台全集团部署统一会计科目体系,既保证了集团核算平台的相对统一,又实现了集团核算"一本账"在会计平台的统一出具。

3. 总体框架

业财资税智能管控平台的建设,将信息集成、流程集成、组织人员集成和系统集成,消灭信息孤岛,实现真正的业财融合与一体化。打通业务、财务、资金、税务、财务分析的管理壁垒、系统壁垒、集成壁垒,形成"业财资税一体化"管控平台,实现业务驱动财务、财务监督业务。同时,将全面预算、资金结算、会计核算相结合,形成一种以预算管理为核心、以控制现金流为抓手、以会计监督为基础,各项财务控制职能实时联动、各种财务控制手段一体化应用的"三算合一"体系,形成一个互通、互联、相互牵制的管理闭环,强调全过程控制、业务协同、运行效率,实现管理合一、流程合一、平台合一、数据合一,如图1所示。

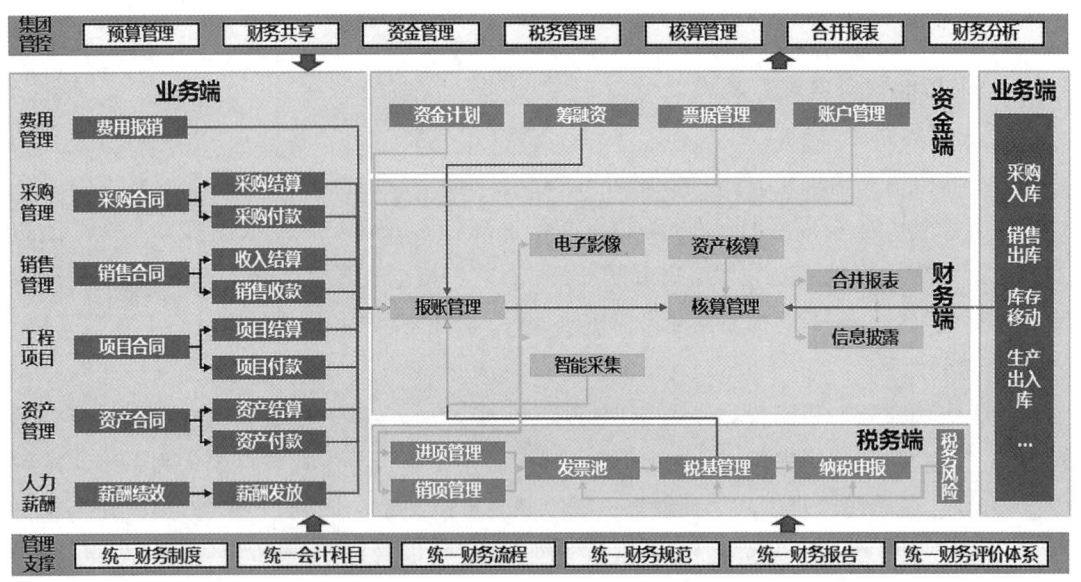

图1 首钢集团业财资税智能管控平台架构

(二)智能财务场景选择

首钢集团智能财务应用场景众多,业财融合效果显著。随着业务系统、财务管控系统全面推广,实现了采购到付款、销售到收款、筹资到还款、记账到报账、资产全生命周期、投资全生命周期、国有产权组织全生命周期、员工薪酬及个税缴纳全流程管理。下面将通过财务管控典型业务场景进行重点示例说明。

1. 精细化智能核算

1)核算"一本账"

首钢集团"一本账"有狭义和广义之分。广义的"一本账"是指全集团财务信息统一平台全局,集团所有单位账套数据保存在一个数据库实例中,每家单位具有独立的账套。狭义的"一本账"是指浪潮与SAP双系统融合出具一本账。集团主数据平台统一管理会计科目与辅助核算关系,自动识别浪潮核算及SAP核算会计科目对应关系,双系统凭证与科目余额自动对账,保证数据准确一致,最终实现浪潮核算系统集团一本账,如图2所示。

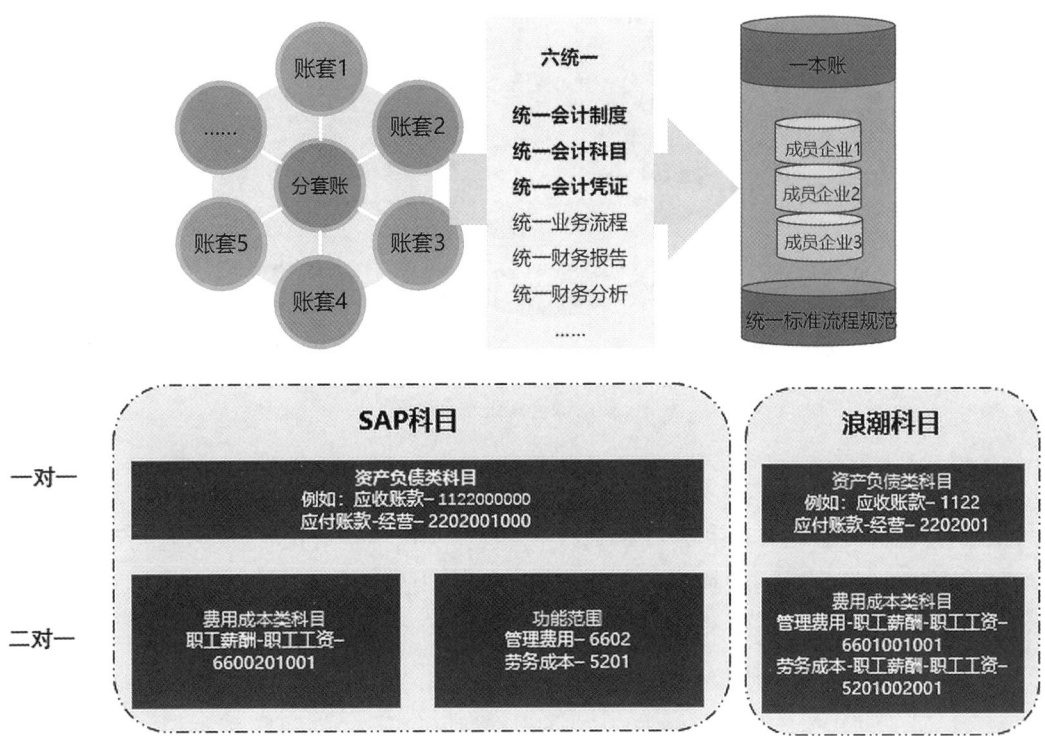

图2 首钢集团核算"一本账"

2）业财融合凭证自动生成

首钢集团业务范围主要涉及14个行业,业务场景近500个大类。为支撑集团对多行业、多组织、全业务场景标准化管理要求,以业务类型分组为基础,建立跨行业、跨场景的业财数据仓库,通过行业+组织+业务类型维度组合自动识别匹配业财场景。通过系统会计引擎转换业财数据自动生成会计凭证,实现账务实时集成,促进业财融合,极大地减少了人为制证的工作量。

凭证自动生成路径如下：统一规范业务场景配置凭证模板,支持不同行业业务场景的模板智能配置;根据业务系统传输信息对应多辅助核算关系,自动生成凭证辅助信息;系统定义凭证自动生成任务,实时监控任务执行进展;自动生成凭证机制标志,清晰区分于手工凭证,如图3所示。

首钢集团月均凭证20余万张,钢铁主业凭证自动化率稳定保持99%水平,非钢业财单位也达95%的高水平。凭证自动化的高水平,有效提升了财务核算基础工作效率,业财数据质量大幅上升,从而助推财务月结、财务报表、财务分析及协同主业的工作效率,分析数据质量大幅提升。

3）业财数据RPA智能稽核

以钢铁板块为试点,引入RPA技术应用于业财数据对账稽核,涉及成本、财务、采购、库

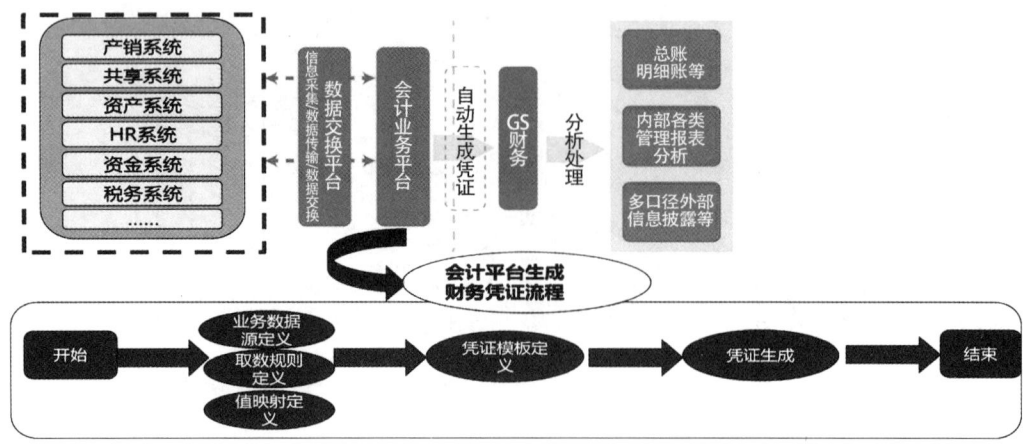

图 3　业财融合凭证自动生成

存、系统运营等 5 个领域,涉及场景 28 个。RPA 技术的应用,打破"跨系统对接""跨网对接"两项限制,降低各类管理需求手工采集、加工的程度,实现科学量化管理的转型。针对现有各场景,分析和验证"节人、提速、控制风险、积累知识"的运行效果,为后续深入扩展奠定基础。

2. 资金管理智能风险管控

资金结算管理作为风险管控抓手,从风险识别到风险应对,借助自动化、智能化新技术,满足集团资金全方位风险管控的需求。资金结算管控以年度预算为起点、现金流控制为核心,以核算入账规则为基础,形成预算、结算、核算三者统一的现金流量码项目,统一财务核算与资金管控分析口径,完整构建"三算合一"智能监控体系。与资金支付相关的三类活动,监控重点不同,流程管控策略也不尽相同。

1）结算全流程管控

资金结算全程涉及 12 个内控风险要素,涉及 20 余个流程节点自动处理,达到 95% 自动化率水平。自动处理分为两种情形:业务处理自动化和风险管控智能化。业务处理自动化以提升工作效率为基本目标,风险管控自动化以风险防范为管控目标。两种情形具体处理场景分别见表 1。

表 1　资金结算全流程自动化、智能化场景

流程框架		业务处理自动化	风险管控智能化
年度预算		年度预算自动发布	月度资金计划编制自动校验年度预算
月度资金计划		业务类型自动匹配现金流量项	月度资金计划执行自动校验现金流量项
三类活动支出	经营类支出	排款计划一键生成、自动合并、自动拆分	—
	投资类支出	—	投资类付款自动校验投资总额
	融资类支出	银行流水自动关联融资合同	—

(续表)

流程框架	业务处理自动化	风险管控智能化
大额资金管控	—	按阈值自动监控大额付款
供应商信用风险	供应商黑名单信息自动获取	供应商黑名单分级自动控制
结算环节	结算方式自动匹配	—
	银行流水自动返还	—
核算环节	凭证自动生成	—
	凭证自动回传	—
报表环节	财务报表自动生成	—
分析环节	财务分析指标自动生成	实时、定期预警资金分析指标

业务处理自动化主要包括年度预算自动发布、业务类型自动匹配现金流量项、供应商黑名单信息自动获取、结算方式自动匹配、银行流水自动返还、凭证自动生成及自动回传、财务报表自动生成、财务分析指标自动生成。同时，还包括经营类排款计划一键生成、自动合并、自动拆分；融资类银行流水自动关联融资合同。

(1) 年度预算作为起点，预算系统自动发布年度预算至资金系统；年度预算作为终点，核算数据自动回传预算系统进行预实分析，实现闭环管理。

(2) 付款发起业务类型自动匹配现金流量项目，作为月度资金计划校验的基础。

(3) 在月度资金计划编制环节，月度计划累计额自动校验年度预算；在月度资金计划执行环节，付款现金流项目累计额自动校验月度计划执行总额，超计划禁止付款。

(4) 经营类项目付款管控：以钢铁主业为例，采用智能排款计划模式，"两上两下"完成排款计划的平衡分配。

(5) 融资类支出管控：实际发生的交易流水自动关联融资合同，自动生成核算凭证并回写资金计划；保证了资金结算、融资管理及财务核算三者数出一门。

(6) 线上实时自动结算。在有效防控资金风险情况下，打通集团财务公司付款通道，资金配款环节自动匹配结算方式、应收票据、应付票据，财司账户结算一键发送财司系统进而完成线上付款。

(7) 资金系统自动接收流水返还，核算系统自动生成凭证，并自动匹配对应现金流量项目。

(8) 报表数据自动生成。报表信息根据付款凭证及现金流量项等信息，财务报表系统自动抽取财务凭证信息，自动生成财务报表项数据。

风险管控智能化主要关键管控点包括资金计划与年度预算校验、大额付款自动识别、供应商黑名单禁止付款控制、投资类付款投资总额控制、分析指标预警。资金风险管控如图4所示。

(1) 大额审批智能化监控。落实分级审批、分级监控要求，依据大额审批策略，遵守落实国有资产三重一大监管要求，防范资金流动性风险，有效平衡集团资金头寸。依据大额审

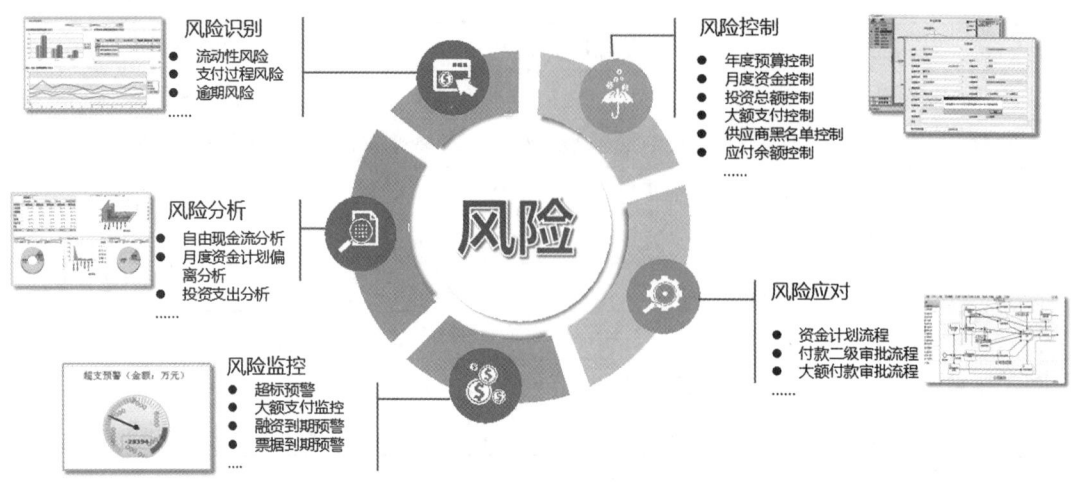

图 4 资金风险管控

批策略,单笔付款超过月度资金计划中的经营性、投资性、筹资性三类支出项目金额的5%且大于1 000万元设置大额阈值,自动触发大额审批流程,集团资金总监审批后方可进入下一步环节,资金总监具有一键驳回权力,直接终止付款流程,保证监管到位。

(2) 供应商信用风险智能化管控。供应商黑名单通过税局金税接口、税局线下通知、电子抵账库发票异常状态(已认证被作废)等三种途径由税务系统自动获取。付款环节资金系统按黑名单等级自动识别供应商信用状况,分单位、分等级进行付款控制。高等级黑名单全集团禁止付款,中等级黑名单单位禁止付款,低等级黑名单提醒付款风险。目前正与集团法务合同管理系统完善黑名单管控方案,加大集团供应商黑名单管控力度,实现全方位风险防控。

(3) 投资类项目支出控制。公司采用双重策略严控投资类支出,一是年度投资计划发布至预算系统形成年度预算指标,年度预算控制月度资金计划,依据现金流码校验月度计划,超投资项目计划禁止付款,实现逐层、逐级、逐项智能化控制。二是投资类付款校验投资项目总额,超项目投资总额,系统自动驳回终止付款。

(4) 财务分析指标分析预警。财务分析实时自动抽取资金相关指标数据,满足资金流动信息监控需要,动态监控资金账户余额、资金支付实时信息。通过资金指标动态展示,满足资金预警及趋势分析、30日资金支付总额及笔数趋势分析、资金大额审批预警分析。通过对两金周转率月度指标、现金净流量预实分析,实现定期资金管理指标的及时获取与分析。

资金付款全流程除以上关键管控点外,为满足精细化管理需要,通过与成员单位项目管理等系统对接,进一步实现了月度资金计划与业务资金计划校验,提升了资金精细化管理水平,财务真正成为业务的合作伙伴。

2) 移动应用

移动应用主要应用领域包括资金、共享、财务分析。资金应用主要包括付款审批、资金指标预警及信息查询。通过集成首钢通平台,实现资金付款业务的实时实地审批,提升各单位付款业务流转效率;针对融资、债券及票据三类资金管控指标,依据到期日不同进行分层展示预警,避免逾期带来的资金风险;设定13类资金查询指标,涵盖资金全量业务范畴(账户管理、票据管理、资金计划管理及融资管理等),支撑集团实时了解掌握全局资金状况。

3. 发票全生命周期管理

建立首钢集团统一的发票池,对销项发票和进项发票进行全生命周期管理。通过金税提供接口服务实现与税局端联通,包括进项发票全票面信息获取、电子底账库发票获取服务、查验服务、专票勾选认证、空白发票领购、销项发票开具打印服务、抄报税清卡服务、黑名单查询服务等。

实现纸质及电子发票开具、进项发票采集、验真、认证的全流程闭环管理。销项发票开具、发票自动上传税局;销项发票销售清单自动生成;电子抵账库发票自动获取;进项发票自动查重、发票全票面信息自动获取、购方信息自动校验;进项发票认证凭证自动生成;增值税申报表底稿自动生成;申报表数据实现自动取数;供应商黑名单自动获取;税金计提、税金缴纳凭证自动生成;待开发票按照开票终端精确控制数据权限,通过对商品分类、开票用户数据权限的精细化管理实现按照业务开票需求向不同的开票终端推送开票数据,避免错开发票。

同时,首钢集团部署了全税种管理的系统建设,主要包括:企业所得税分配比例自动计算;印花税底稿、申报表自动生成;个税自动获取 HR 系统人员信息;城镇土地使用税、房产税、环境保护税、水资源税、土地增值税、车船税、矿产资源税纳税申报表数据自动获取。发票全生命周期管理具体如图 5 所示。

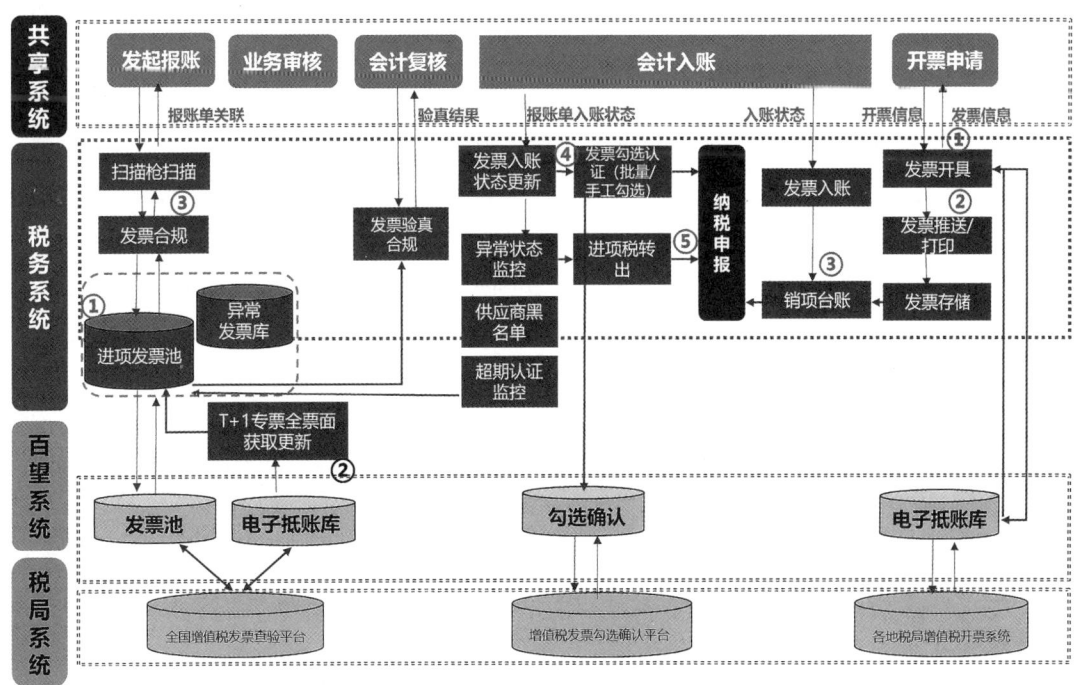

图 5　发票全生命周期管理

4. 合并报表自动出具

统一首钢集团报表取数公式 19 928 个，统一固化取数逻辑，设置合并对账数据源 43 个，实现报表自动出具。如核算凭证信息、资金融资、产销固定资产卡片信息等数据均可自动获取，实现财务报表、资金报表、固定资产相关报表的自动出具。报表整体自动化率达 73%。通过设置多个合并范围、多层级集团合并，实现集团产权口径、管理口径合并；通过多样化的数据采集、灵活的合并规则和逻辑等灵活的股权投资抵销合并；建立首钢多级合并的模式。

内部交易数据实现系统自动取数，依据对账规则在线自动对账，通过内部交易处理机制，采用事后处理即发起单位与对方单位分别制作凭证，每月在交易中心进行自动对账，生成抵销业务，提高对账效率进而提高合并报表出具效率，同时内部交易对账数据能够穿透联查至会计科目余额表及财务凭证，保证内部交易数据真实可靠，整体提高效率 50% 以上，提高准确性 60% 以上。

5. 移动分析＋智能报告

1）多终端分析展现

财务分析展示终端分为大屏、PC、手机三种形式。大屏端包含首钢集团管理驾驶舱，展现了管理层关注的信息，包括产量、财务指标、资金指标、实时支付以及网络爬取的信息；PC 端包含板块看板、各主题看板、报表查询、自助分析、智能报告、预警中心等主要功能；手机端通过与首钢通软件集成，分为领导驾驶舱、板块看板、单位概览等页面，体现了大屏端与 PC 端主要的财、资、税、产量、预警等内容，达到了随时随地查看数据的效果。

2）智能报告

智能报告是通过扩展报告模板，自动生成分析报告智能化过程。将系统中的关键指标、报表、查询等数据动态生成 word 文档，报告内容模板化、规范化、自动化，提高工作效率。报告的内容包括图表、关键数据、和对运行情况的常规分析，也可实现将智能报告挂接至综合展板中，在展板中预览时，打开报告的内容，如图 6 所示。

6. 运维监控智能化

1）预警平台自动分析

预警平台每日对集成接口整体运行情况进行自动汇总分析，生成运行日报并按预定时间自动执行任务分发，汇总日报同时推送个人电脑端和手机端，满足不同应用需求。汇总日报可按照业务模块、问题种类等自动分发，实现运维管理日清日结，避免问题遗漏，如图 7 所示。

2）对话机器人

系统运维平台启用对话机器人"钢钢"，通过多渠道接入、语料库、聚类挖掘等核心应用，实现常见问题自动回复、多轮对话等人机交互，面向全员用户，提供 7×24 小时智能化自助服务，确保信息化系统日常运维事件回复的及时、准确和专业（图 8）。我们通过对业务及系统运维知识库的不断积累，以及模型优化、用户标签等功能持续建设，将推广应用于销售客服、人事服务等各专业领域。

图6 移动分析(1)

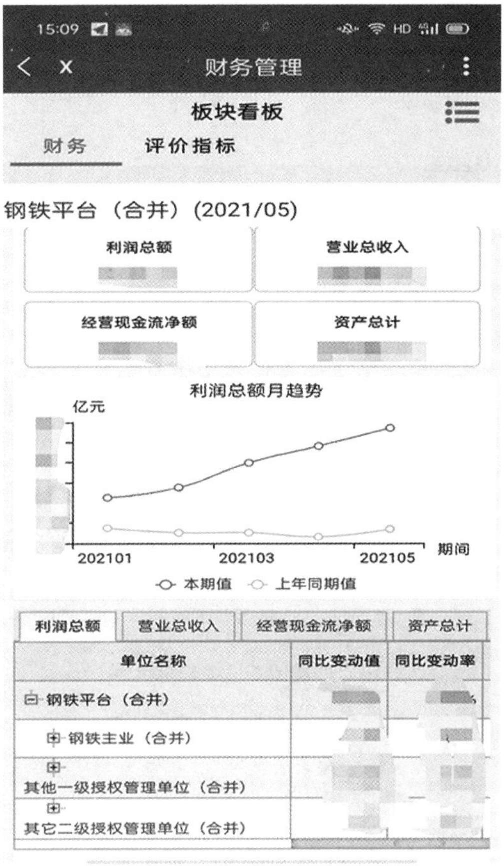

图6 移动分析(2)

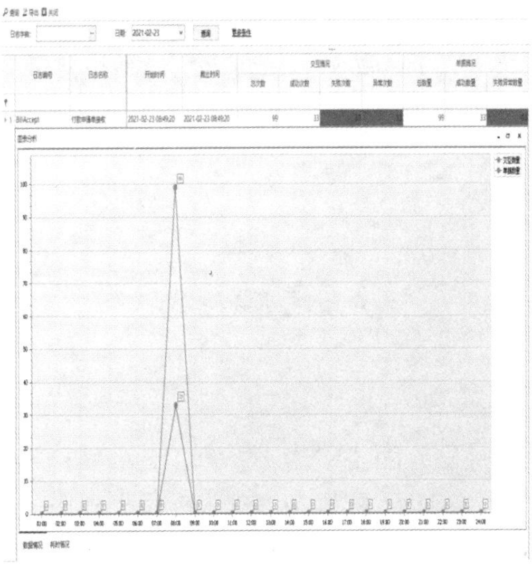

图7 预警平台分析(1)

图7 预警平台分析(2)

序号	日志编号	日志名称	开始时间	截止时间	交互情况				单据情况		
					总次数	成功次数	失败次数	异常次数	总数量	成功数量	失败异常数量
2	JTGKWarnPlatFormReport	汇总分析日报	2020-12-16 13:28:08	2020-12-16 13:28:08	1	0	0	0	1	0	1
1	JTGKWarnPlatFormLog	预警日志	2020-12-16 09:51:17	2020-12-16 13:24:35	18	12	2	3	2	1	1

图7　预警平台分析(3)

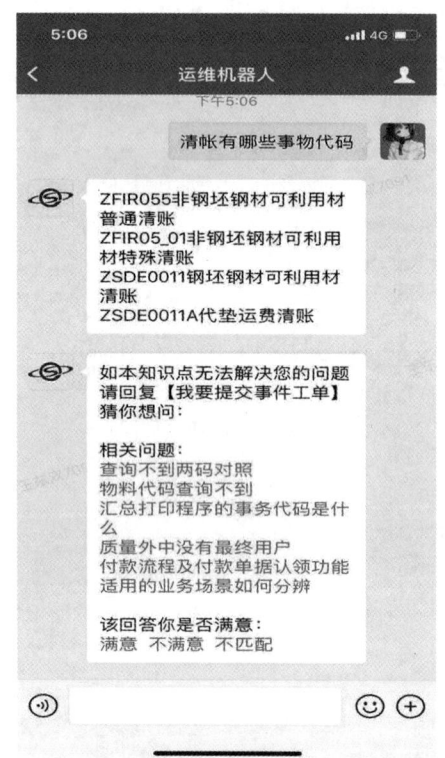

图8　对话机器人(1)

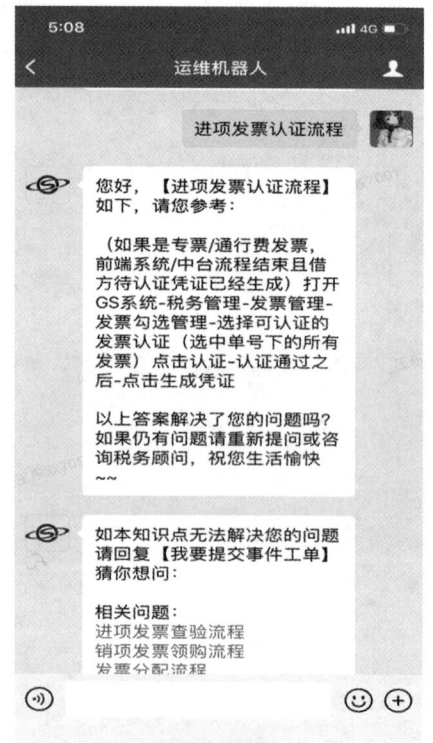

图8　对话机器人(2)

3）服务报告

首钢运营管理平台作为首钢集团统一的运维服务平台，提供软件应用、IT基础设施和信息安全等各专业日常运行维护过程中的事件、问题、变更、配置、发布、服务质量和服务报告等规范化管理功能，其中服务报告以日常运维工单数据和系统集成数据为基础，搭建数据模型，形成首钢集团运维数据中心，服务于各单位各专业，提供多维度报表统计分析、可视化自助分析、智能报告等功能应用，如图9所示。

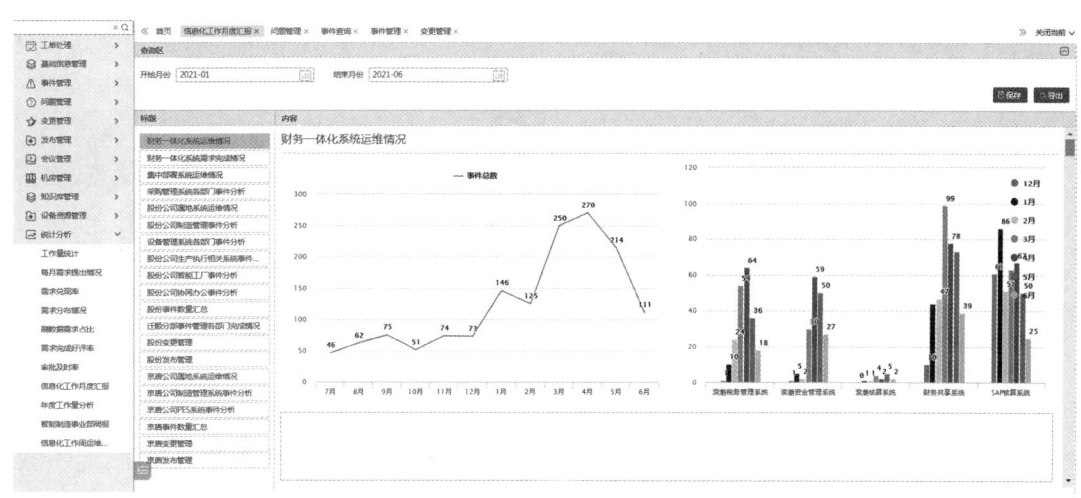

图 9　运营管理平台服务报告

（三）智能技术和产品选型

首钢集团业财智能管控平台采用 FACE 系统选型法，选定浪潮 GS 产品为集团财务主系统，钢铁主业升级 SAP S/4 HANA，集团一本账在浪潮 GS 平台统一出具，两个新一代 ERP 产品混合应用，达到"1＋1＞2"的融合效果。

1. 主要技术说明

首钢集团通过企业服务总线应用于集团管控各系统间横向集成，以及集团管控各系统与成员单位各系统间纵向集成。企业服务总线支撑集团管控各系统与各类主数据电文结构转换、电文字段选择性映射、同步接口对接异步接口、按需路由分发等业务管理需求。

2. 智能化应用技术示例

1）规则引擎

业财平台基于业务类型制定业务数据源规则仓库，将业务流程与业务规则分离，达到规则可复用的目标。支持运行时定制，并提供客户端图形界面操作规则，业务人员可自行编写规则，无须 IT 人员参与。为不同行业、场景提供动态的规则执行链。规则引擎广泛应用财务共享、业财融合业务集成与衔接，会计平台通过规则引擎实现凭证自动生成。

2）RPA 机器人

首钢钢铁板块建立流程中心，实施 RPA 解决方案，服务于采购、成本、财务、IT 运营等专业业务。RPA 工具分为 Creator 流程设计器、Worker 流程执行器与 Commander 控制中心三部分。其中 Creator 流程设计器作为流程机器人开发工具，具有可视化编程与专业模式多种模式，简单易用。Worker 流程执行器作为平台任务执行中心，用于实际执行流程机器人，具有定时启动、重复执行、条件触发等多种执行方式。Commander 控制中心作为平台的控制中心，用于管理平台中的所有流程、Worker 等，可远程控制任务运行，监控 Worker 及任务运行状态等。

通过共同协作，RPA 工具应用于硬件巡检、接口运行监控、系统代码稽查、跨系统对账、业务稽核等业务场景，借助无人值守流程中心运行，释放业务人员时间和精力，保障信息化平台稳定运行，构建数字化环境，为后续的"RPA + AI"和"对话机器人 + RPA"智能化应用奠定基础。

3）单据影像化

借助单据影像化实现财务共享中心快速、批量化作业处理，并以集团公司为试点，实现电子会计档案影像化管理。影像系统主要采用影像采集智能处理、扫描参数集中控制、影像文件分组管理、影像压缩技术、影像智能处理、影像加密存储、影像水印、影像调阅和画笔等功能应用，实现单据影像化全过程管理，并与财务共享业务、电子会计档案管理深度结合，提升业务处理效率。

4）移动应用

首钢通作为首钢集团统一的移动门户和协同办公平台，通过身份双因素认证、待办集成、流程集成、单点登录等技术手段，整合各系统移动端应用功能，实现统一门户入口、统一身份认证、统一待办中心、统一流程中心、统一系统访问、统一移动报表展示和统一移动通信。资金平台与首钢通移动端集成，实现资金审批、预警平台、财务分析、财务共享，自动推送审批消息、预警通知、分析数据，提升资金管理智能化水平，提高资金运转效率，资金监控掌和决策分析简易快捷。

（四）投入的相关部门和人员情况

首钢集团高度重视业财资税管控平台项目建设，集团总会计师和信息化主管领导挂帅，经营财务部牵头，与系统实施商紧密协作、并肩作战，组成50余人的综合性项目实施团队。其中首钢集团总部及成员单位共安排20名业务骨干全职深入项目实践，培养和储备了一支业务扎实、系统应用能力强的数字化人才队伍；涉及的三家主要系统实施商浪潮、SAP和百望，分别投入20人、15人和2人。

（五）经验总结

1. 加强领导、组织先行

首钢集团建立规范、高效、稳健的财务管理体系，加强组织领导，充分发挥智能财务对变革管理、增强集团核心竞争力所产生的推动作用，以智能财务作为财务转型的先导和突破口，集团统一规划和组织实施，明确工作任务和要求，落实机构人员，建立健全智能财务管控的工作组织体系。

集团总会计师和信息化主管领导靠前指挥，集团财务部门、信息化职能部门、成员单位及相关部门密切配合，分工协作，确保顶层设计、系统实施、运行维护的有序开展。有效发挥智能财务提升企业管理、优化资源配置、防范财务风险、提升经营绩效的促进作用，不仅提高了集团财务管控能力，而且推进了集团整体管控能力提升。

2. 强化宣贯、文化传承

为加强宣传力度，集团级重要会议前，循环播放由首钢新闻中心录制的《财务转型之路》宣传片，营造人人智能化、人人要转型的组织氛围，在潜移默化中，财务人员有了主动要求转型的深刻转变。集团年终决算会,将各单位智能财务推进情况作为重点进行总结汇报,特别表彰在智能财务平台建设中表现突出集体和先进个人,进一步激发了集体荣誉感和员工干劲,同时鞭策了后进单位迎头赶上。

3. 业务主导、IT支撑

智能财务管控平台建设,坚持"业务主导、IT支撑"。坚持"谁应用、谁建设、谁负责"的原则,业务部门担当起智能化建设者和推广者的使命。财务部门从管理模式、组织结构和业务流程角度提出信息化建设需求,IT部门从技术角度出发,把关先进技术应用,通过采用新技术,搭建信息化平台推动业务发展,更好地促进IT与业务的融合。

财务与IT紧密协作、强强联合,破除部门壁垒、模糊专业界限,最大化发挥合力作用。结合首钢的实际需求,有步骤地融入智能财务管控平台建设,通过试点先行、分期推广、应用创新,实现可持续发展,成果超出预期。

4. 深化应用、持续运维

为克服信息工程"重建设、轻应用"的弊病,首钢财务队伍提前谋划,深化应用方法和内容,我们从三方面入手:一是优先满足已列入计划的增强应用需求,保证系统应用完整性和提升应用体验;二是进一步满足集团管控和日常财务管理深化应用需求;三是密切关注影响中国会计从业人员信息技术的发展趋势,结合首钢业务管理模式,开拓创新智能化应用场景。

平台应用基础是稳定运行,而稳定的基础是运维保障。集团财务部门精心筹备组建专家评审委员会,支撑业务及智能财务系统可持续发展;主动协调集团信息化管控部门、运维团队,共商共议采用项目模式开展日常运维管理工作,得到各方支持与积极响应。目前团队已经组建完成,集团核心业务人员和运维顾问实现了集中办公,以完善集团智能财务平台运维管控体系为目标稳步推进。

三、实践成效与未来展望

(一)实践成效

1. 业务更加规范

业务标准化规范体系完整支撑。财务系统的全面建成,为业务系统提供了数据共享和标准传递,真正实现系统间互联互通。集团财务管理业务标准更加完善、业务流程更加规范。建立"1+14+N"集团会计制度体系,即1个基本会计制度、14个行业会计制度核算方法、N个会计业务操作规范或实施细则;统一会计科目3 155个,统一会计凭证模板468个,统一标准流程113个,统一集团报表343张,统一财务分析指标642个,统一月度资金计划项目与集团现金流项目代码122项。财务共享制定了集团费用项目200余项,规范了业务处理标准800余条。在投资管理方面,规范了13类业务流程、45个表单模板,制定了投资和财务集成数据规范。在资产管理方面,制定了66项资产数据标准,规范了63个业务流程。在人力资源管理方面,制定了23类305项薪酬项目,规范了集团的薪酬结构,建立了集团规范管理组织树、清晰的岗位信息。

2. 协同更加高效

财务智能化平台实现了集团财务数据穿透溯源：账簿查询→联查明细账→凭证→原始业务单据，报表数据溯源：报表→分析构成→联查余额表→联查明细账→凭证→原始业务单据，基本实现核算管理一本账。预算管理覆盖集团、板块、成员单位及三级以下责任单位，融合经营计划与预算，支撑全面预算与专项预算管理，实现集团预算一张网。

横向拉通投资总额与资金支出管控；资产实物与财务核算价值一致，资产实物与房产税、土地使用税数据融合，人资员工薪酬与个税申报信息共享。纵向贯通钢铁产销一体化系统、钢贸经营管理系统、实业供应链系统集成，同时与首钢地产、首钢建设、首钢国际贸易等12家单位业务系统集成。

3. 管控更加高效

通过系统固化规范财务政策、标准化基础数据，支持财务数据从成员单位、板块到集团的直接汇总，减少中间过程的人为干预，提高了信息的及时性、真实性，目前首钢股份、实业公司等财务管理已上线单位已实现合并报表管理。通过系统控制大额资金支付节奏，截至2021年上半年，资金系统年均触发大额审批近400笔，累计金额近千亿，有效统筹了集团资金平衡。财务报表稳步提速，月报提报时，88%单位提前了1天，82%单位提前了2天，48%单位提前了3天，延迟报送单位大幅降低。

4. 服务更加到位

财务共享通过系统固化差旅标准、业招标准，落实预算管理，杜绝超预算单据；打通业务、资税流程，单据流转效率平均提升30%以上。通过与首钢国旅平台集成，商旅业务实现报销不见钱、不见票，大幅提升用户体验。

5. 风控更有抓手

通过建立全集团供应商黑名单体系，有效防范资金支付过程风险，发票入账前验真验重，杜绝假发票，降低重复报销风险。业财系统与集团财务管控系统全面集成，统一业务规则、数据标准、系统接口标准，大幅提升数据准确率和及时率。

6. 社会效益良好

首钢集团财务信息化的实践经验，得到北京市国资委、中国钢铁工业协会的高度认可。经北京市国资委推荐，多家大型国有企业纷纷来首钢交流，借鉴集团财务管控信息化项目系统选型、业务标准设计及系统建设经验，在财务转型及信息化建设方面取得了良好效果。中国钢铁工业协会多次邀请首钢做主旨演讲，在钢铁行业已发挥较强示范带动作用。

(二) 未来展望

"十四五"期间首钢集团财务转型进入深化期，在国资委加快建设世界一流财务管理体系的指导下，探索大数据、人工智能等数字化技术的深度应用，敏捷感知内、外部环境的变化趋势，延伸智能化技术应用，快速响应财务管理需求，加深业财融合，提高智能化应用场景广度，充分挖掘管理需求，提高智能化应用深度。以数据为依据，实现高效决策，最后达到能自我优化的智慧财务管控体系目标。

通威股份：
借力 RPA＋AI 技术，提升财务智能化水平

■ 周　勇　通威股份信息总监
　毛德华　通威股份信息部业务服务负责人
　代思宁　通威股份信息部财务域实施顾问
　屈伊春　上海国家会计学院智能财务研究院主任

■ 机器人流程自动化
　自然语言处理
　机器学习
　智能图谱
　数据智能

　　大数据、人工智能等新一代技术快速发展，并在企业中逐渐渗透，为现代企业的财务转型和管理创新提供了重要支撑。通威股份在智能财务体系构建方面进行了极具创新性的尝试。在智能财务系统建设上，通威股份通过导入"机器人流程自动化和人工智能技术（自然语言处理、机器学习、智能图谱和语音认知等）"，结合全面预算、成本计算、财务核算、税务管理和数据智能分析等应用场景，不断提升智能财务管理水平，取得了绩效达标率达到97%、开票效率提高了49倍、机器人自动检查项占比90%、异常自动识别处理能力提升150%、月结人工检查事项下降70%、财务月结时间由5天极致压缩到6.5小时、每天输出当天损益表等显著效果。

一、案例背景

（一）案例单位简介

通威集团是以农业、新能源双主业发展，并在化工等行业快速发展的大型跨国集团公司，系农业产业化国家重点龙头企业，全球主要的水产饲料生产企业、全球高纯晶硅龙头企业及全球领先的晶硅电池生产企业。集团拥有遍布全国各地及海外地区的 200 余家分、子公司，员工超 4 万人。旗下上市公司通威股份（股票代码 600438）年饲料生产能力超过 1 000 万吨，是全球最大的水产饲料生产企业及主要的畜禽饲料生产企业，系四川首家年度销售收入过百亿元的农业上市公司，水产饲料全国市场占有率超过 20%，连续 20 余年全国领先。

通威股份的高纯晶硅年产能突破 8 万吨、高效电池年产能 20 GW，光伏电站并网规模近 1.5 GW。未来三年到五年，通威股份高纯晶硅产能预计达到 22 万～29 万吨，形成 80 GW～100 GW 高效太阳能电池产能。

从农牧业到新能源行业的跨界延伸，通威股份的运营成本比行业平均成本低、运营效率比行业水平高。无论是"渔光一体"模式还是双主业发展模式，都是符合企业禀赋和行业发展趋势的前瞻之举。

通威股份通过引入 ERP 系统、全面预算管理系统、资金管理系统、财务共享系统、数据智答等 IT 系统，全面提升会计信息化水平，通过机器人流程自动化（RPA）、人工智能（AI）技术的应用，构建了面向未来的"实时在线、数据驱动、智能运营"系统架构，使得财务变得越来越智能化、敏捷化，IT 系统真正起到了支撑战略转型、引领业务变革、促进管理创新的重要作用。

（二）智能财务建设动机

基于"渔光一体"的长期发展战略，通威股份在 2018 年重新梳理和制定 IT 战略，开始了以"支撑战略转型、引领业务变革、推动管理创新"为目标的企业数字化转型。

近几年，以大数据、物联网、云计算、区块链、人工智能等为代表的新一代技术快速崛起，并逐渐向企业渗透，对像通威股份这样的传统制造企业来说，在这一轮数字化浪潮中，如何跟上时代步伐，运用新的技术手段支撑业务拓展、促进管理创新，成了通威股份不得不考虑的问题。从企业内部来看，通威股份的业务规模迅速倍增，经营范围快速扩张，每天各类业务单据和财务凭证处理量呈现几何倍数方式增长，原有信息化架构和 IT 系统处理能力瓶颈日益凸显，同时管理层对业务运营数据获取效率与时效性的要求也不断提高。实现全面的业务数字化和智能化才是解决问题的有效方向。

通威股份重新规划了面向未来的"实时在线、数据驱动、智能运营"数字化转型平台系统架构，并对 IT 目标进行了重新定义：

一是通过数字化转型支撑企业经营模式的转型，提升企业数据化、科学化决策能力，建立以数据驱动业务运营的新模式，支持前线员工通过移动互联在线处理业务、实时查业绩、单单算奖金;让财务核算高效实时,财务数据准确高效,每天核算经营利润,企业决策更敏捷灵活。

二是通过数字化转型实现智慧运营,积极采用 RAP、AI 等新技术和手段提升组织运营效率,优化运营成本,最终使通威股份具有高于行业的运营效率和成本优势。

三是通过数字化转型升级,为企业内部员工和用户带来极致体验,提升员工的工作效率,改善通威股份的服务体验,使得通威股份和客户的合作更加便捷,提升用户的忠诚度和满意度。

四是构建未来发展生态,实现整个产业链的生态协同,使得产业链上下游合作更加紧密。

通威智能运营中心的规划和建设是一个长期过程,在规划和建设的过程中需要与解决企业短期问题相结合。在当前,采用 RPA、AI、知识图谱、移动互联等新技术解决由于业务急速扩张带来的财务处理能力不足的矛盾、实现决策者实时获取准确业财数据的需求、支撑管理者和业务人员时时"看数据、查业绩"的期望等成为当务之急,也是建设数智运营中心的目的和初衷。

1)积极采用 RPA 技术解决财务处理效率瓶颈

从 2018 年开始,通威股份的企业经营持续向好,企业规模不断扩张,业务量呈指数增长。近 100 家分子公司财务部门和财务共享中心所处理的业务单据、往来核算、费用处理、成本核算等处理量爆发式增长,原有财务人员配置已无法满足核算效率要求。

经营模式不断创新,从公司高层到基层管理人员已树立依靠数据进行经营分析和决策的数字文化,要求每天核算销售业务的收入、成本、费用,日清日结当天损益利润,当天输出经营损益报表、财务月结 T+1 出报表……

以数据驱动经营、依靠数据进行决策的经营管理文化影响下,对企业数据的及时准确性、对财务月结年结的时效性要求越来越高。建设智能财务支撑体系,采用 RPA 等技术快速提升财务处理效率是当务之急。

2)引入 NLP 和语音识别技术提升数据分析水平

通威股份在多年前建设 ERP3.0 期间已同步建设有商业智能(Business Intelligence,BI)系统,并在 BI 系统中开发了数量庞大的业务、财务报表,但 BI 报表的操作体验差、调用报表过程烦琐、计算缓慢、性能差等缺点一直是公司决策层和管理层领导实时查看报表的主要障碍,因此,通威股份希望通过自然语言输入、语音交互等方式能为用户提供优秀的操作体验,帮助用户快速找到并准确获取报表数据,以提高管理和决策效率。

基于国内科技企业元年数据处理技术和科大讯飞的语音识别技术,元年智答数据智能产品开启了通威数据应用的智能时代。通过建设数据中台和相关数据治理体系,改进数据报表使用体验,提升系统的易用性,大幅提高数据准确性,实现了"百度式搜索、微信式分享"的数据使用环境。通威股份高管可以通过四川话、普通话与系统进行语音对话,调取数据、展现数据,并进行数据整合、分享和分析工作。四川话的识别率从 78% 提高到 83%,虽然只有5%的提升,但大大改善了用户体验。

科大讯飞在语音识别、语音合成、机器翻译、图像识别、医学影像、机器阅读理解等人工智能核心技术优势系元年科技在管理会计、财务共享、数据分析领域的多年积累的完美融合,在通威股份典型的应用场景下,打造了产业、技术和用户多方协同的研发生态,取得了卓越成果。

3)移动技术和数据技术的融合

移动技术与数据展现技术的融合是通威股份高管直接感受数据智能服务的直观高效。先进便捷的信息系统让数据的处理、传输、展现变得更加方便快捷,而财会人员可把公司各个部门的业绩分析成果及时准确地展现给管理层。

每天早上七点半,系统会把前一天的运营结果推送到不同层级高管的手机上,包括业务绩效、预算执行情况、同比、行业对比等数据。每位高管都能看到基于自己权限的经营数据,及时做出决策部署,更好地指导新一天的工作安排。

二、案例具体实践

(一)智能财务建设方案设计

1. 智能财务建设的目标

财务的未来是自动化、数字化和智能化。最近几年,大数据、人工智能、云计算、物联网、移动互联网、区块链等为代表的"大智移云物区"等新技术、新概念层出不穷,通威股份IT部门积极对相关新技术在业务领域应用上进行了深入了解和研究,认为采用各种新技术应用于企业财务管理是通威智能财务管理发展的必然之路。

通威股份通过新技术和信息化工具,实现对传统财务工作的模拟、延伸和拓展,以提高会计信息质量和会计工作效率,节约会计工作成本、提升会计合规能力和价值创造能力,增强企业财务在管理控制和决策支持方面的作用,以财务的数字化转型带动企业的数字化转型。基于大数据的分析应用,对管理会计报告等传统财务工作进行拓展,大大提升了财务对于业务部门和管理部门以及企业高层领导的决策支持能力,促使财务人员转变思考方式,即从本位思考向换位思考和全局思考的转换。

2. 总体思路

通威股份提出了全面数字化转型,IT的定位要从过去对业务运营的支撑转向更加主动地引领业务的转型。利用最新的IT技术引领企业的业务创新,完成从技术架构、运营、系统方面的数字化转型工作,从流程驱动向数据驱动转型,打造通威股份的长期竞争优势。

结合通威股份现有信息化人才队伍对企业内部业务理解和系统掌握的优势,加强企业内外部培训,提升现有人才队伍专业化水平,强化现有人才的自身工作能力,使其迅速适应新的信息技术发展,实现对新技术的掌握和应用,持续赋能内部员工,为通威股份财务智能化建设打下坚实、稳定的人才基础。

3. 路径方法

为探索和提高智能财务管理在通威股份的应用范围和能力,同时也为解决和满足多年来各部门对业财工作效率不高的抱怨,以及公司高层领导对财务数据查询提出越来越高的效率和准确性要求等需求,结合通威股份财务管理要求和IT系统现状,经充分研究和论证,决定将RPA、AI、知识图谱等为代表的智能化新技术先应用于财务共享、核算、月末结账以及数据分析和查询领域。通威股份通过数据平台和数智运营体系的梳理及建设,实现财务流程高度自动化、决策支撑智能化。在建设过程中通威股份不断完善和扩大应用范围,为未来更加深入、全面的财务数字化转型提供良好基础。

4. 智能系统框架设计

在"实时在线、数据驱动、智能运营"的数字化转型总体战略指导下,通威股份设计和规划以"四个中心一个平台"为核心的通威数智运营中心系统整体业务架构,如图1所示。

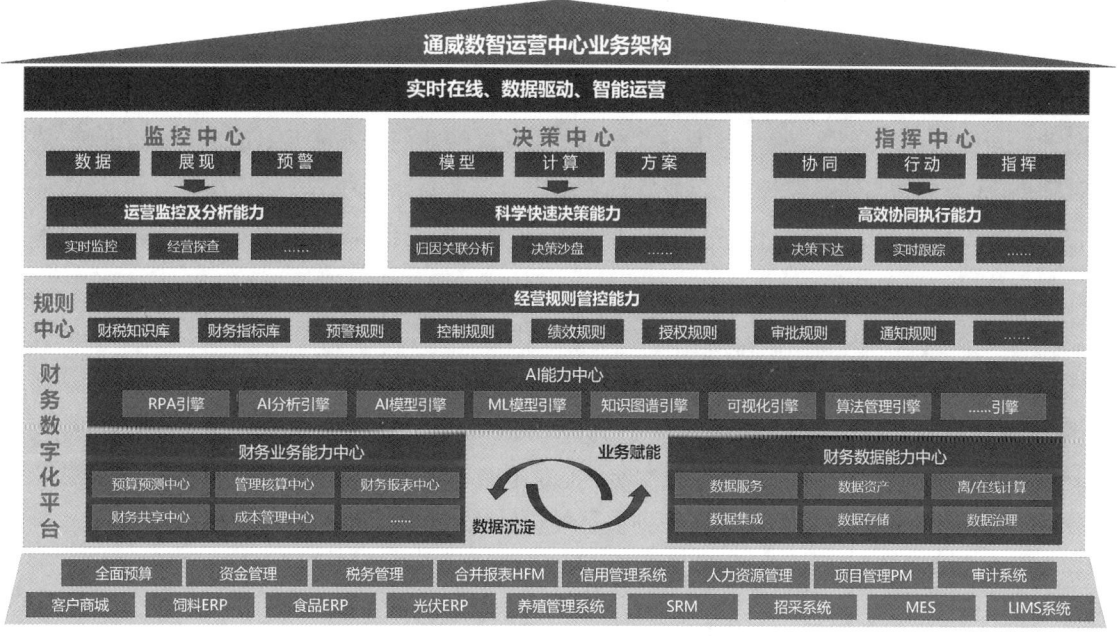

图1 通威数智运营中心整体业务架构图

财务数字化平台作为通威数智运营中心的核心平台系统,在财务数字化平台之上构建"财务业务能力中心""财务数据能力中心"和"AI能力中心",为通威数智化运营提供可灵活组合的基础能力支撑。

(1)财务业务能力中心实现对业务数字化支持,以中台思想构建基础能力单元,为前端业务提供预算预测、资金管理、财务核算、管理核算、财务共享、成本核算等各类业财基础处理能力支撑。通过能力单元的灵活组合,可以快速构建出符合创新业务要求的各类应用系统。

(2)财务数据能力中心以数据中台系统为基础,为财务提供完整、全面的数据支撑能力,实现企业业财数据的统一管理,为各业务单元提供数据支撑,包括数据集成、数据分层存储、数据资产管理、数据离线/在线计算引擎、数据治理、数据服务等系统。

(3) AI能力中心提供人工智能支撑能力,各AI子系统为前端业务提供智能分析、数据挖掘、数据模拟预测等功能,实现各业务的自动化和智能化业务应用。AI能力中心包括RPA引擎、AI分析引擎、AI/ML模型引擎、知识图谱引擎、可视化引擎、算法管理引擎等子系统;财务数字化平台还提供低代码开发、流程引擎、表单引擎、权限引擎、微服务管理等基础技术组件,以支撑通威创新业务场景的支持能力。

规则中心是智能运营中心的管理中枢,它的主要作用是将与业务管理紧密相关的政策、规定、策略等进行数字化转化,形成数字化管理的基础规则库,以及基于知识图谱的知识库和财务指标库等规则系统。数字化管理规则将用于业务的处理过程,是实现业务自动化、规则化、智能化的驱动基础。规则中心提供财税知识库、基于现有BI和管理驾驶舱沉淀财务指标、业务数据预警规则、业务触发的控制规则、绩效管理规则、业务权限控制规则、业务审批规则、消息通知触发规则等内容的统一管理。

监控中心、决策中心、指挥中心是数智化运营的核心,以数字化、智能化驱动各类业务、财务管理场景,以"数据+模型+算法"的方式实现智能化的问题发现、策略匹配和推荐、决策辅助,任务下达与执行监控,为企业管理者提供全新的数字化闭环管理新体验。监控中心将为业务管理者和决策者提供各类分析模型和数据分析工具,在业务发生的过程中实时进行数据监控和探索,以规则中心的控制规则、预警规则、财务指标库等规则进行比对,发现经营异常、业务问题和运营风险,实现对异常业务的预警预测。在发现经营问题后,决策中心通过分析模型和数据分析结果,通过规则中心匹配财税知识库中的解决方案,并通过数据模拟、决策沙盘等方式找到多种可选的解决方案及策略,为企业管理者提供定量化的决策方案。管理者通过指挥中心,将最终选择的方案及策略通过平台将业务指令直接下达到各业务系统,触发相关业务流程,实现决策到执行的自动化,信息传递的零失真,保证决策与执行完全一致。

(二)智能财务应用场景选择

场景1:预算和绩效管理

原来的预算都是手工完成的,标准不统一,预算指标收集比较困难,达成预算指标需要耗费不少人力物力,效率不高。同时,年度预算编制完成后,没有和实际运行结果进行比对,预算系统对成本控制和指导业绩达成的作用没有体现出来。

预算编制就是一个了解市场环境、内外部条件和规划业绩目标的过程,借助信息系统和数字化手段,使得预算的发起者、相关者、审批者都在一个统一的平台中进行讨论、确定,最终制定相互协同关联的预算指标。在实际运行过程中,通过滚动预算,使得预算指标更接近于实际运行指标,提升业务协同效果,指导业务推进和成本控制。预算管理应用如图2所示。

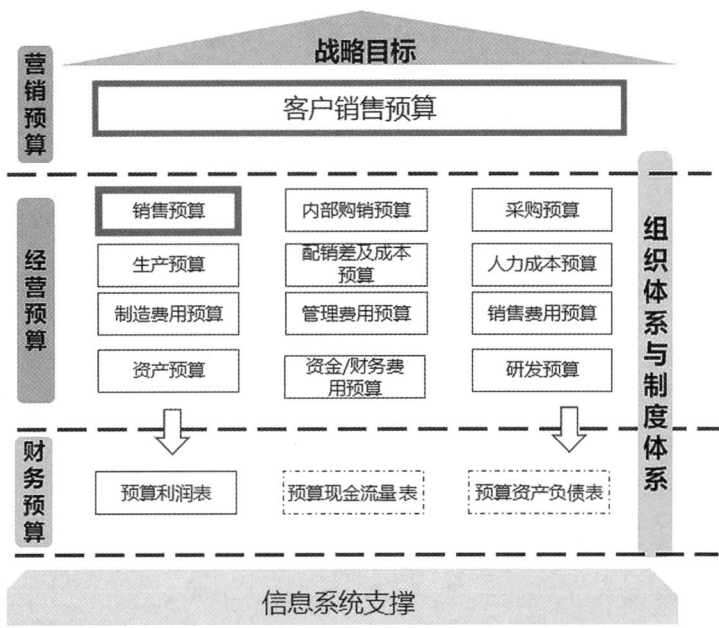

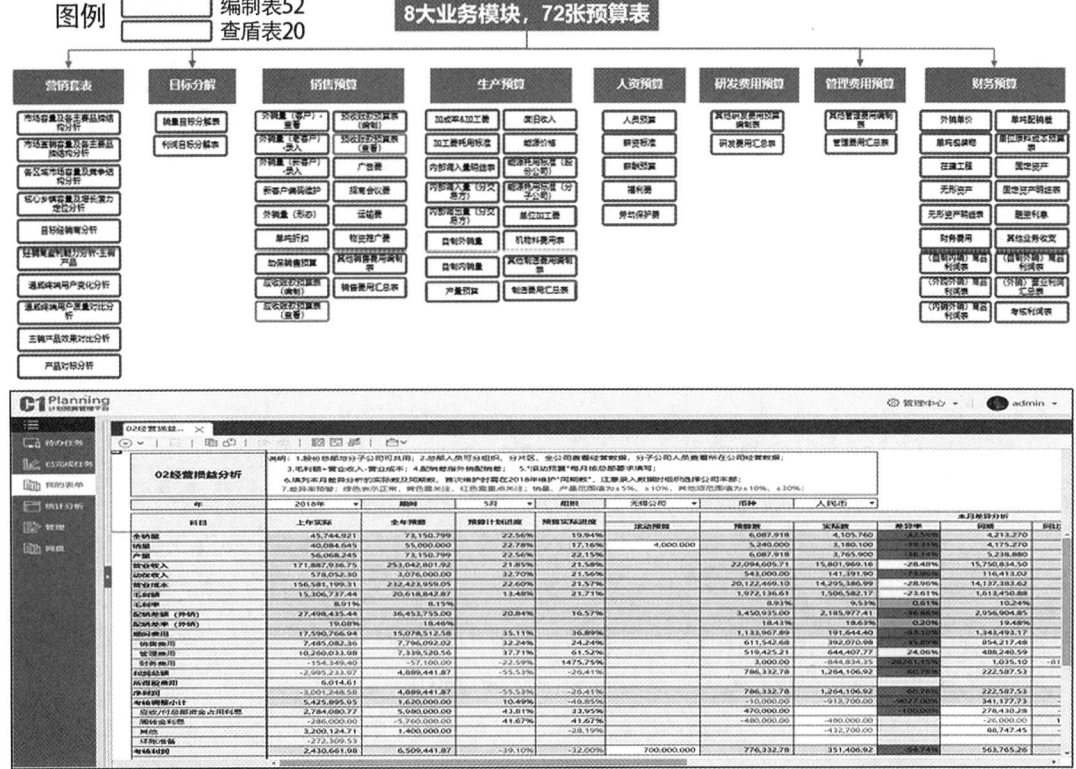

图 2　预算管理应用

场景2：从越南销售订单到税务发票开具（国际税务管理）

从销售订单和开票是典型的业财融合应用场景。如果开票人员对当地税法不熟悉，或者不熟悉通威股份的管理系统，容易造成错误信息，或者耽误工作流程。而且，开票量比较大，完全手工开票，效率不高，大大影响业务流程的推进。

通过RPA机器人获取ERP销售订单数据，一键登录越南国家税务开票系统，自动填写开票信息，开票信息包括客户编号、付款方式、发票信息、物料名称、物料数量、物料单价、折扣金额、税率等，最后导出PDF并批量打印为A5尺寸的纸质发票。

如图3所示，自动开票机器人的使用，使得越南销售开票从每月耗时164.3小时降低到每月33.5小时，效率提升了4.9倍，采用前5个人轮流开票的工作量仅需1人即可完成。此业务场景的实践应用，直接体现出了新技术在实际业务中的价值，也让前端业务用户感受到了效率提升和操作便捷。

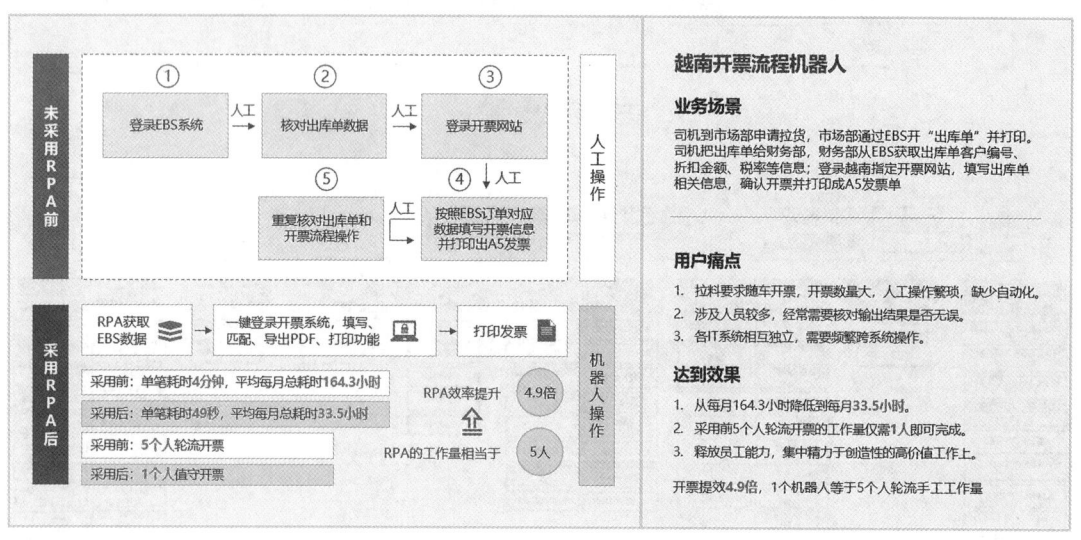

图3　RPA应用越南自动开票应用

场景3：ERP系统中的成本计算

通威股份作为生产制造型企业，成本管理是其经营的关注重点，也是影响其经营绩效的重要因素。但因通威股份生产制造的业务特点，生产成本计算前置工作和内容较多，成本计算和结账涉及的面广量多，每一项细小的成本都是ERP系统需要归集的项目，手工操作非常烦琐，效率低下，这样会直接影响每个月公司整体月结的时效。ERP系统的常规功能操作比较复杂，但重复性较高，非常适合通过智能手段加以解决。

通过RPA设计和开发，主要包括成本计算、成本结账EBS（ERP系统）请求等共计四个流程实现自动化，并在前期通过使用4个机器人协助完成10家分公司成本月结请求的目标。EBS成本一键运行，机器人自动操作，模块化处理月结流程。做到无人值守，后台自动运行处理RPA可同时处理多家公司成本结算（1人可处理6家公司成本模块，以前1人处理

2家公司)。

如图4所示,基于RPA新技术的应用,实现了EBS实际成本调整导入请求集处理、OPM会计预处理程序(不含订单管理)、OPM会计预处理程序(只含订单管理)、创建会计科目-拟定、导出月结结账测试检查报表。原本每月依靠人工检查,并且非常繁杂的EBS成本处理实现了自动化高效执行。

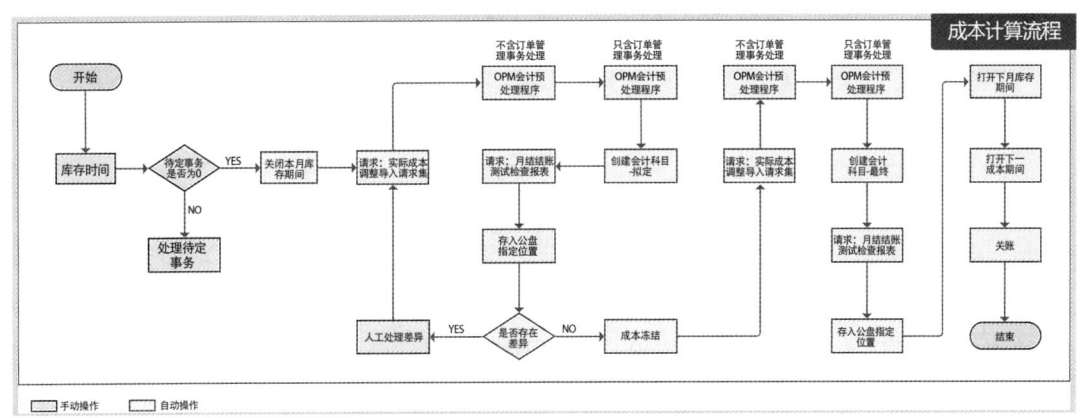

图4　RPA应用成本自动化流程图

场景4:ERP中财务月结自动化

通威股份每月的整体月结对于各业务部门、财务部、信息部来说都面对非常大的挑战和压力,一方面管理层提出了明确的公司月度经营分析会时间、每月经营快报提交时间(次月1日早上8点提交)。各家公司业务处理的完整性、规范性、及时性,以及月结完成后报表数据的收集、整理和提交上报,也是股份总部财务和分子公司财务"表哥""表姐"的主要压力。在经过成本计算的自动化处理实践后,整体月结通过RPA机器人集中化、自动化处理也提上了财务整体智能应用的议程。

每月结账工作是工作量最大、耗时最多的工作且核对费时,月结效率低。月结前有大量核对工作,这些核对涉及内部母子公司间、分子公司间、内部与外部单位、跨系统、跨地域、跨组织,核对费时使得月结效率低。工作量大,易出错。结账过程中涉及的检查、核对、调整事项多,步骤繁,虽然公司提供结账检查操作手册和相关运维支持,但人工操作仍存在不确定性,可能出现检查遗漏或出错情况,导致二次结账。它也可能存在同一员工多期操作的不稳定性,不同员工处理质量不均衡性。结合前期对RPA应用及月结场景梳理,通威股份搭建了基于RPA与EBS系统结合的月结平台。如图5所示,EBS整体财务月结RPA应用在成本应用上线的基础之上,对全股份EBS月结作业流程进行梳理,将全业务模块结账步骤、条件、规则等进行了全面的定义,全部由RPA机器人在月结前期进行所有公司EBS日常业务规范检查,以及每月的实际月结处理,现在通威共享中心所有上收公司月结全部由RPA月结平台集中处理完成。

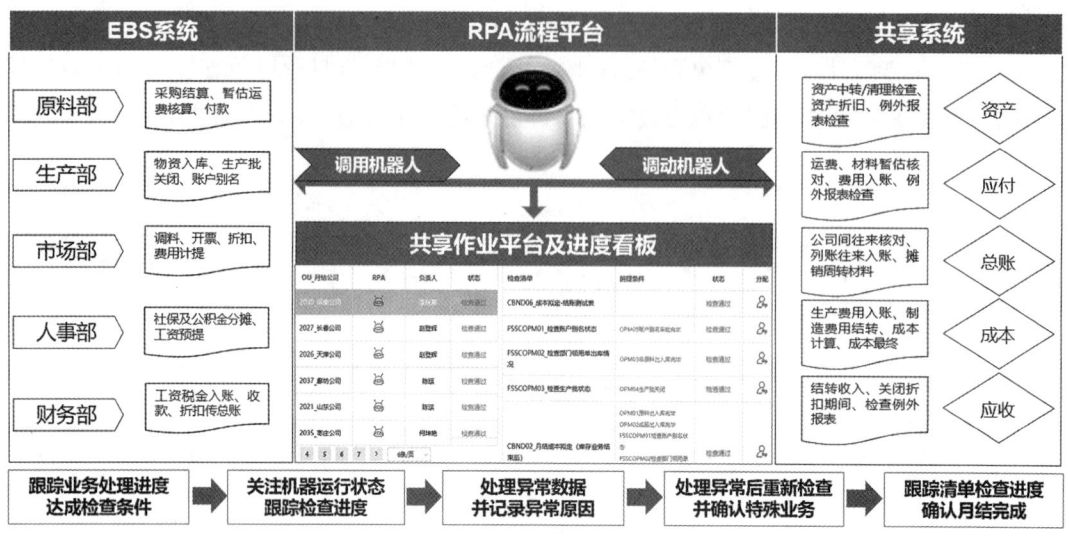

图 5 RPA 月结平台

如图 6 所示,通过 RPA 月结平台的梳理和建设,大大节约分子公司每月的月结时间和人力投入,显著提高月度、年度结账工作效率。

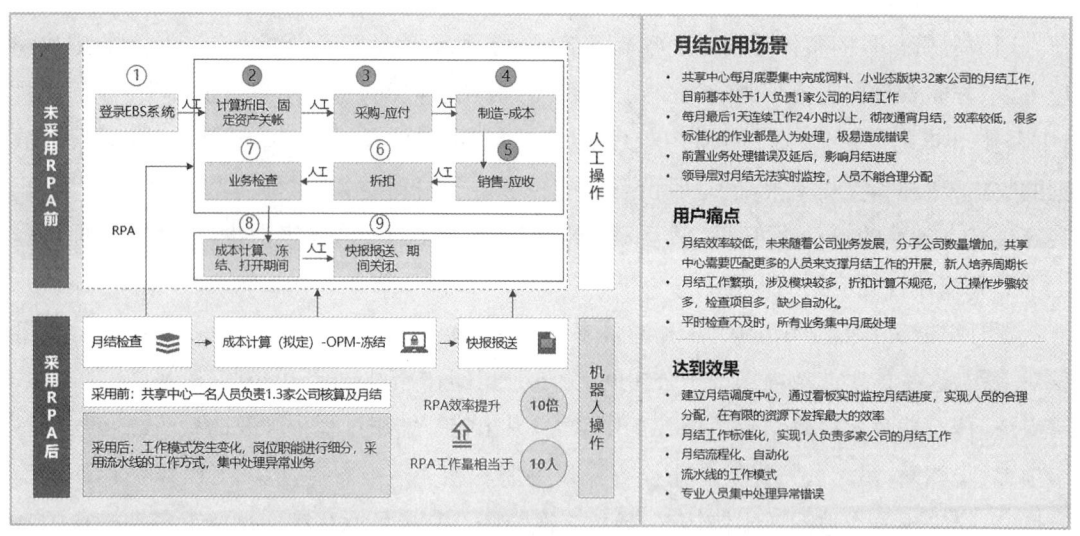

图 6 RPA 应用月结自动化总结

结合公司业务管理细化、应用过程中场景化和业务标准化的梳理,为进一步提升 RPA 应用能力,提升业务处理规范、效率,通威股份内部启动了 RPA 二期建设工作,核心是提升机器人自动检查、自动处理能力,加强人工+机器人的协同处理,使 RPA 充分发挥其作用,优化完成后人工检查占比仅 3%,如图 7 所示。

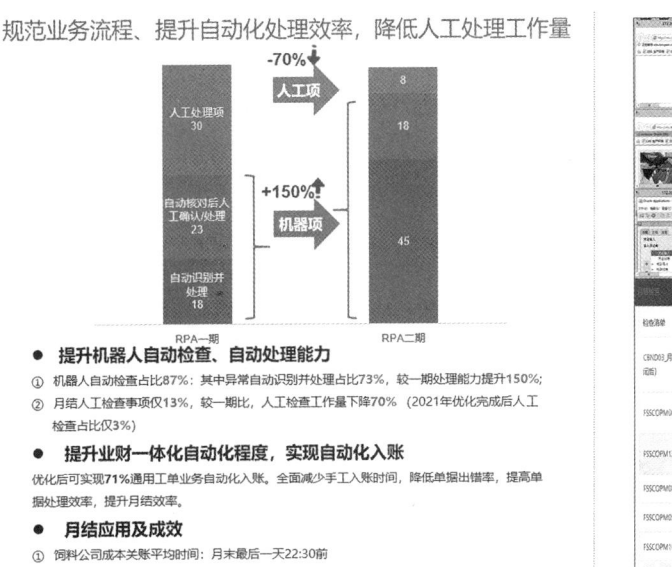
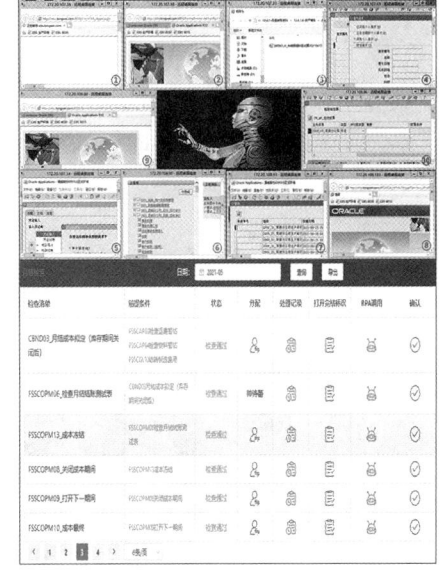

图 7　持续不断优化完善

场景5：数据智能应用

1）问答式搜索

与搜索引擎操作方式相同，用户在搜索框内输入想要搜索的内容，系统展示相应的数据分析视图（图8）。系统支持自然语言方式输入搜索内容，自然语言分析是数据问答的重要组成部分，是问答式交互的基础。

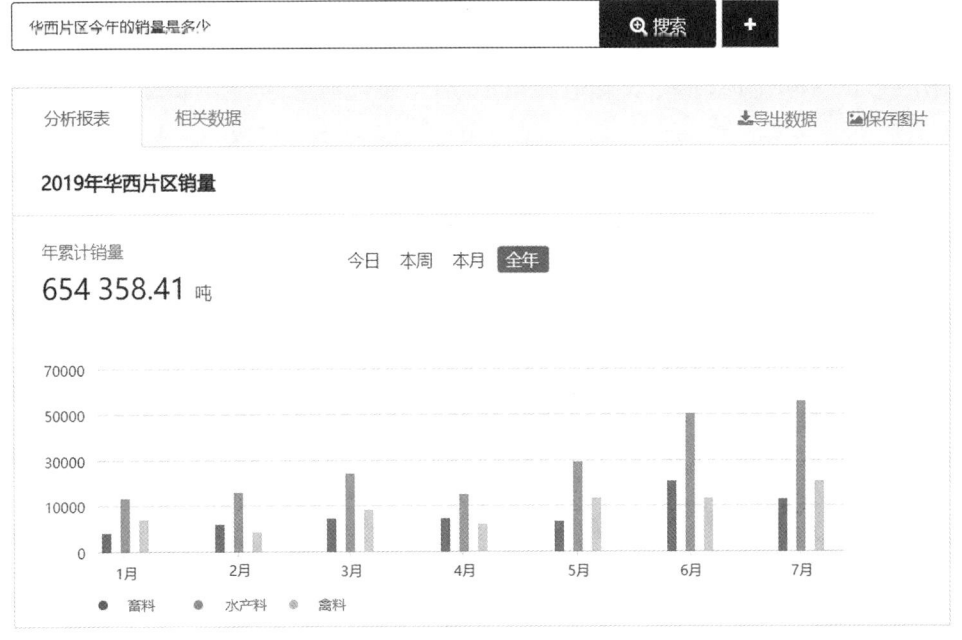

图 8　片区销量查询

2）关联指标对比分析

除了精准匹配出关键词相关的数据,系统还应带出与指标有关的对比指标数据,且须进行对标分析。例如,销量对比的指标是考核销量,销量增长率对比的指标是行业增长率等。图 9 为查询四川公司销量时,关联带出的考核销量指标。

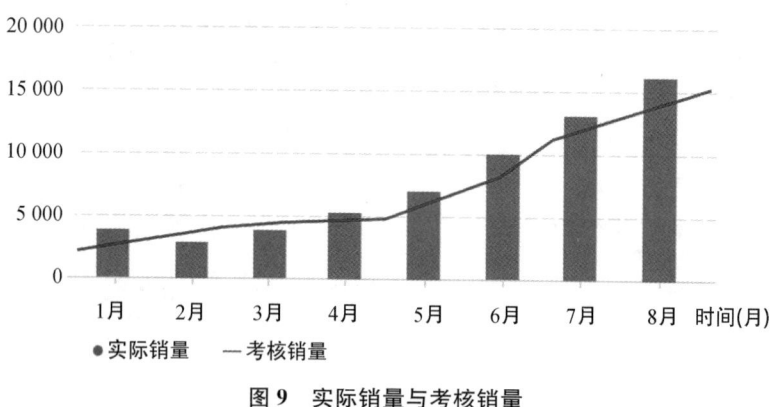

图 9　实际销量与考核销量

3）智能推荐

智能推荐根据不同用户的行为挖掘生成用户画像,结合知识图谱、用户权限,为每位用户提供个性化推荐内容,极大地提升了用户的数据分析效率。例如,搜索"华西片区今年的销量是多少",不同层次用户的推荐内容不同(图 10)。

当用户为总部高层领导时,推荐股份公司 2019 年销量、华中一区 2019 年销量、华中二区 2019 年销量、华南一区 2019 年销量、华南二区 2019 年销量、华东片区 2019 年销量……

当用户为片区领导时,推荐长寿通威销量、昆明通威销量、重庆通威销量、四川通威销量……

当用户为公司领导时,推荐水产料销量、畜料销量、禽料销量……

以上只是举例说明了简单场景,实际应用场景纷繁复杂,须考虑不同层次用户、不同业务域、不同数据权限等实际应用场景。

4）智能纠错

用户在输入查询关键词时,可能会输入个别错字,最常见的为同音不同义,特别是语音输入。系统提供智能纠错功能,依据现有词库、标签、用户过往行为分析,结合 AI 技术为用户推荐出正确语义或接近正确语义的标签,在用户选择标签后,为之展示相应的数据分析视图。

例如,用户通过语音方式搜索"四川公司销量",语音可能识别为"四川公式小亮",此时系统不会有任何查询结果。而后系统应为用户推荐"四川公司销量"标签在页面上,供用户选择(图 11)。

图 10　智能推荐标签

图 11　智能纠错标签

(三) 智能技术及其产品的选择

1. 元年 C1

元年 C1 是北京元年科技股份有限公司打造的世界级管理会计和企业绩效管理平台,包括计划与预算、报表合并、商业智能、业务分析等模块,帮助企业快速建立全面预算管理、成本绩效管理、报表合并和管理报告体系。

2. RPA 技术

基于对公司业务场景的详细梳理,发现财务多个业务场景的业务特点与 RPA 技术的应用条件高度匹配,存在大量重复性的工作需要手工完成,不仅耗费大量的人力资源和时间成本,而且人工操作出错率较高。因此,实现 RPA 技术特点和业务流程特点最大限度地匹配能够极大地发挥 RPA 技术的应用价值(图 12)。

RPA 机器人已经应用至通威 EBS 每日汇率维护、公司内部调料核对、FSSC 质量单据抽查、每日报工巡检、EBS 事务处理接口巡检等场景,将原来需要每天人为检查、操作的各项业务交由 RPA 机器人运行,释放出更多财务人力。

增加人力成本	开发传统的IT系统	采用RPA
• 需要集中培训,难度适中 • 人工成本、管理成本、培训成本较高 • 需要人员培训时间为2～6周 • 投资回报率周期为2～3年	• 需要专家开发系统、难度较高 • 转件开发成本高 • 需要长时间的开发与调试,为0.5～1年 • 投资回报率周期为3～5年	• 流程编写较为简单,难度降低 • 开发成本低 • 不需要很长时间的开发时间,为2～6周 • 投资回报周期少于1年

图 12　RPA 应用价值

在共享财务处理、财务核算、财务月结等具有标准业务流程特征的业务场景中,系统对业务步骤、审批、监控等关键节点进行识别,找到RPA应用的场景,结合RPA技术的能力和优势对原有业务流程进行优化和改造,最终实现提升组织效率、业务流程优化、减少用户操作的目标。

通威股份在引入RPA技术后,每月1日凌晨3点半前即可完成全部财务核算凭证处理,6点半前即可完成财务报表数据核对并出具财务快报。对比原来财务结账到报表输出需要5天,压缩到现在的6.5个小时,整体财务报表效率有了巨大提升,并且此时效还在不断完善与提升。

3. AI技术(NLP、机器学习、智能图谱和语音认知)

传统财务BI工具在通威股份已应用多年,但BI系统体系架构复杂、报表输出慢、不能快速响应需求变化、用户操作不方便、维护复杂等方面的问题非常突出。随着通威股份提出数字化转型战略,企业经营管理模式已经发生重大变化,管理决策层基于数据经营监控、决策分析要求已远远超越BI系统的支撑能力。

企业业务运营和决策层对数据驱动提出更多、更高的要求,报表提供更实时、数据分析更智能、经营决策更科学、业务驱动更快捷。通威股份通过引入人工智能、NLP、知识图谱等大量新技术,在智能财务的架构下通过AI技术来提升领导获取数据、数据追溯、分析判断、经营决策的使用体验和操作效率。

通威股份为各层级人员都设计了多种展现形式的业务和管理应用报表,但是在实际经营活动中,管理层会提出很多碎片化的数据需求。基于AI技术,以类搜索引擎的检索方式,快速、准确地展示可视化分析视图,取代日常单指标分析、简易场景分析需人工取数制作报表的交付模式。让经营管理数据分析更加日常化,以提高经营管理决策效率。

通威股份在2019年发起了"基于AI的数据问答应用项目——小通问答"项目(图13),通过分析自然语言,确定搜索关键词,动态地构建查询语获取相关数据,向用户展示可视化数据分析视图(图14)。

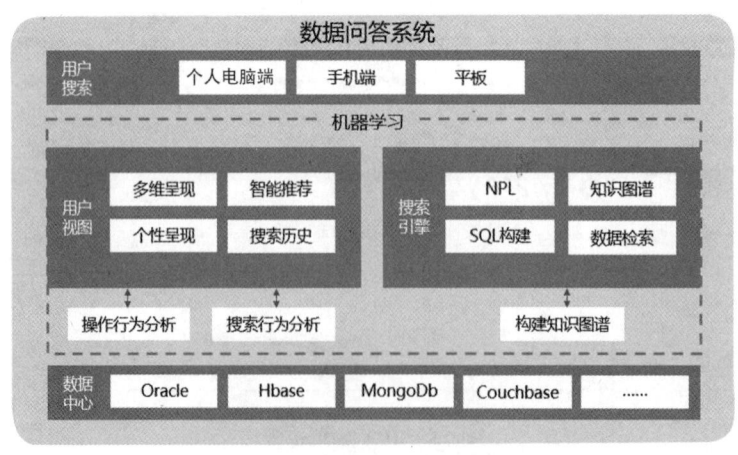

图13 小通问答应用架构

系统特点

移动端语音查询　　　精准匹配　　　　自主学习
数据获取更便捷　　数据获取更清晰　　数据获取更智能

图 14　小通问答系统应用特点

小通问答创新性地将 NLP、机器学习及知识图谱等技术与公司传统 BI 分析相结合，通过用户与个人电脑或手机的自然语言问答交互，实现经营数据的及时获取，解决了用户 90%碎片化数据获取的问题，为用户的及时决策提供了有效的支撑（图 15）。在与用户交互的过程中不断挖掘每位用户的个性化偏好，使数据应用更加精准（图 16）。

图 15　小通问答实践应用

图 16　小通问答应用总结

（四）投入的相关部门和人员情况

智能财务项目的建设由通威股份和元年科技、上海繁翰信息等几家公司共同完成。

（1）通威股份信息部，整体投入 300+人/天，主要负责完成通威智能化应用场景梳理、智能财务专项规划方案讨论、立项、内外部资源协调、项目整体的实施交付以及项目实施管理工作。

（2）通威股份共享中心，整体投入 100+人/天，主要协助完成通威月结场景业务步骤梳理，以及月结规范梳理。

（3）元年科技，整体投入 200+人/天，主要负责完成智能财务应用中预算管理、小通问答、数智应用等内容现场方案讨论及实施交付工作，以及后续的运维服务保障。

（4）上海繁翰信息，整体投入 200+人/天，主要负责 RPA 应用平台通威业务场景调研、月结平台实施交付，以及后续的运维服务保障。

财务智能应用的上线使用取得了较好的效果：

（1）数据处理效率是人的 100 倍，对于临时性分析、经营分析等场景，基于场景数据加工的时间从以往的 3~4 天，缩减到半天时间。

（2）减少 BIEE 系统 50% 的新增数据分析需求开发量。

（3）降低人力成本，由于使用自然语言加移动化，业务人员可灵活使用随时随地获取碎片化场景下的数据。

项目对组织、人员及职责的变化：数据分析师不再重复为业务部门处理碎片化数据需求，使得更多的时间资源分配到数据洞察等高价值任务中。

（五）实践中遇到的主要问题和解决方法

在实践过程中通威股份还是遇到了不少挑战，其中大部分属于 AI 系统在企业内部落地过程中遇到的通用问题。主要问题如下。

1. 数据的质量

企业过往的数仓大部分是基于报表体系进行建立和发展的，在信息化的初期阶段这种模式是可以支持的。但随着数字化的深入，信息系统的主要功能正在从收集记录过渡到决策分析，这也对数据质量提出了更高的要求。数据质量的问题是企业落地 AI 应用需要解决的首要矛盾。

在智能数据分析机器人的实践中，我们一方面从技术环节出发，进行了数据虚拟化技术的研发，使得系统可以在异源异构系统中进行数据获取，但这会消耗掉一定的性能；另一方面从数据标准出发，探索面向智能化应用场景最适合的数据标准，并在小范围内进行试点尝试，为以后推荐全面智能化进行准备，同时摸底现在的数据质量，给数据中台的建设提出更高的要求。

2. 小样本训练

通用领域的 AI 模型可以在互联网等公开渠道获取大量训练数据，但企业内部时常面临缺少训练数据，AI 模型冷启动问题，这对算法模型和系统设计都是非常大的挑战。

在建设时通威股份遇到非常多这样的挑战。一方面,通过采用小样本表现优秀的算法模型,比如,预测模型,我们使用 Facebook 开源的 prophet 作为底层算法。另一方面,通过系统设计实现持续智能,比如,在对话识别环节,我们可以通过收集用户的纠正机器人指令的行为,实现机器人能力的自我提升,采用小样本训练数据就可以上线模型,在使用的过程中完成模型的二次训练。

3. 对于 AI 系统的期望管理

目前不少人对 AI 系统的认知来自科幻影视作品,对其抱有非常高的期望,也会提出远超当前技术水平的要求。在看到 AI 系统的初期阶段成品后,他们会有较大的心理落差,从而失去信心。

这是影响 AI 系统工程化落地成功的关键因素,通威股份在智能分析机器人的实践过程中应不断进行软性宣传,向大家普及对于 AI 的正确认识以及了解其能力边界,最为重要的是需要让大家认识到传统软件的能力是固化的、一成不变的,而 AI 系统会在使用过程中不断完善,越用越好用。

4. 与业务目标保持一致

在 AI 系统的建设中,容易出现过分专注于技术目标,而忽略业务目标的情况,这最终会导致 AI 系统与业务目标有偏差,无法最大化业务价值,造成研发资源的浪费。在智能数据分析机器人的实践中,通威股份把业务用户也纳入项目团队,他们不再是项目外的被服务对象。这样充分调动了业务用户的参与积极度,能够打造业务用户满意的 AI 系统。

三、实践成效与未来展望

(一)实践成效

1. 小通问答应用效果

通威小通智能财务平台一期项目的建设完成给用户带来了革新性的交互体验:

(1)通过语音方式进行互动操作,在交互的过程进行数据的动态捕获和数据挖掘,并允许用户在当前结果中再进行逐层追溯和跟踪。

(2)支持员工业绩和收入的实时计算,每笔业务完成后个人收入得到即时体现和反映,有效发挥出员工自我激励的作用,提升企业整体的经营能力。

(3)实现当日损益结算,决策层当天即时了解业务盈利能力,提升决策者快速发现业务风险、分析问题、快速决策、快速政策调整的能力。

(4)实现管理模式的转变,企业决策以系统数据为支撑,通过智能问答系统让决策更透明、更灵活,最大化利用数据进行科学决策。

2. RPA 系统应用成效

1)RPA 整体运行状况

通威共享上收公司的每月月结管理都基于 RPA 月结平台进行处理,在月结前财务共享中心启动月结检查项,对所有公司的业务处理时效、质量、规范进行前期检查,并反馈问题。

在月结过程中，财务共享中心人员只需要跟进各自分配管理的下属公司月结状态（图17），以及系统自动检查反馈的问题进行有针对性的问题处理，可大大提升分子公司业务处理的规范性，提高各公司整体月结时效（图19）。

同时，为了更好地管理及监控月结过程，通威股份自主完成了月结监控平台的大屏展示的开发，业务线管理领导能更方便与及时了解到整体月结状态。通威股份也与实施伙伴一起搭建了后台的机器人监控平台，能及时监控后台机器人工作的交互转台，如出现业务处理卡顿也可以第一时间发现和处理（图18）。经过几个月的运行，平台整体稳定有效。

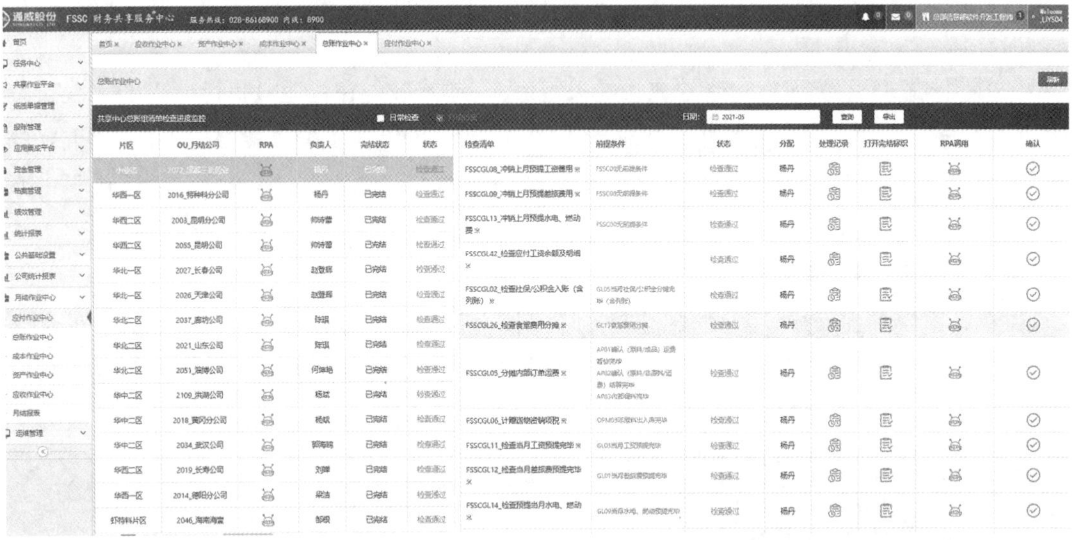

图17 通威财务共享中心中对月结RPA运行各片区、公司任务检查的状态跟踪

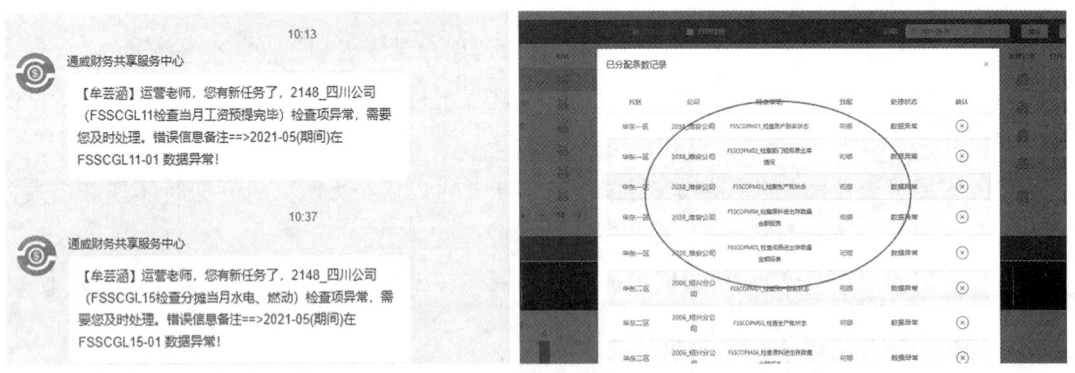

图18 通威财务共享中心RPA月结平台在出现数据检查异常的即时消息推送

2）RPA运营成果

在通威，整体运行机器人共计15台，完成整体任务共计57910条。

（1）月结时效。饲料公司成本关账最晚平均时间：次月1日16:00前；快报最晚平均提交时间：次月1日18:30。

图 19　每月跟踪的 RPA 月结平台,各片区、公司月结完成时效展现

（2）RPA 一期建设形成财务月结标准化清单管理。制定标准,形成业务清单 48 项、共享执行清单 71 项;利用信息化工具,固化业务标准,实现业务流程自动化检查 229 项;（一级 66 项、二级 163 项、报表 44 份）。

（3）RPA 二期建设提升机器人自动检查、自动处理能力。机器人自动检查项占比 90%；其中异常自动识别处理占比 70%,较一期处理能力提升 150%；月结人工检查事项仅 10%,较一期比,需人工检查工作量下降 70%。

（4）月结时效持续提升：饲料公司成本关账最晚平均时间：月末最后一天 22:30 前；快报最晚平均提交时间：次月 1 日 01:30。

(二) 未来展望

1. IPA 应用和发展

机器人流程自动化(RPA)和人工智能(AI)在过去一直被视作相互独立的两个领域,实际上两者是高度互补的,下一代流程增强的工具便是 IPA(RPA + AI = IPA),是在目前的 RPA 基础上结合了机器学习等 AI 技术。如果将 RPA 比作一个人的四肢,可以做机械性的动作,那么 AI 则可以赋予它听觉、视觉和表达等能力（图 20）。

数字化变革为我们带来了前所未有的机遇和挑战。数字化变革能够挖掘大量的信息,并及时地进行处理,根据需求将各种信息传递出去。这些变化不仅仅提升了运营效率,而且揭示了数字背后的真相。

2. 数字化重塑财务管控提升公司管理升级

"打造效率领先,持续增值且不可替代的产业链,实现公司和客户共赢发展"是通威股份永恒的目标。在此目标下,通威股份数智运营基于"管理＋数据＋平台"构建面向未来的智

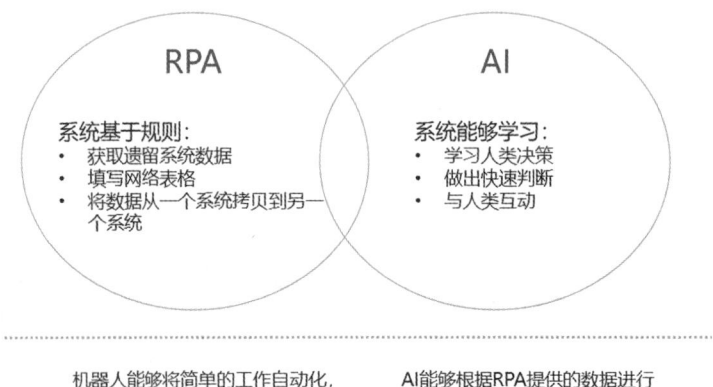

图 20　新技术应用的思考

能数字化运营体系能力，驱动通威股份业务价值链各环节的高效协同，助力经营高效决策，促进管理持续优化，牵引业务快速创新，实现公司智能化卓越运营，打造行业不可替代的持续竞争力。

通威股份数智化运营的核心在于在"实时在线，标准运营"的基础上，夯实数据基座，打造三大数字能力，形成以数据驱动为基础的新型运营管理模式（图21）。

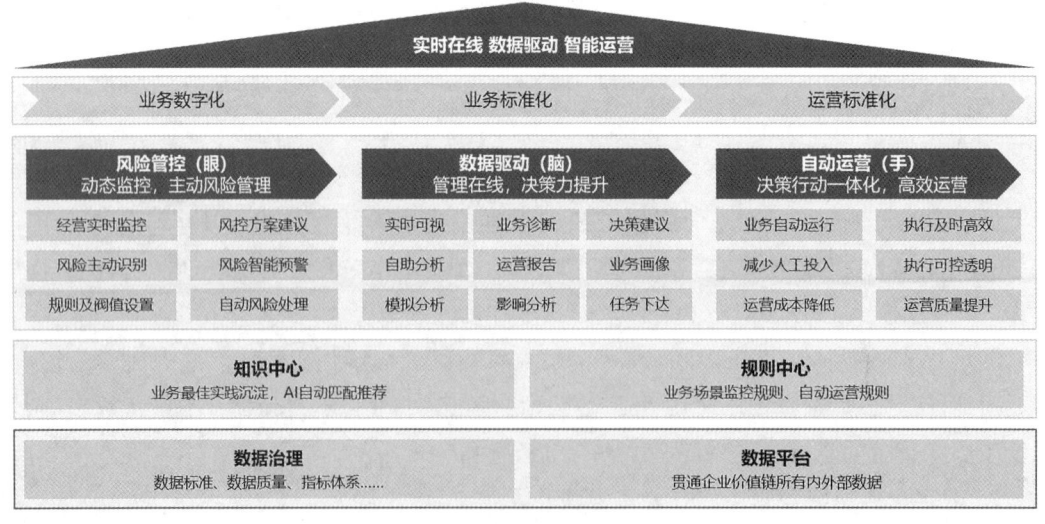

图 21　通威数智运营蓝图

第一，风险管控能力。结合公司战略目标，建立业务监控模型，实时监测经营指标，实现公司从战略到行动、从流程到执行的泛风险识别和管理，形成事前预判、事中监控、事后跟踪的风险管控闭环流程。它包括风险模型的定义、动态监控、洞察分析、跟踪反馈及知识库沉淀，助力业务流程优化变革，提升业务运作效率。

第二，数据驱动能力。建立面向不同业务域、不同管理域的数据分析、探查应用，提供实时洞察、归因分析、决策建议、业务预测诊断等数字化服务能力，形成数据—洞察—决策—行动—跟踪—报告的数字运营闭环管理。

第三，自动运营能力。在通威"标准运营"的基础上，构建面向业务自动化运营通用基础能力，并结合业务运营规则，赋能各业务系统实现业务自动化运营，持续推进业务运营质量提升，降低运营成本。

基于公司提出的质量方针，通威股份信息部协助采购业务域率先以数智运营思想实现运营管理数字化，形成"目标—监控—预警—执行—反馈"线上线下高度贯通的数字化闭环管理，在经营质量与业务执行之间形成紧密联动，保证运营的标准化以及经营目标的有效达成（图22）。基于此业务的落地实践，以及财务智能应用的覆盖，通威股份接下来将会在财务数据应用的深度、价值点进行实践，未来公司会创造更具价值的自动化、智能化应用，以推动公司数字化转型。

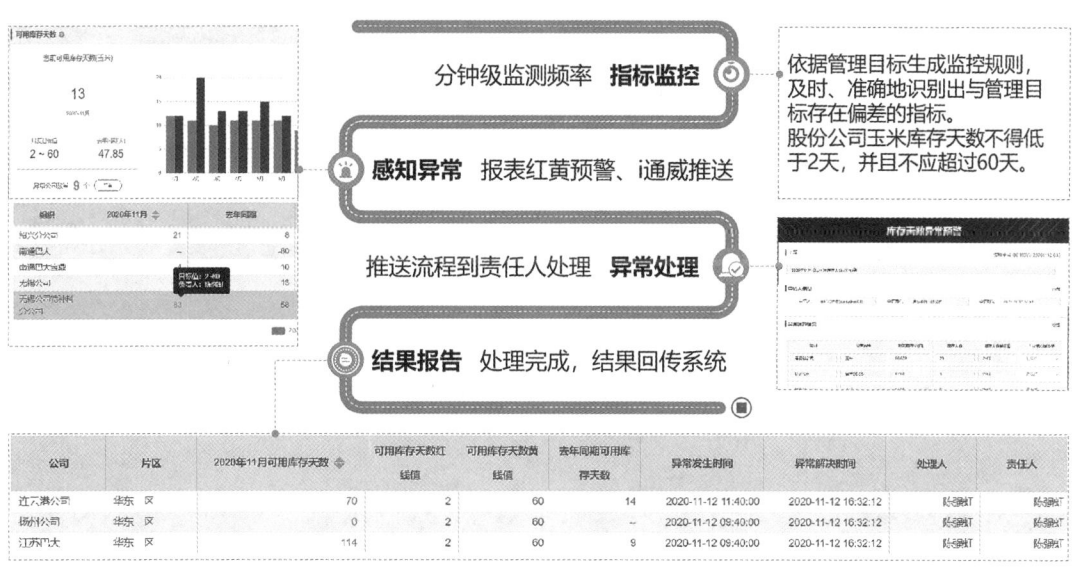

图 22　通威采购数智运营应用

数字交通推动智慧财务创新实践

■ 王春生　广东路桥董事长、党委书记，高级工程师
　梁　鑫　交通集团审计部部长（原广东路桥总会计师），高级会计师
　方　智　广东路桥总会计师，高级会计师
　夏　勇　广东路桥副总会计师，高级会计师
　邱　铁　上海国家会计学院教务二部主任

■ 高速公路　　数字财务
　智能技术

　　数字财务作为一种财务变革利器，引发了越来越多企业的关注与实践。广东省路桥建设发展有限公司作为广东省高速公路建设、运营的主要平台之一，立足于数字交通，发力于财务创新，以"服务业务，创造价值"为目标，在报账管理、报表管理、税务管理、资金管理、采购管理、商务管理等方面，打造了全景式智能云核算、智能财税衔接和智能应收应付等数字财务智慧应用场景，持续赋能企业发展。本文基于广东路桥数字财务的智慧实践，深入分析其实践背景、实施路径、应用效果和发展前景，以期为其他企业集团构建数字财务体系提供借鉴。

一、案例背景

(一)案例单位简介

1. 主营业务

广东省路桥建设发展有限公司(以下简称"广东路桥"或"公司")成立于1994年6月16日,注册资本90.96亿元,总资产约1 100亿元,主营公路、桥梁、房地产项目及其配套设施的投资、建设、经营、管理,建筑机械设备的租赁及技术服务,销售建筑材料等业务。

自2001年第一条高速公路京港澳高速粤境南段通车至今,公司立足于"基建强国""交通强省"的战略目标,专注于广东省内高速公路基础设施的建设及运营管理,已逐步发展成为管辖收费高速公路里程1 700余公里(占广东省高速公路通车里程17%)、拥有6个出省通道、辐射粤港澳大湾区主要经济区域、2021年车流量达2.24亿标准车次的交通行业主力军。

2. 发展历程

广东路桥数字财务体系建设历经多个阶段。2018年,公司开始搭建数字财务管理体系,启动了数字化咨询;2019年,公司构建财务共享服务中心,实现业务与财务共享系统互联互通;2020年,公司信息化水平再上新台阶,全面提升智能化办公水平,开发建设公司电子采购平台和商旅平台,启用微信派车,会议室、用印申请,办公用品管理,实现传统业务变革;2021年,公司落实集团有关国企改革和推进数字化转型重要工作,率先推动"数字路桥"共享平台建设;2022年,公司启动"大监控"数字平台建设,进一步提升信息化管理水平,助力国企数字化转型。

3. 组织架构

公司设置董事会、党委会与监事会,下设12个职能部门,拥有8个分公司,控股和管理9家公司(组织架构见图1)。

(二)建设动机

1. 外部政策支持

2019年7月28日,国家交通运输部《关于印发〈数字交通发展规划纲要〉的通知》;2020年4月11日,国家发改委、中央网信办印发《关于推进"上云用数赋智"行动培育新经济发展实施方案》;2020年8月21日,国务院国资委印发《关于加快推进国有企业数字化转型工作的通知》;2020年12月15日,广东省国资委组织召开省属企业数字化转型现场交流会;2021年4月23日,广东省人民政府印发《关于加快数字化发展的意见》。上述政策的制定,为发展数字交通,推动互联网、大数据、人工智能和广东省交通运输深度融合,利用数字技术对交通运输行业中的国有企业进行全方位、全角度、全链条的改造,提升交通运输企业的智能化水平,提高交通企业全要素利用率,提供了政策支持。

2. 外在市场推动

随着企业不断发展壮大,信息技术不断革新进步,市场对企业管理要求日益严格。精细化、高效率、低成本的数字化营运,成为国企改革的必经之路。如何强化总公司对各分支机

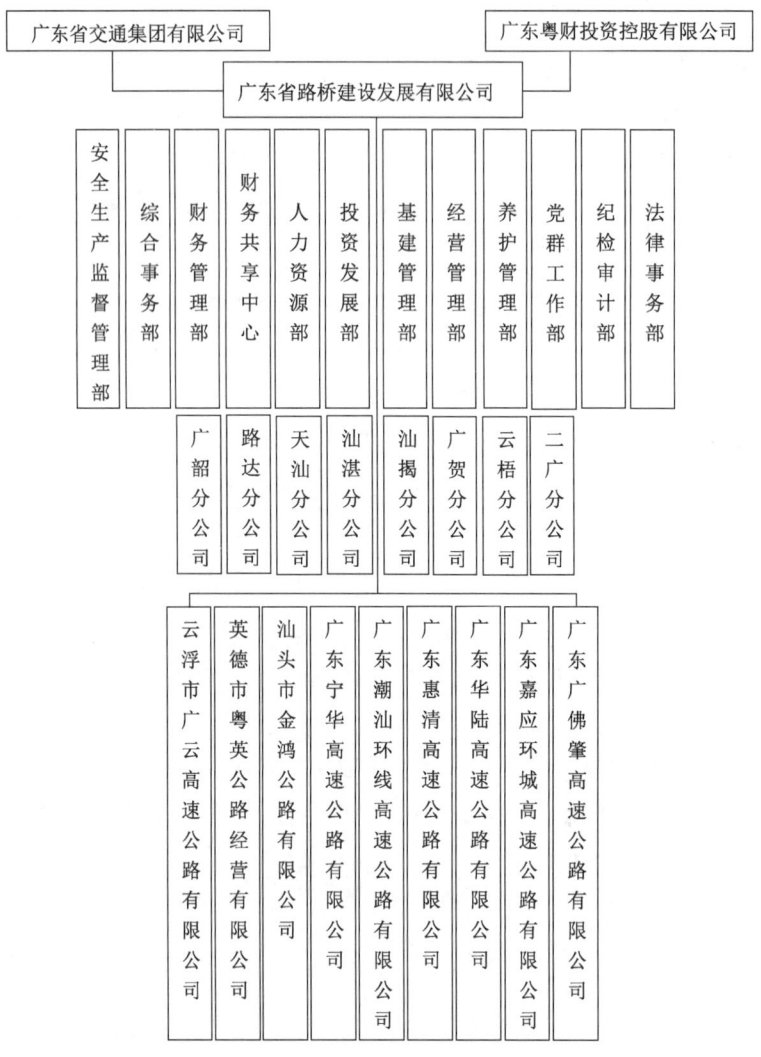

图1 广东路桥组织架构

构进行财务管控的能力，降低财务管理成本，实现内部扁平化管理成为横亘于企业集团面前的管理难题。同时，企业管理会计领域正直面信息技术的冲击。如何应用"大智移云"、RPA机器人等信息技术深刻改变会计的工作环境和工作方式、培养企业数字化会计人员，丰富会计人员职能并使得"业财融合"得以实现，成为每个致力于数字财务转型企业所需解决的问题。

3. 内在运营需求

随着高速公路基础设施建设进度的放缓，规模化、高效率、低成本营运逐渐成为企业生存和发展的内在需求。广东路桥作为广东省高速公路出行服务的主要运营平台之一，资产与负债规模均庞大，日常业务数据多且冗杂，成员单位分散于广东省粤北、粤西、粤东各个地区；10余个单体业务系统存在信息壁垒，单个系统犹如信息孤岛，大幅增加了企业信息沟通成本；财务人员结构松散、管理层级多、财务流程效率低，会计政策与制度执行不统一等问题亟待解决。打造数字财务体系是提升企业运营效率的内在需求。由此，以业务标准化、标准数字化、数字流程化、流程智能化为内在逻辑的"业财资税"共享智慧平台应运而生,并成为广东路桥"十四五"发展战略规划重要组成部分。

4. 信息技术支撑

数字财务体系的建立有赖于信息技术的飞速发展。从"十三五"规划实施至今,一批批新兴智能信息技术涌现,逐渐发展成熟,并应用于企业数字化转型,成就了许多成功的典型案例。广东路桥数字财务管理会计体系的建设融合应用了不少新信息技术,主要包括以下几种:

(1) OCR技术。OCR(Optical Character Recognition,光学字符识别)技术是指利用电子设备(如扫描仪或数码相机)检查纸上打印的字符,通过检测暗、亮的模式确定其形状,然后用字符识别方法将形状翻译成计算机文字的过程。它是针对印刷体字符,采用光学的方式将纸质文档中的文字转换成为黑白点阵的图像文件,并通过识别软件将图像中的文字转换成文本格式,供文字处理软件进一步编辑加工的技术。数字财务中OCR技术的应用主要分为数据录入、数据处理及数据分析三个部分。

(2) RPA技术。RPA(Robotic Process Automation,机器人流程自动化)是一种新型的人工智能的虚拟流程自动化机器人。经过几年的发展,RPA技术已经广泛应用于各个需要流程自动化的领域,特别是在财税自动化领域。它的核心是通过自动化、智能化技术来"替代"人进行重复性、低价值、无需人工决策等固定性流程化操作,从而有效提升工作效率,减少失误。

(3) 区块链技术。区块链将数据区块以顺序相连的方式组合成的链式数据结构,并以密码学方式保证其不可篡改和不可伪,是由不同区块组成的分布式共享数据库。它具有去中心化、不可篡改、全程留痕、可以追溯、集体维护、公开透明等特点。基于这些特点,区块链所记录的信息更加真实可靠,在信息传递的基础上解决了信任问题。它能使会计信息内容变得丰富和虚拟化,会计处理流程发生根本变革,深刻影响会计信息本身涵义、核算方法和财务呈报方式。

(4) 数据挖掘技术。数据挖掘是指从大量的数据中通过算法搜索隐藏于其中有用信息的过程。数据挖掘技术源于计算机技术的发展,并通过统计、在线分析处理、信息检索、机器学习和模式识别等诸多方法得以实现落地。作为大数据核心应用之一,数据挖掘技术在帮助企业创造价值方面,正在扮演越来越重要的作用,解决许多业务问题。数据挖掘技术可以通过描述性分析、诊断性分析、规范性分析、预测性分析对会计进行动态反映,形成大数据融合的数字财务分析与决策模型。

二、案例具体实践

(一)建设方案设计

广东路桥的数字财务建设方案设计以业务为前端,会计核算为后端,资金和税务贯穿于企业经营活动的各环节、各方面,搭建"业财资税"四位一体的智能应用体系,以彻底打通数据壁垒,解决信息孤岛问题,系统洞察业务的快速变化、识别经营风险、挖掘发展潜力,拓展企业业务新方向、新跑道。数字财务体系的建设以阶梯式分步实施策略，分阶段逐步完成各系统建设、实施。其方案设计总体思路如图2所示。

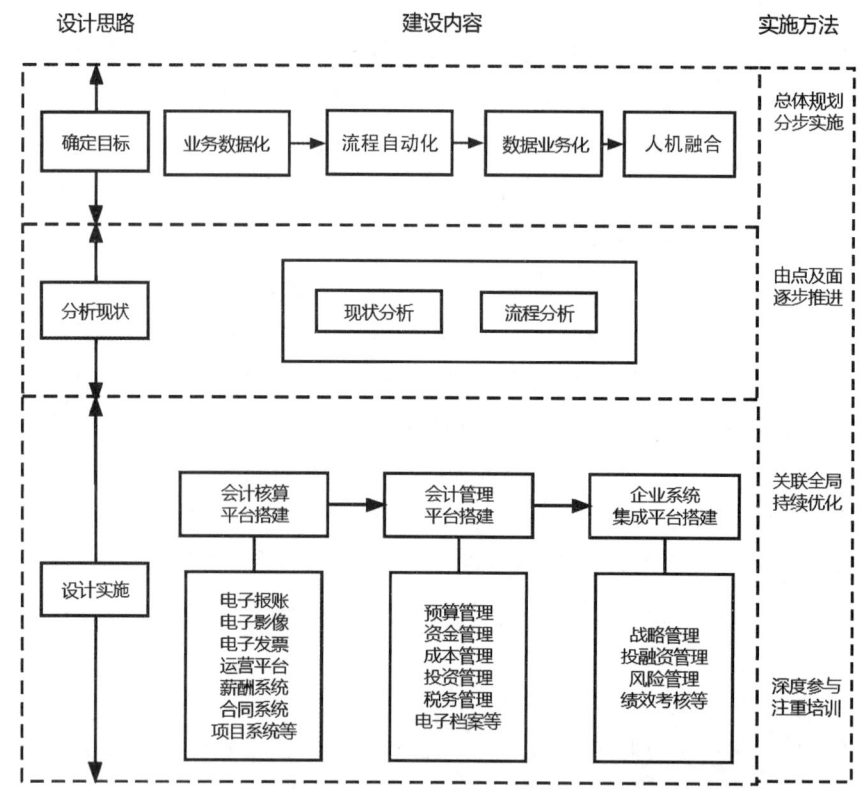

图2　广东路桥数字财务建设方案设计思路

1. 建设目标

（1）业务数据化。企业数字化转型，财务先行。广东路桥以建设财务共享服务中心为切入点，由点及面平稳推动组织变革、流程再造、业务重塑。在确保财务业务数据化的前提下，不断完善共享数字生态链系统，推动合同管理、项目管理、人力资源管理、采购管理、商旅管理等业务系统的上线和数据规则化，及时、准确、规范采集业务数据并应用于会计核算业务处理。

（2）流程自动化。流程自动化致力于打通ERP系统内部功能模块和不同ERP系统之间的数据壁垒，提升业务处理时效。流程自动化主要运用RPA机器人、自动化构件从事规则清晰、简单重复、业务量大的数据采集、数据组织的基础工作。

（3）数据业务化。数据业务化致力于整合各类业务数据，构建多维度数据资产，完成海量数据的清理、加工、分析，解决企业级大数据的采集、清洗和转换，为企业业务的精准预测、事前规划、实时监控、业务回溯等提供数据支撑。数据业务化主要关注利用数据资产服务于业务管理。

（4）人机融合。推动组织变革，提高认知，实现人机融合，深度协同发展。

2. 路径方法

广东路桥数字财务建设,整合内部资源,借助外部力量,充分考虑技术成熟度与战略发展需要,坚持"总体规划、分步实施,由点及面、稳步推进,深度参与、人机融合"的路径持续推进与优化。建设实施路径分为建设起步期、建设发展期及建设成熟期三个阶段。

第一阶段:建设起步期。

第一阶段建设起步期以业务数据化及流程自动化为目标,注重建设业务价值高、技术落地较容易的项目。它们是数字财务体系的第一选择,包括集成项目管理系统、合同管理系统、人力资源系统、采购系统、商旅系统、应用影像模式识别、RPA机器人等。

第二阶段:建设发展期。

第二阶段建设发展期以数据业务化为目标,注重深化数据应用,同时兼顾投入成本及应用价值,建设重心为 BI 分析、AI 影像、智能稽核等。

第三阶段:建设成熟期。

第三阶段建设成熟期以人机融合为目标,配备专业数字人才,运用知识图谱和人工智能,重点建设风险管理系统、战略管理系统及投融资管理系统等。

3. 系统框架

广东路桥数字财务建设围绕"业务数据化、流程自动化、数据业务化、人机融合"四个建设目标,以"从业务到数据,从数据到信息,从信息到知识,从知识到智慧,从智慧到业务"五位一体的理论体系为基础,提出了"ERP、价值判断、数据模型、算法"四大转换工具,以此进行智能化场景设计和智能技术匹配运用。广东路桥数字财务建设整体框架如图3所示。整体框架体现了公司数字财务的内在逻辑,明确了建设过程中的重点关注内容。

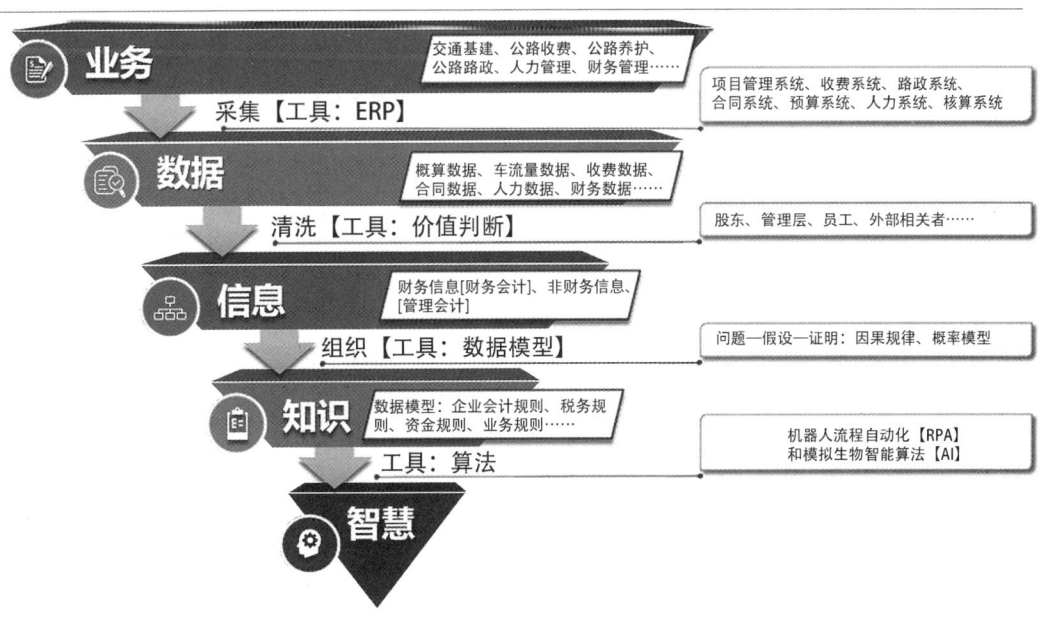

图3 广东路桥数字财务建设整体框架

广东路桥坚持系统框架顶层设计引领,以财务共享平台建设为核心,设计出数字财务具体应用框架。应用框架体现了"业务数据化、流程自动化、数据业务化"三个关键建设目标,以财务共享作为系统集成与数据集成的数据中台,注重财务和业务信息的整合以及信息的快速处理和实时共享,后期注重信息处理的效率、效益和智能化的深度,考虑企业现阶段建设需求。广东路桥数字财务应用体系架构如图4所示。

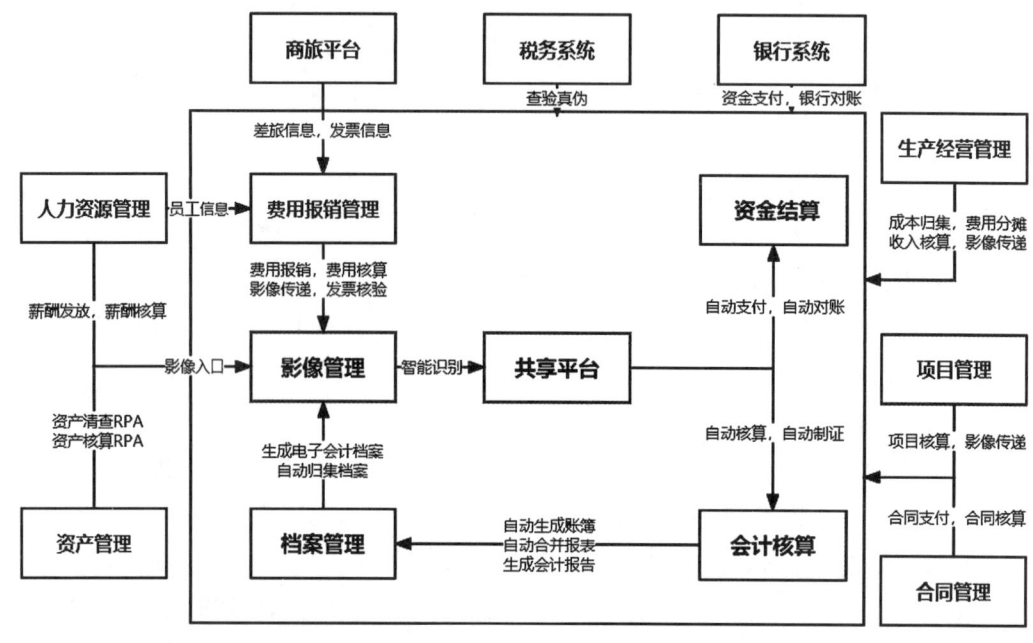

图4 广东路桥数字财务应用体系

(二)应用场景

广东路桥充分利用大数据、人工智能、移动互联、云计算等信息技术设计出一系列数字财务具体应用场景(表1),重塑企业的财务管控架构、模式和体系,实现向管理会计转型升级。

表1 广东路桥数字财务共享智能化应用场景

序号	相关技术	相关模块	应用场景
1	智能稽核	报账系统	所有服务对象的会计政策标准一致 所有服务对象的核算流程标准一致 所有服务对象的数据采集、加工规则一致 所有服务对象业务审核的标准一致
2	税务云	税务系统	与国家税务总局的电子抵账库直联
3	接口集成	预算系统	预算的执行、分析

(续表)

序号	相关技术	相关模块	应用场景
4	机器学习	影像系统	基础资料的生成，电子发票的验伪、查重等功能
5	电子会计档案	电子档案系统	有效归纳各类电子档案，从初始凭证资料到各类报表文档
6	数据可视化	运营看板	对数据进行高清展示，实时滚动播报
7	图像识别	发票识别	发票智能识别系统
8	RPA	机器人制证	日常审核及会计核算 会计凭证自动生成 会计报表自动生成
9	银企联云	银企直连	报账单据完成自动结算 自动结算确认 自动关联银行 PDF 回单
10	移动运用	移动审批	移动互联端审批功能
11	数据联查	实时报表	各类管理数据追踪查询 智能查询
12	数字签名	电子签名	电子流代替纸质流

根据数字财务应用框架及应用场景业务价值性，公司重点搭建了全景式智能云核算、智能财税衔接、智能应收应付和智能信贷四种智能财务综合应用场景，建设情况如下。

1. 全景式智能云核算

全景式智能云核算场景是数据业务化、流程自动化及业务数据化三个目标的具体实践，该场景融合 15 个信息系统，在云端实现了从业务到档案的智能化核算管理，利用了 API 接口、RPA、自动任务等多种智能、自动化技术(图5)。

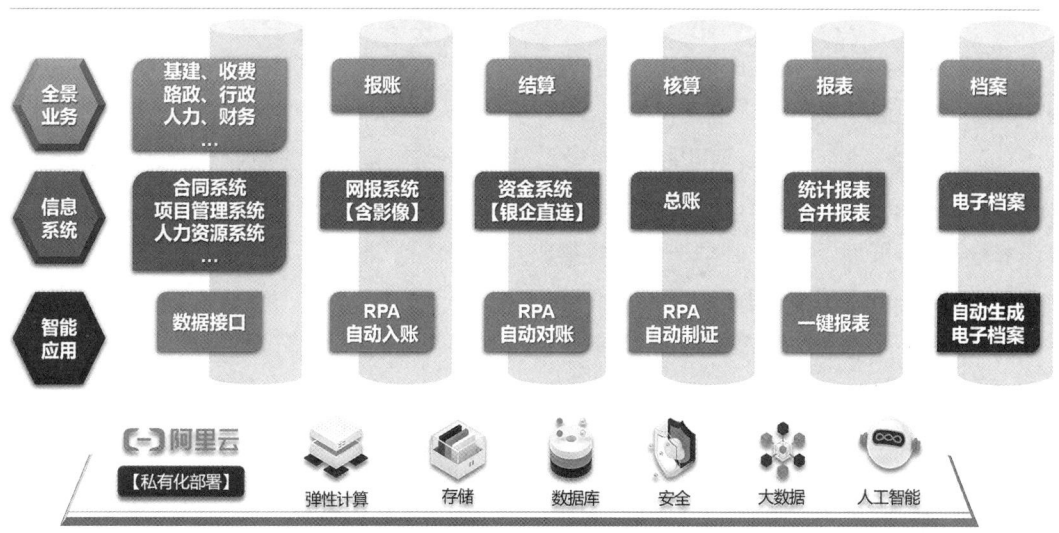

图 5　全景式智能云核算应用场景

1) 财务共享生态链建设

在搭建全景式智能云核算场景中,平台集成了合同管理系统、项目管理系统、用友 NC 核算系统,新建并集成了税务管理系统、采购平台、商旅平台、预算系统、银企直连等,完善业务数据生态链。

(1) 合同管理系统和项目管理系统数据自动集成。为加强风险管控,广东路桥统建合同管理系统和项目管理系统,公司营运业务中的道路养护、机电系统维护、收费管理、路政管理、安全生产等,基建业务中工程招标、工程量清单、工程计量、支付管理都纳入系统管理的范围。通过财务共享平台,自动集成合同管理系统和项目管理系统,完成合同信息、客商信息、付款信息、合同审批流等电子数据的自动采集,并将上述信息与财务核算、结算数据关联,将财务数据的维度颗粒度细化至合同层面,为后续的成本精细化管理提供数据支撑。

(2) 搭建人力资源系统,实现一键算薪、发薪,数据自动集成。广东路桥新建人力资源系统,完成公司行政组织、员工信息、薪酬数据的自动收集与核对,实现一键算薪;人力资源管理系统与财务共享平台数据自动集成,将工资薪酬、社会保险、住房公积金等全口径人力成本与财务核算关联,自动生成薪酬发放单据,在财务共享平台内完成一键发薪,待薪酬发放单据完成制证后,财务共享平台自动生成薪酬计提单据,完成薪酬计提报账与制证。

(3) 搭建采购平台,实现数据自动集成。广东路桥采购品类繁杂、频次多,工作任务重,监管难。为发挥电商平台的公开透明、规模齐全、高效规范等采购优势,公司搭建公司电子采购平台,接入京东、苏宁、史泰博等电商,上架办公用品、物品物资等 200 万种质优价廉的商品。同时,实现采购平台数据自动集成,采购订单在采购平台完成审批后,自动推送订单明细数据、支付信息至财务共享平台,生成报销单据,完成采购业务的集中支付与报账,实现阳光采购。

(4) 搭建商旅平台,实现数据自动集成。为方便员工公务出差,加强公司差旅费管控,广东路桥搭建了商旅平台,接入携程商旅,提供一站式便捷、优质商旅服务,实现商旅平台数据自动集成,将财务共享平台审批完成的商旅申请单推送至商旅系统,进行预算标准内的预订,预定完成后,自动推送商旅平台的出票信息、支付信息等数据至财务共享平台,生成商旅报销单据,实现商旅订单的集中支付与报账。

(5) 搭建预算管理系统,实现预算管理无缝集成。广东路桥搭建预算管理系统,坚持"全员覆盖、全要素、全流程管理"的理念,实现"预算编制、执行监控、分析报告、预算调整、预算考核"全过程管理,与财务共享平台无缝集成,推动公司成本的科学化、精细化管理。

2) 通行费收入自动入账

自全国"一张网"和 ETC 收费后,广东路桥启用了新的高速公路现金收费及通行费清分模式,产生了大量的现金收款和粤通卡差额划拨银行流水。该类业务规则清晰、简单重复、工作量大、业务处理风险低。因此,广东路桥搭建了通行费收入自动入账智能场景(图 6),从银企直连系统采集银行回单数据,在资金系统清洗回单数据,基于确定的业务规则加工数据,通过 RPA 机器人自动引入通行费收入收款银行流水,自动生成资金收款单,自动完成通行费收入财务核算。

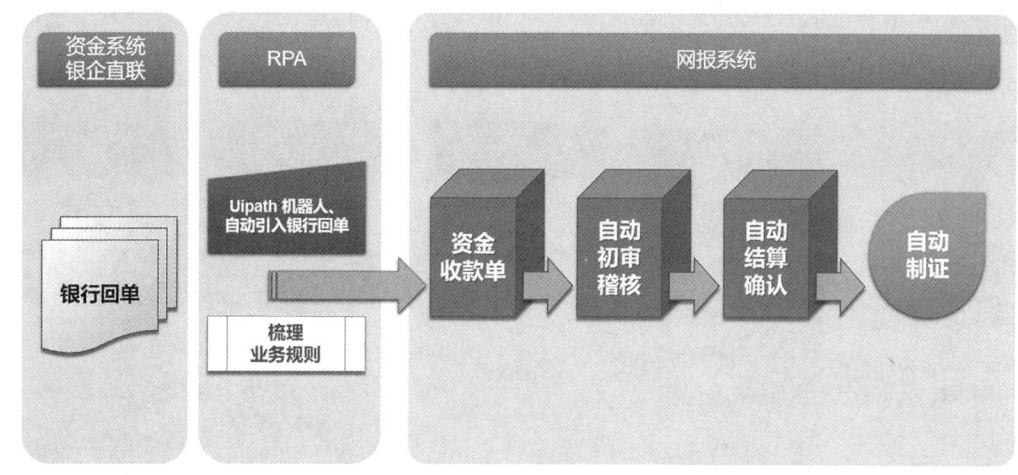

图 6　通行费收入自动入账流程图

3）RPA 机器人自动对账

广东路桥银行账户众多，银企对账和编制银行余额调节表的工作繁重。该类业务规则清晰，可根据结算单据号，构建凭证与银行回单的关联关系，通过机器人自动匹配凭证分录与银行流水，进行自动对账，辅以人工复核，自动生成银行余额调节表(图7)。

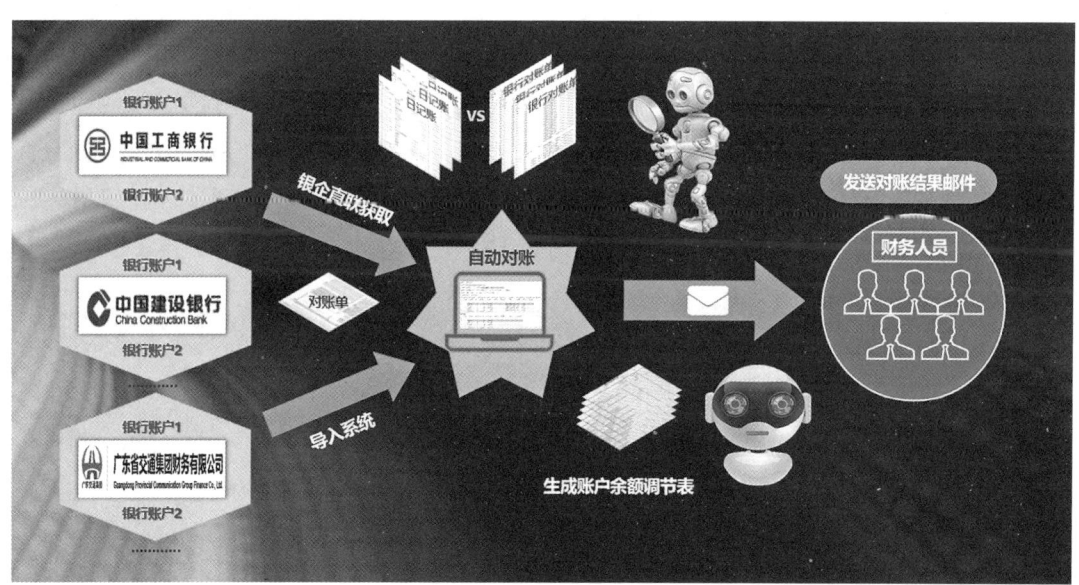

图 7　RPA 机器人自动对账流程图

4）RPA 机器人自动制证

广东路桥在对会计核算规则进行全面梳理、规范与统一后，从业务系统引入业务数据生成业务单据，将便于理解的业务语言（业务单据表单字段）与财务语言进行规则映射，按照预制的凭证规则自动生成会计凭证要素（包括会计科目、辅助核算项目、现金流量项目），实现

100%业务单据自动制证。RPA机器人7×24小时无人值守持续工作,不受传统人工制证时间、地点、场合的影响,极大提升了制证效率和准确率(图8)。

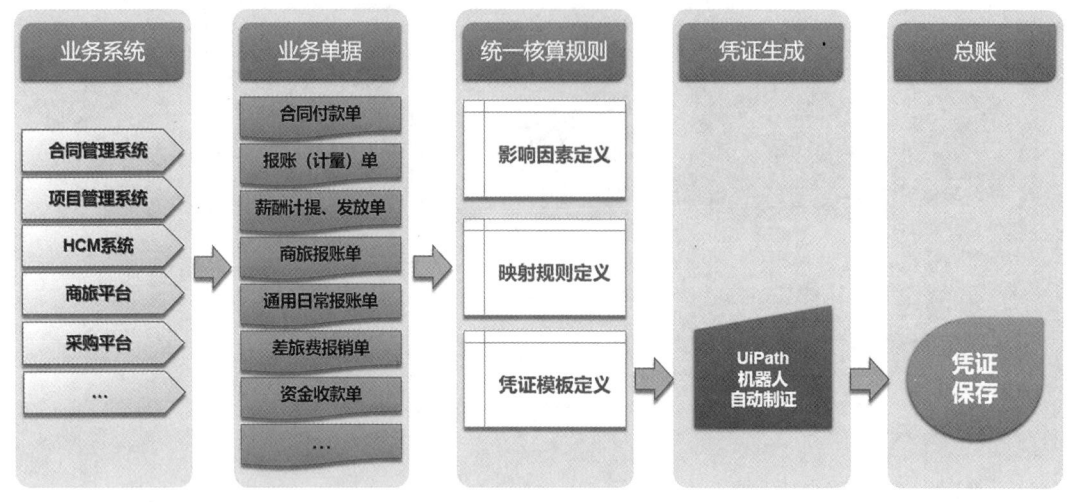

图8 RPA机器人自动制证流程

5)实时财务报表

广东路桥作为国有企业,每月和每年均须按照规定的格式全级次、分级汇总(合并)上报各类财务报表、财务快报和会计附注,数据填报和审核工作量大,时间紧、任务重。广东路桥统一表单映射规则、会计核算规则、统一会计核算凭证模板、确保财务核算的规范性和一致性,预制统一取数规则和计算规则,配置报表方案及任务自动调度计划,一键实现全表取数、实时出具财务报表(月度报表、年度报表及会计附注),解决了数据标准不统一、漏报错报风险,数据的及时性、准确性、一致性得到有效保证(图9)。

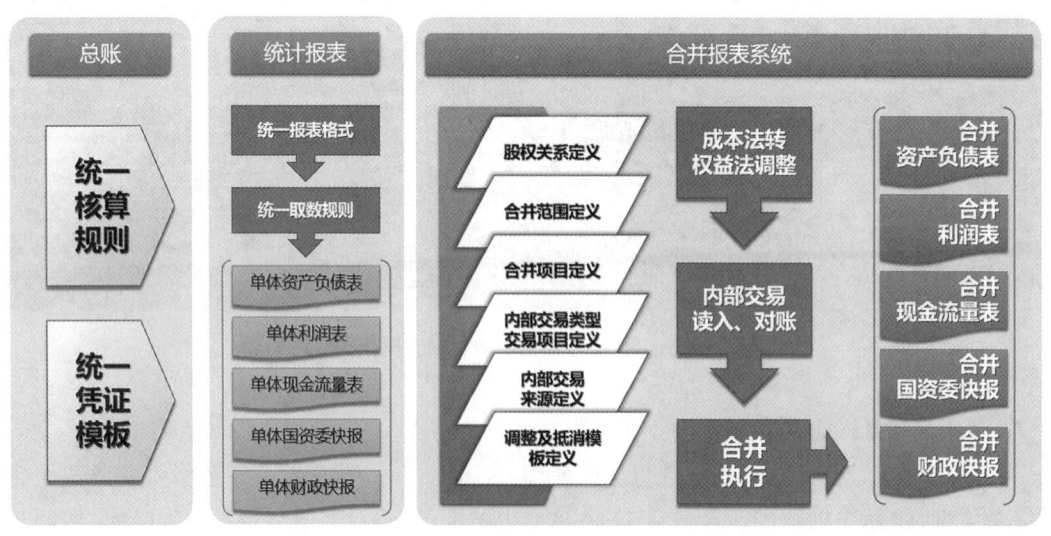

图9 一键生成财务报表示意图

2. 智能财税衔接

智能财税衔接是数据业务化及流程自动化的具体实践,该场景集成了影像系统、网报系统、总账、金税三(四)期、税务管理系统,以影像识别为起点,对接网报系统,共享发票报账数据,最终在税务管理系统实现发票自动认证,为一键报税打下基础(图10)。具体业务应用场景如下:

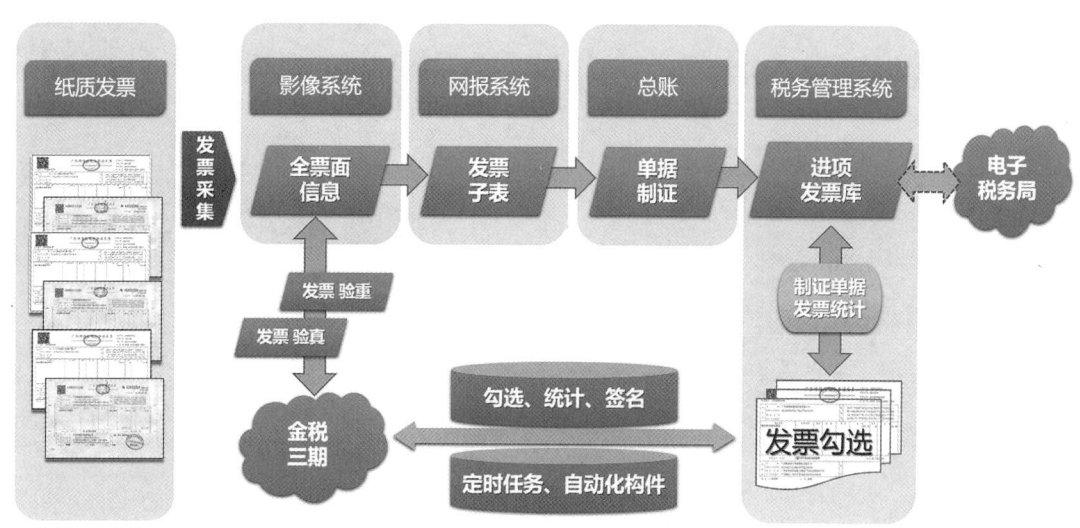

图10 智能财税衔接应用场景

1)发票二维码OCR识别,实现发票验真、验重、验连号

广东路桥原来对发票数据的采集主要依靠财务人员账务处理和手工台账。随着增值税电子普通发票的推广,特别是增值税电子普通发票(通行费)的大量开具,广东路桥每月收到的发票数量剧增,查验发票真伪、杜绝重复报账等业务稽核要求,已经无法依靠人力实现,大大增加了财务人员的劳动强度。因此,广东路桥通过网报系统和税务系统,在进行报账单据影像扫描时,通过OCR同步识别发票票面信息,提取发票号码、代码、纳税人识别号、校验码等必要数据,连接税局查验接口在线取得发票查验信息,回传增值税发票全票面信息,同时匹配发票查重、查连号等功能,将相关信息在影像系统进行标识,财务人员根据标识进行进一步复核,有效规避人工查验的疏漏和风险,提高发票处理质量、效率和准确性,规避税务风险,实现业务数据、财务核算、资金支付、税务管理的集成与共享。

2)增值税专用发票自动勾选、统计、签名

广东路桥税务信息系统集成税务局电子底账库,将增值税专票与报账单、财务凭证关联,自动核对账务信息和税务信息,定期自动将已报账处理的增值税专用发票在税务系统中勾选、统计和签名,定期自动出具增值税申报表,复核后申报缴纳。

3. 智能应收应付

智能应收应付是业务数据化及流程自动化的具体实践。广东路桥所属高速公路建设行业,涉及的合同预付款、合同计量款、合同扣款频次多,往来款管理的难度高。为提高往来款管理效率和准确性,广东路桥的智能应收应付场景以合同、往来单位、款项、发票等数据维度为基础,集成合同系统、项目管理系统、网报系统、总账系统,制定统一的往来款项管理流程和核算规范,对集中交互产生的相关数据进行往来款的精确匹配,完成往来款项的核销、对账及账龄分析,自动生成往来款项余额和账龄分析报表,辅助业务管理(图11)。

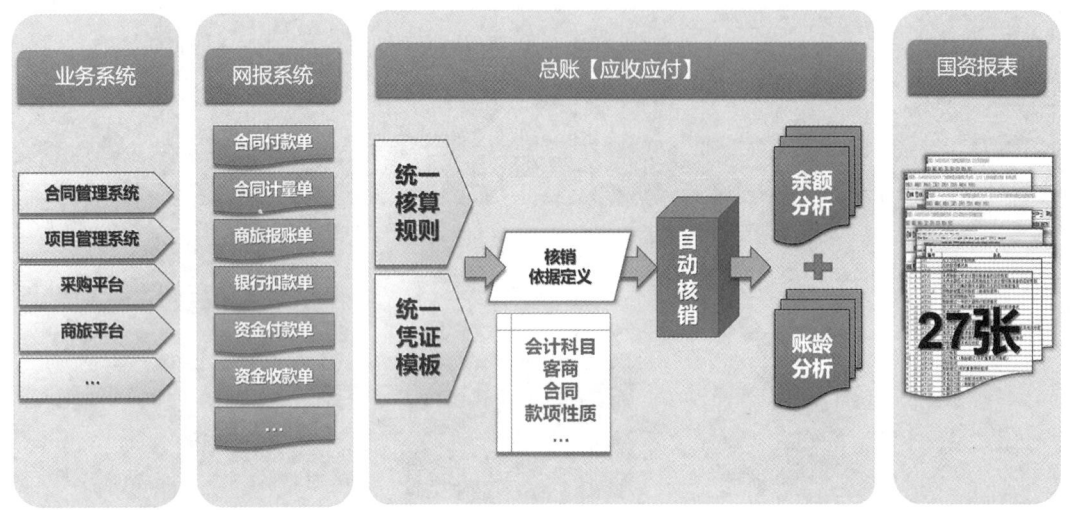

图11 智能应收应付应用场景

4. 智能信贷

智能信贷是业务数据化、流程自动化和数据业务化的智慧实践。广东路桥属于重资产、资金密集型企业,与工商银行、农业银行、中国银行、建设银行、国开行、邮储行、交通银行、中信银行、招商银行、民生银行、兴业银行等国内主要银行都建立了合作关系,信贷规模大,合同笔数多,日常管理难度大、风险高。为做好信贷管理,广东路桥搭建了信贷管理信息系统,集成了合同系统、银企直连、网报系统和影像系统,实现了自动计息、自动制证、自动预警三大智慧功能(图12)。

(三)智能技术

1. 云平台

广东路桥财务共享平台提供底层服务器硬件架构,应用云平台、海量存储、大数据等技术,灵活支撑企业业务创新的开发、集成管理,适应多组织、多层次、多要素管控需求,具有高度业财融合、智能化、安全可靠等特点。

首先,多个业务系统将信息以电子的形式传递至云平台,实现了跨地区的业务信息收集;其次,财务审核和编制凭证依托云平台,将线下制证审核转移至线上,实现无纸化办公,达到了数据的实时传递和取用;再次,资金收付从网银模式转换为银企直联模式,出纳通过查阅结算单据进行资金收付,同时银行流水、对账自动化定期执行。此外,会计账簿、会计报

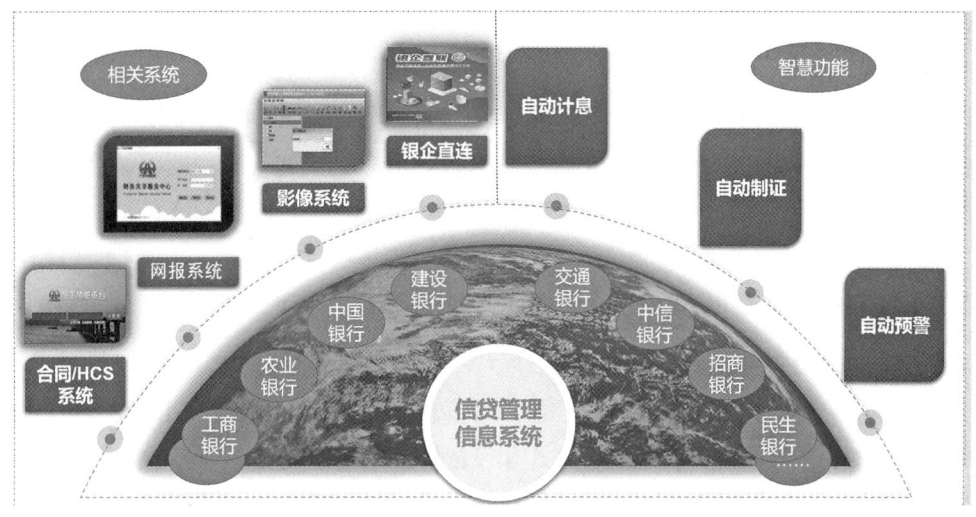

图 12　智能信贷应用场景

告通过总账管理系统自动汇集计算;最后,通过接口同步的方式,实现会计档案的电子化归档,归档范围涵盖原始凭证、记账凭证以及账簿报表等。

2. 影像 OCR 技术

广东路桥影像及档案管理系统采用影像智能采集、影像智能处理、影像 OCR 自动识别、海量影像清分、影像方向判别、海量数据模式匹配、海量影像数据校对等核心技术帮助公司构建统一的协同影像管理平台。系统将各类单据、票据利用图像数字化技术进行电子化处理,实现异地原始单据实时扫描、集中在线审核,同时通过与业务系统的集成,实现数据的自动交互,实现单据影像支持网上报销、财务系统的调阅,提升影像 OCR 管理、影像文件下载等功能,做到电子流、影像流、实物流相关联,满足公司影像与电子档案管理的需要。影像及档案管理系统的功能架构如图 13 所示。

图 13　影像及档案管理系统的功能架构

3. RPA技术

RPA是一类流程自动化软件工具。在财务业务层面，RPA的三个核心技术分别是屏幕抓取、业务流程自动化管理和人工智能。屏幕抓取主要用于选取指定对象后，模拟人的行为进行鼠标点击、键盘输入，而业务流程自动化管理可以将更多操作比如逻辑判断等结合起来，形成可以稳定按照指定规则运行的自动化流程。人工智能则进一步扩展了RPA的能力边界，比如发票OCR识别、合同NLP语义分析，使得RPA变得更加智能，可以进一步处理一些漫长而复杂的任务。广东路桥运用RPA技术，通过统一编码，制定规则，实现了会计核算流程自动化。

（四）投入的相关部门和人员情况

为贯彻新发展理念，把握"互联网＋"带来的信息化浪潮，广东路桥提出"数字化转型"的战略思想，以数字化转型驱动项目建设方式和经营管理模式快速变革，加快推进业务管理线上和线下、数据和业务深度融合。广东路桥成立了以董事长为组长、总经理为常务副组长的领导组，下设成本费用组、资金结算组、资产核算组、收入核算组、总账报表组与运营管理组6个工作小组，具体组织架构及人员职责见图14及表2。

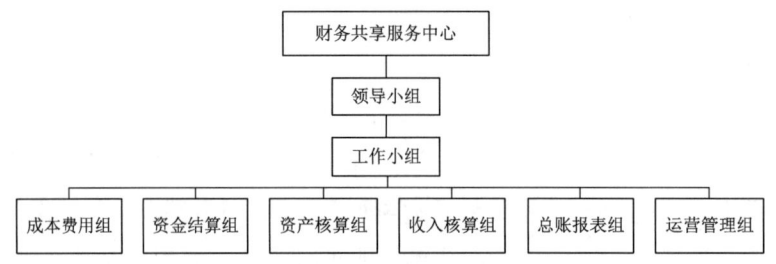

图14　广东路桥共享服务中心组织架构图

表2　广东路桥共享服务中心机构设计及职责

机构	人员	职责/贡献
领导小组	组长	顶层决策、支持
	常务副组长	总体规划、指导、统筹等
	副组长	
工作小组	负责人及成员	策划、指导、资源协调业务梳理、业务实现方案、系统实施与配置、培训、业务指导等
	成本费用组	稽核申请、借支、报销类业务单据
	资金结算组	资金结算及支付
	资产核算组	稽核合同计量、付款及扣款单据
	总账报表组	出具各类报表、凭证编制、凭证审核
	收入核算组	稽核收入及税务类单据
	运营管理组	系统软硬件维护、绩效考核、共享综合业务

(续表)

机构	人员	职责/贡献
业务部门	人力资源部、综合事务部、基建管理部、投资管理部、经营管理部、监察审计部、养护管理部	协调配合

(五) 实践中遇到的主要问题和解决方法

数字财务会对原有的会计模式带来冲击,涉及观念转变、组织变革、业务重塑、流程再造,以及岗位变化、人员变动等各个方面。数字财务是信息技术在会计领域的应用,信息技术的动态性和复杂性,对财务人员来讲具有较高的门槛,需要持续学习。

三、实践成效与未来展望

(一) 实践成效

广东路桥的数字财务体系促进了内部业财融合,实现了财务信息共享,为全体员工提供了便捷、高效的报账服务,取得了显著的实践成效。

1. 工作效率提升

广东路桥数字财务体系的搭建,特别是发票OCR识别、智能稽核、自动制证、一键生成报表、发票自动认证等智慧场景的应用,提高了会计核算的效率,释放了财务资源。工作效率的提升具体体现在四个方面:

(1) 单据处理平均时长缩短。自财务共享平台全面上线后,报账单据处理平均时长明显缩短,处理单据效率为上线前段的4～5倍。

(2) 资金结算平均时长缩短。银企直联与结算机器人在财务共享的全面应用缩短了资金结算的平均时长。

(3) 会计制证平均时长缩短。会计凭证统一RPA机器人制证,绝大多数单据当天完成制证(剩余单据主要为凭证信息错误单据),每张凭证的制证时长缩短至几秒内。

(4) 报表编制平均时长缩短。财务报表编制启用了统计报表和合并报表系统,实现了云端取数、线上编制,标准统一,数据准确。单户财务报表编制平均时长缩短至一分钟内,合并财务报表编制平均时长缩短至半天内。

2. 管控能力增强

广东路桥通过业务梳理和流程再造,统一核算、统一审核、统一支付,将内部控制的风险点前移,采用加密登陆、权限控制、在线流转、预制校验等系统控制机制结合人工复核的双重保障,实现"阳光共享、过程管控"的目标。在管控过程中为全体人员提供便捷、高效的报账服务,获得了员工的一致好评。

3. 行业影响扩大

广东路桥数字财务建设在交通行业是先行者,获得"2019中国管理会计创新奖",公司基于大数据、智能化、移动化、互联网+的智能共享理念,得到了业内普遍认可。

（二）未来展望

"十四五"期间，广东路桥将以建设"大数据"为核心，推动经营管理与信息化的深度融合，持续完善信息系统，实现业务数据和财务数据的互联互通，研发大数据在高速公路的"路"和"车"两方面的应用，重点跟进高速公路建管养一体化服务和高速公路出行综合服务，以"145N1"模式为数字化转型的总体规划和顶层设计，稳步推进与持续建设数字财务场景及相关业务系统（图15）。

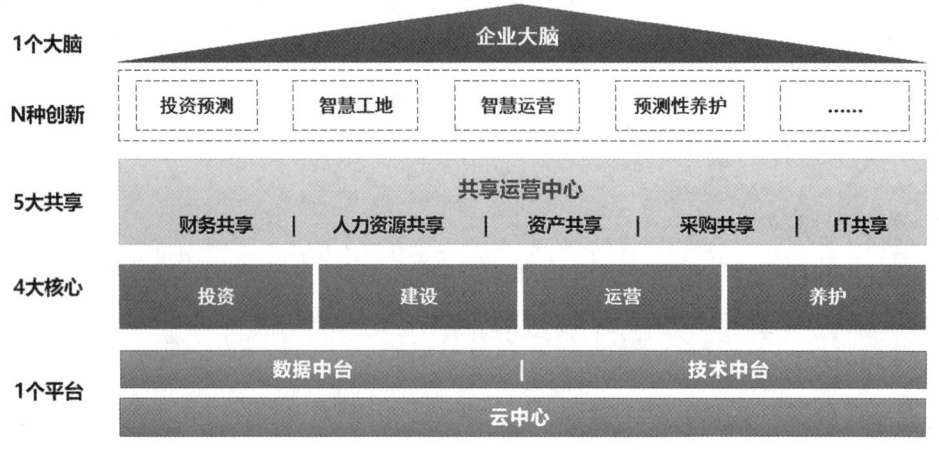

图 15　资源整合与信息共享

综上，数字财务体系建设在广东路桥的应用实践，是"数字国资、数字国企"工作内容之一，是落实数字交通发展规划的重要举措。公司将推动智能交通、智慧工地、智慧运营、预测性养护创新落地，持续推动 AI 智能影像、RPA 机器人、BI 自助分析在公司的应用，培育数字化、智能化企业文化氛围，培养数字化建设人才队伍，在企业管理中发挥"探照灯"的作用，打造"智能交通"行业领军品牌。

参考文献

[1] 武艳,潘飞,雷喻捷,等.大数据助推财务管理转型与创新——以淮北矿业股份有限公司为例[J].中国管理会计,2021(04)：52-66.

[2] 胡仁昱,刘勤,邱穆青,等.从电算化到智能化的发展跨越——第二十届全国会计信息化学术年会主要观点综述[J].会计研究,2021(10)：190-192.

[3] 李闻一,刘勤,范文林,等.智慧财务赋能经济高质量发展——第十九届全国会计信息化学术年会主要观点综述[J].会计研究,2020(11)：187-189.

[4] 段大为,王宏星,钱金平,等.AI+IT：科大讯飞智慧财务的探索与思考[J].中国管理会计,2020(01)：51-62.

[5] 刘梅玲,黄虎,佟//成生,等.智慧财务的基本框架与建设思路研究[J].会计研究,2020(03)：179-192.

[6] 刘勤,杨寅.智慧财务的体系架构、实现路径和应用趋势探讨[J].管理会计研究,2018,1(01)：84-90,96.

[7] 陈虎,孙彦丛.财务共享服务[M].北京：中国财政经济出版社,2014.

基于财务共享与智能应用的管理会计信息化应用实践

——保变电气案例研究

■ 肖春华　保定天威保变电气股份有限公司财务部长　正高级会计师/CPA

赵　昊　保定天威保变电气股份有限公司财务部长助理兼财务共享中心主管　会计师/CMA

邱　铁　上海国家会计学院教务二部主任

■ 智能化技术
　　财务共享服务
　　数据治理
　　管理会计信息化

保变电气在财务共享系统基础上,利用智能化技术手段,形成了以财务共享系统为基础平台,以合同管理为主线,以全面预算和项目成本为重点,面向业务、服务战略的管理会计信息化框架体系。充分发挥管理会计工具作用,深化数据治理,提升合同管理、多维度数据体系管理、资金预算管控、项目成本管理、业务事项分析、驾驶舱管理、风险预警管理、绩效评价等方面的财务管理水平,改善业务管理模式,实现财务赋能与价值创造,助力管理会计信息化落地实施,向数字化、智能化转型。

一、案例背景

(一) 案例单位简介

保定天威保变电气股份有限公司(简称"保变电气"或"公司")始建于1958年,前身为保定变压器厂,为当时国家"二五"计划重点项目建设之一,1995年,成为国务院现代企业制度百户试点企业中首家按照《公司法》改制并规范运营的企业集团。2001年2月,保变电气在沪市A股上市(股票代码:600550),成为一家公众上市公司。2008年,保变电气正式并入中国兵器装备集团有限公司。

保变电气所处的行业为电力工业的输变电装备制造业,是国民经济的基础,属于"中国制造2025"战略中提到的十大重点领域中的电力装备。公司主营的变压器行业属于资金和技术密集型行业,主要业务为大型电力变压器及配件的制造与销售,产品品种规格多,成套性和系统性强,生产了一系列代表世界输变电领域最高水平的尖端产品,经营范围包括变压器、互感器、电抗器等输变电设备及辅助设备、零部件的制造与销售,输变电专用制造设备的生产与销售等。输变电业务是公司的传统优势业务,公司主导产品为750 kV~1 000 kV超高压、大容量变压器,尤其在高电压、大容量变压器以及特高压交、直流变压器制造领域具有较强的市场竞争力,经过60余年的发展,保变电气已成为中国最大的输变电设备专业制造企业之一。公司的产品在国内外多次应用在重大项目上,如三峡工程、西电东送、张北冬奥会输电、雄安新区输电线路、国际原子能组织核聚变项目等重点项目;还出口至美国、加拿大、法国、日本、印度、巴基斯坦、印度尼西亚等40多个国家和地区。

目前,公司年营业收入稳定在50亿~60亿元,资产总额近100亿元,员工人数5 000余人。公司以下存在15家二级子公司,其中,全资及绝对控股子公司9家,相对控股子公司2家,参股子公司4家;集团中大部分公司均围绕输变电产业展开业务,并且在中国保定、秦皇岛、合肥,印度设有四大生产基地,已形成了以保定制造中心为核心,秦皇岛出海口基地、合肥工厂为支撑的国内变压器产业群。公司本部组织机构共计23个,其中,综合性管理部门9个,生产制造单元14个,充分体现了"战略和运营"的组织管理框架。

2015年开始,保变电气探索推进财务共享中心建设;制定以合同管理为主线,以全面预算管理为基础平台,以项目成本管理为重点,推进财务共享中心建设的"1111"价值创造型财务管理体系;战略定位为管控服务型共享中心。同时,确定了财务共享中心的建设原则,即事权不变原则、标准统一原则、数据集中原则、管控提高原则、差异化推进原则、核算与管理分离原则。

2017年3月,保变电气财务共享服务中心项目正式启动建设。保变电气财务部重点把握一个平台、一个系统、两个中心和两向延伸。其中,一个系统和一个平台是指围绕财务共享服务系统,建成覆盖影像与合同、预算与资金、资产与保障、成本与税务的财务共享服务平台。两个中心分别是财务管控中心和财务服务中心。前者履行预算管控、成本管控、税务管控、资金管控职责;后者履行集中核算、数据处理、综合分析、决策支撑职责。两向延伸分别是业财融合与数据应用。其中,业财融合是通过财务与业务系统集成,实现多维度数据的采集与管理上的融合;数据应用是指基于内部和外部互联网数据,进行数据治理与数据分析应用,支撑决策。2017年7月,保变电气实现了财务共享服务中心的正式上线运行。

目前,保变电气财务共享系统建立了基础核算共享、业务财务和战略财务三大层面下九大系统21个模块,基本形成了业务场景信息化应用平台。系统涵盖了预算管理、合同管理、报账平台、影像管理、资金管理、税务管理、资产管理、票据管理、共享作业平台、成本管理、绩效管理、标讯查询、总账管理、财务报表、财务分析、综合分析、管理驾驶舱等功能,并与财企直连、银企直连、金税发票池等外部系统贯通,基本实现了财务管理一体化。

(二)智能财务建设动机

保变电气财务共享中心的建立加强了业务与财务之间的联系,推动了财务人员与财务管理模式的转型,使得财务人员参与业务、深入业务,也推动了财务管理对数据应用的迫切需求,突出了数字化和智能化转型的必要性。

1. 外部动因

1)国家政策推动和集团内部要求

2013年财政部《企业会计信息化工作规范》(财会〔2013〕20号)第三十四条明确指出:"分公司、子公司数量多、分布广的大型企业、企业集团应当探索利用信息技术促进会计工作的集中、逐步建立财务共享服务中心。"这是第一次从国家层面上明确提出鼓励大型企业逐步建立财务共享服务中心。2014年《财政部关于全面推进管理会计体系建设的指导意见》(财会〔2014〕27号)进一步指出"鼓励大型企业和企业集团充分利用专业化分工和信息技术优势,建立财务共享服务中心,加快会计职能从重核算到重管理决策的拓展,促进管理会计工作的有效开展。"

在国家推动中央企业财务信息化工作的背景下,保变电气的控股股东中国兵器装备集团有限公司(下称"兵装集团")提出建成"服务战略、融合业务、支持决策、管控风险"为基本原则的价值创造型财务管理体系,保变电气作为首家试点单位,探索财务共享服务中心和管理会计体系的建设。在国家政策和集团要求的推动下,保变电气管理层开始对外学习调研,通过"走出去、请进来"的学习探索方式,逐步深化对财务共享的认识,并通过内部宣贯研讨,逐步确定了以"财务共享"建设为源的财务转型道路。

2)应对外部市场环境变化

伴随着全球经济和贸易市场的波动,宏观经济环境对机械制造行业的发展也会产生巨大影响。受行业特征的影响,输配电设备制造业的日常经营受原材料价格、行业竞争情况、产品价格等因素的影响较大。例如,供给侧改革政策持续深入,导致大宗材料价格出现阶段性大幅波动,再加上下游客户对产品价格不断挤压,产品成本不断升高,销售价格却持续走低,众多制造企业的资金被大量占用,资产流动性严重不足,企业偿债能力下降,财务状况恶化。近年来,全球经济增长乏力,中美贸易战、新冠病毒感染进一步增强了经济的不确定性。在此背景下,财务作为企业内部管理部门,特别需要提高自身的分析和预警能力,以应对外部环境和市场的变动。保变电气财务部门应当发挥战略管理会计的作用,运用专门的方法为企业提供自身以及外部市场及竞争者的信息,通过分析、比较和选择,帮助企业管理者制定、实施战略计划以取得竞争优势。

3）新一代数字技术驱动

随着乡村振兴、城镇化建设,以及2030年碳中和目标的逐步实现,中国输配电设备制造业整体发展将呈现智能化、集成化、绿色化的特点,智能化技术、可靠性技术、数字仿真技术以及新型电工材料技术将得到充分应用。伴随着企业数字化转型,各类新一代数字技术也广泛应用于财务管理工作。数字化和智能化应用是传统财务发展的必然趋势,其本质是基于云计算、人工智能、大数据、RPA等最新技术手段,对企业财务流程进行优化和重构,实现对企业更广泛业务(从报账、记账、资金、报表到商旅、采购、销售、税务等)的数字化。保变电气面对新一代数字技术的发展趋势,选择顺应时代发展的潮流,借助智能化工具和互联网的能力,进一步提升流程处理效率,节约运营成本,同时助力共享中心升级,成为企业的核算中心、数据中心、决策支持中心、风险管控中心,实现共享卓越运营。

2. 内部动因

1）促进业财深度融合,提升财务管理水平

公司管理者既要从财务信息中获得一定时期的经营状况信息,又要以财务信息作为公司发展决策的依据。而脱离业务管理的财务信息,其自身的价值通常会降低,影响决策的科学性与实用性。业财融合的财务管理可打破数据孤岛,实现业财数据贯通与分析应用的需要,有效提升企业的财务信息质量,为公司的经营管理决策提供科学的决策依据。

2）强化数据治理能力,深化数据分析应用

大数据时代下,数据将成为公司的一项重要资产,数据的分析应用将推动公司整体经营步上一个新的台阶。在财务共享系统的基础上,需要挖掘数据资源,拓展数据采集,整合业财数据,规范数据标准,细化数据维度,提升数据质量,发挥数据价值,实现财务赋能,促进效率与效益双提升,为公司高质量发展贡献力量。

3）提升财务自动化水平,实现基于业务场景的数据智能应用

财务自动化的目的,一方面通过使用自动智能化技术,减少大量基础重复的操作及差错率,带来效率提升和时间节省;另一方面实现从业务端开始的原始数据采集及整合、结构化业财数据的实时生成、多维度数据分析体系的搭建,以及多样化多角色的数据呈现,推进基于业务场景的数据智能应用。

4）推进基于财务共享服务的管理会计信息化落地实施

基于财务共享服务的管理会计信息化,通过强大的业财数据整合、数据分析模型、风险预警机制、智能测算与场景模拟功能,能够快速响应业务需求,出具多维度数据分析应用报告,支撑实时的管理决策需要,形成管理闭环,为财务数字化、智能化转型提供抓手,助力管理提升。

在大数据、人工智能等新技术基础上,结合企业互联网模式下的财务转型升级与创新发

展的实践,通过新兴信息技术进行数据建模与分析,利用人工智能技术提供智能化服务,为公司财务转型赋能,帮助公司打造高效规范的财务管理流程,提高效率,降低成本,控制风险,实现财务智能化转型与管理会计信息化落地。

二、案例具体实践

(一)智能财务建设方案设计

保变电气基于财务共享服务中心的整体规划,深入落实"服务战略、面向业务、业财融合、创造价值"的基本原则,旨在通过财务共享带动财务转型,以财务共享基础平台为载体,建立公司业财共享支撑平台和大数据处理平台,形成基于财务数据、业务数据、互联网大数据互联互通的统一的企业智能决策系统,推动管理会计信息化落地,向数字化、智能化财务转型。

基于财务共享服务的管理会计信息化落地实施分别从业财信息系统集成、拓展数据源与维度细化、推进数据治理、业务场景与智能化技术应用等方面来实现,形成了以财务共享系统为基础平台,以合同管理为主线,以全面预算和项目成本为重点,面向业务、服务战略的管理会计信息化框架体系(图1)。

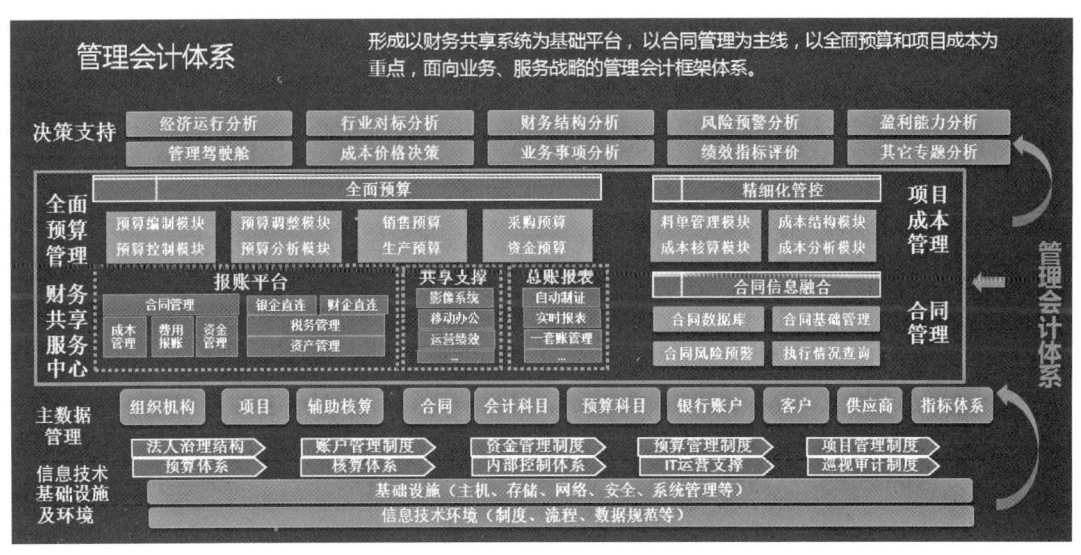

图 1 基于财务共享与智能应用的管理会计信息化体系

基于财务共享服务的管理会计信息化,核心是在财务共享系统的基础上,推动管理会计信息落地实施。在财务共享系统建设方面,一是搭建财务共享系统,推进业财信息系统集成;二是实现内外部数据贯通,拓展数据维度与结构化治理;三是挖掘业务场景,实现业务场景应用数字化。在管理会计信息化方面,一是深化合同管理主线,充分发挥智能化技术与管理会计工具作用,深化数据分析应用;二是推动项目成本管理,实现全生命周期的动态管控;三是发挥预算管理的抓手作用,提升资金管控水平。

（二）智能财务应用场景选择

保变电气管理者意识到，在新的发展阶段建立财务共享服务中心，应突破传统的核算标准化、流程再造、组织和人员集中的初级共享，在打通业务和财务体系的基础上，打造管理会计和财务共享深度融合、人工智能深度应用、数据中心赋能业务的新一代财务共享服务，实现财务会计、管理会计和决策支持三个维度的提升。首先，财务会计的职能和流程，如核算、资金、税务等基础会计工作可以自动、智能地完成，同时完成数据的多元化采集、规范化治理，打造"数据底座"；其次，提升管理会计在企业中的重要程度，推进预算、绩效、成本、经营分析、资金管理、税务管理的创新工具应用，为业务活动提供数据服务；最后，当业务单元或高层管理者向财务部门寻求决策支持时，财务能用数字化的方式表达，并提出建议。

因此，保变电气基于财务共享服务中心的管理会计信息化建设，核心定位是在"财务共享基础平台"上，建立"业财共享支撑平台"和"数据处理中心"，通过业财数据的治理，使业务数据成为财务工作的支撑，使财务数据成为业务管控的依据，最终成为企业的"数据治理和服务中心"，实现价值创造型业财共享。

基于财务共享服务的管理会计信息化旨在以合同管理为主线，充分发挥管理会计工具作用，依托财务共享系统推进多维度的数据应用，改善业务管理模式，提升财务管理质量，实现价值创造。

一是在合同管理方面，实现收付款合同信息的自动化采集，拓展数据维度，实现合同执行的实时化、精细化管控；二是在资金预算方面，实现基于合同收付款数据管理的资金预算自动编制，提升资金管控能力；三是在成本管理方面，推行项目成本管理模式，实现成本自动核算与成本全过程智能化差异分析；四是在财务微服务方面，实现业务事项多维度分析，推送数据应用报告；五是在经济运行监控方面，依托管理驾驶舱，提升数据分析展示与智能监控水平；六是在风险预警方面，利用智能化信息技术，实现业务事项的实时监督与预警功能，减少风险发生概率；七是在绩效评价方面，推进业绩评价考核的信息化与数字化，实现智能化的闭环管理。

（三）智能技术及其产品的选择

全业务报账与税务管控方面，基于互联网+，与金税系统的发票电子底账库直连，实现进项发票在线查验、认证，规避税务发票风险，提升税务合规校验效率；与金税系统的开票系统对接，实现销项开票申请、发票自动开具与打印、销项发票确认收入，以销售开票收入进度匹配进项收票成本抵扣，开展增值税税务筹划与测算，延缓税务资金支付进度，实现资金时间价值，达到以票控税。

在数据采集方面，以系统接口的形式，实现对内部业财数据的识别和自动化提取，通过分词和文本相似度技术的应用，按照设定的业务数据标准和基于机器学习的规则，可以在数据产生时快速进行系统内部比对，实现内部业财数据的整合与筛选。同时，利用采云爬虫技术，从外部互联网（如招标采购网、物资采购网等）进行社会化数据的爬取，查询出适合公司实际情况的招标采购的投标机会、物资采购的价格优势、客商的重大新闻影响等信息，实现公司内部业务数据与外部互联网数据的贯通，保证数据标准的一致性和外部有效数据获取的及时性。

在数据分析方面，应用联机分析处理OLAP技术，通过管理会计工具的深化应用，系统搭建分析模型，抽取源头数据，对数据进行清理整合，将数据进行可视化展示，输出数据分析应用报告。同时，结合相关用户在系统中查询的习惯，利用数据推荐技术进行数据分析结果的分发，快速支持相关用户的业务需求。

在风险预警方面，利用聚类、分类、回归、分析、时间序列、关联、综合评价、推荐等8大类机器学习算法，通过关键日期字段、金额字段、浮动区间等控制手段，对个人借款、保函保证金、银行借款融资、应收应付账款等业务事项进行风险预警，提升财务风险管控能力。

管理驾驶舱（BI）的智能监控与智能分析主题在数据的集中、统一管理基础上，通过系统规则引擎的应用，对经营监控指标进行任务化管理，将数据监控的结果进行可视化展示，让公司的决策更加科学。

（四）投入的相关部门和人员情况

保变电气基于财务共享服务的管理会计信息化建设主要由财务部财务共享中心组织，与各子公司、企业管理部信息中心、营销公司、采购中心等业务部门、公司一体化信息化项目组以及久其项目团队共同努力、配合下推进实施的。其中，在总会计师、财务部长带领下，财务部46人、各子公司对接团队70人、业务部门管理员团队69人以及其他相关人员，投身于建设当中，主要包括总体规划、业务筹划、标准化建设、组织机构变革、信息系统搭建与运维保障服务等，财务职能重新定位为业务财务、共享财务和战略财务。在财务部直接领导下，负责业务数据自动化采集与整合、数据标准规则的重新设定、数据处理与分析应用，以及系统二次开发与智能技术、业务场景的应用。在管理会计信息化方面，财务共享中心数据分析组成员主要负责预算管理、资金管理、成本管理、费用分析、管理驾驶舱、绩效评价等方面的数据分析与应用工作，持续开展业务场景的挖掘与应用，推进管理会计工具的应用范围与效果，发挥基于财务共享服务的管理会计信息化作用。

（五）实践中遇到的主要问题和解决方法

保变电气在管理会计信息化建设过程中主要是解决业务场景、业财数据、信息系统、智能技术四要素各自存在的痛点以及相互之间的问题。一是业务场景存在大量尚未采集的数据；二是数据缺乏标准化、结构化治理；三是多业务信息系统整合难度较大；四是业务场景与数据应用缺乏智能化技术手段的有效支撑。在深度剖析以上痛点后，将理论分析与实际情况相结合，保变电气提出了财务共享服务模式下管理会计信息化的具体实施方案和解决路径。

1）搭建多维度数据体系

保变电气准确地把握住了自身的经营特征，创造性地选择以合同管理为主线，并将其作为财务构建数据体系的切入点。保变电气采用订单式生产模式，在采购、生产、销售等环节均严格根据合同约定情况执行。而合同本身涉及产品、客户、销售、员工等多方面数据，并且与其他管理模块如资金、成本、人力资源等有密切联系，选择以合同数据为主要来源，实现数据的多源汇聚，为后续数据应用打下坚实基础。

保变电气合同管理的主要流程分为合同数据整合与合同数据应用。在合同数据整合环节，财务系统从主数据管理系统（MDM）、ERP、客户关系管理系统（CRM）、供应商关系管理系统（SRM）等业务系统中获取原始数据，基于报账平台、往来管理和税务管理等流程获取合同数据、核算数据和经营数据。在合同数据应用环节，借助数据加工和建模平台，辅助进行合同管控、资金管控、成本分析、风险预警、数据分析和绩效评价工作。

以合同管理为主线建设管理会计信息化的优势在于，丰富的合同信息可以拓展数据维度与结构化治理，实现数据的多源汇聚与统一处理。根据合同信息，可以将数据采集细化到项目、产品、客商、资金、款项性质和责任主体六大维度，每种维度可获取更加细化的业财信息。例如，从项目维度上看，合同信息包括项目类别、合同分类、合同编号、交货日期、项目区域等；从产品维度上看，合同数据包含工作号、规格型号、电压等级、产品数量、产品单价等，经过此类数据的归集，财务不仅可以根据工作号实现产品成本的自动核算，还能够将分析维度细化到单台产品、单项合同等。

财务共享系统打通了内部 CRM 客户管理系统和 EC 采购系统，实现了多维度业务数据的自动化采集，大量数据产生了溢出效应，通过对合同信息进行多维度的穿透查询与实时监控，实现了合同各收付款节点的动态跟踪与精细化管控，同时为管理会计信息化落地奠定了坚实的数据基础。

2）优化资金预算管控体系

在资金业务预算场景下，保变电气通过自动化采集收付款合同信息，实现了基于合同管理的资金预算自动生成与滚动编制，对资金管控的关键要素进行动态监控与过程控制，最终实现分析、评价、智能风险预警的闭环管理。

首先，数据采集环节是细化预算编制数据颗粒度的起点，基于合同管理打造的数据体系，资金预算的编制可以从收款合同和付款合同获取基础数据（包括收款合同中的合同性质、销售片区、客户类别、收款类型、时间节点等；付款合同中的付款条件、供方资质、产品类型、材料大类、合同类型等），进行资金预测，为资金预算编制提供依据。

其次，资金计划初稿形成后，为避免与业务经营的割裂，需要经业务部门的确认和资金平衡审核后，生成具体的资金计划。

再次，在过程控制环节，可以实现刚性和柔性相结合的控制方式，通过开放的控制接口，与企业业务系统集成，在业务发生时进行预算控制或预警提示。例如，保变电气可以在系统中根据不同的项目分类，如收款方式预测收款金额，并对资金收付款明细进行多维度穿透查询与分析管控，对资金的收回情况进行动态监控。

最后，在预算分析评价环节，可基于不同的业务需求、考核标准，进行评价、分析和预警，包括客户和供应商信用评价、合同执行评价、资金集中度分析、营运能力分析、资金管理评价报告、应收应付预警、资金事项预警、预算执行预警等。

3）推行项目成本管理

首先，实现项目全生命周期的成本数据采集。保变电气基于中标订单安排设计和生产，这些订单（产品）对企业而言就像是一个个的项目，完全可以基于项目管理的思路，对产品进行全成本管控。从项目投标、设计环节，到制造、服务环节，与产品有关的成本包括设计成本、计划成本、外包成本、材料成本、人工成本、售后服务成本等。为此，成本管理必须向前延伸到项目立项和设计环节，向后延展至服务环节，构建起全周期成本管理体系。

在项目前期，财务通过标讯、材料价格等信息的分析，确定投标成本和投标报价，并在中标后对中标成本进行记录；在项目计划期，根据产品研发和设计情况，确定产品设计成本，并据此制定采购计划；在产品完成生产进入发运管理阶段后，进一步汇集运费等项目，确定产品实际成本；在项目验收交付结束后，根据后续提供服务的情况，记录相关质量成本。在整个项目生命周期中，财务对各个环节的成本信息进行记录，形成成本数据库，以便后续分析。

成本数据库是一个涵盖历史成本、标准成本、设计成本、实际成本等多维度成本信息在内的庞大的成本数据仓库，以实现科学精确的成本策划，辅助管理决策。例如，对材料成本而言，数据库将市场询价、供应商报价、材料实际采购价等进行采集，由采购、生产等部门分别主责。对于入库的材料价格，需要有入库审核机制，确保价格的真实可信，并定期形成指导价在企业内发布，指导新项目成本测算、招标采购核价。丰富的成本数据库为成本管控与决策提供了准确的信息和数据分析基础。

其次，推进精益成本管控与分析考核。在整个项目生命周期的成本数据采集过程中，如果企业采用传统大批量生产条件下产品成本计算和控制的方法，必将导致产品成本信息的严重失真。进一步地，数字技术在成本管理模块的应用为动态化的成本管理提供了关键的技术支撑，使得保变电气能够在产品设计、制造过程中对单件、单批次产品的实际成本进行即时、准确核算和计算，将各个单项合同的实际成本与目标成本进行对应，掌握产品从设计成本、制造成本到服务成本等各项成本的变化趋势。

通过动态、细致归集的成本信息，保变电气财务部门可以实现对单台产品维度的投标成本、中标成本、设计成本、实际成本差异分析，并根据成本差异分析穿透，进行价差、量差分析，对于成本偏差及时分析原因，促进后期对成本的更有效控制，为企业及时进行成本决策提供支撑，并确保产品盈利目标的实现。

通过成本差异分析，保变电气财务部门可以掌握各责任主体、生产实体的成本实况，从成本、利润、价格等角度综合评价运营水平，通过成本对标挖潜增效，并联合绩效考核部门实施成本指标的绩效考核，推动成本管理在企业的全面贯彻执行。

保变电气基于项目全生命周期的精益成本管理，实现了成本信息的完整、细致、准确、可控，不仅包含所有的显性成本，还包含所有的隐性成本，并且在成本大类完整的基础上，实现了对每一大类成本的细分，细化项目成本管理颗粒度。无论是中标成本、设计成本还是实际成本，最终的目的都是控制成本。只有提供完整的成本信息，企业才能够做出正确的和成相关的决策，以便进行成本控制，推动业财融合。

最后，在项目成本的全生命周期管理场景下，保变电气建立基于财务共享系统的全价值链成本动态管控体系，对项目、合同、产品等维度下的目标成本、投标成本、中标成本、实际成本进行自动化、智能化差异分析，并且实现了基于单台产品的主材价差量差智能化穿透分析，提升了成本管控水平。

4）推进业务事项分析

保变电气的多维事项分析平台主要实现三个目的：一是实现多种类业务数据采集，二是满足多角度数据穿透查询，三是通过多维度数据分析报告，推送至业务部门及管理层。具体而言如下：

第一，多种类业务数据采集体现在，财务信息系统处理的数据不仅是企业内部的财务数据，还包括内部业务数据和外部数据。按照"票、单、证、表"的财务业务逻辑，完成业财数据分类获取和存储，以经济事项为线索建立数据关联，实现经济事项全过程串联追溯和查询分析。内部业务数据包括各类业务数据表，如工资录入表、销售明细表、在手订单表、销售台账、招标中标情况表等；还通过采集诸如采购报价单、投标报价单，以及外部每日铜铁油价格数据，形成价格库，供分析和决策使用。

第二，多角度数据穿透查询体现在各类信息、单据实现统一集中查询，并根据类别下钻，满足不同的业务查询分析需求。保变电气将数据查询分为集团数据、公司数据、单据驳回、合同信息、综合维度以及预警查询六大角度。以公司数据查询为例，又可进一步下钻到申请类单据、报销类单据、资产类单据等12类目录，报销类单据又进一步细化到报销单、借款单、还款单等13类目录，实现方便快捷、有针对性的数据查询服务。用户只需简单操作即可实现从经营结果指标到业务过程数据的层层钻取，既能纵观全局，运筹帷幄，把握企业核心经营业绩达成情况，又能追根溯源，挖掘业务动因，探寻运营管理优化提升点。

第三，多维度数据分析体现在数据分析涉及盈利能力、费用查询、资金查询、预收预付、汇兑损益等多个方面。例如，盈利能力分析包括合同盈利能力、产品盈利能力、边际利润分析，以及价差量差分析。价差量差分析又可进一步分为材料成本差异分析以及各类成本明细表，整体构成多维度的数据分析体系，满足不同的业务分析需求。

保变电气挖掘财务对业务的"微服务"场景，建立业务事项分析体系，实现集团、公司、部门、项目、个人等多维度数据智能化分析，形成数据分析应用报告推送至业务部门及管理层，推动了敏捷型财务转型。

5）建立风险预警机制

基于财务共享服务中心承载的业务流程及沉淀的业务、财务数据资产，通过建立风险控制模型，可对企业运营过程中的各种风险进行有效管控。保变电气基于财务共享服务中心的风险管理，实现了两大转变：一是从操作风险到实质性风险管控的转变，二是从依赖人为控制到人和机器协同控制的转变。具体而言如下：

一方面，传统的财务共享服务中心风险控制体系建立在对财务票据的合规审查、会计记录以及支付管理三大流程的标准化和集中化基础上,通过账务统一处理和机构的统一管理来降低财务风险。但以上措施更多是降低操作层面风险,并未从根本上化解财务业务本身风险,包括资金和费用风险、预算执行偏离风险等。保变电气将风险管控的思想置于业务流程当中,在确定企业核心业务流程后,识别各核心业务流程中的关键风险控制点,建立风险控制指标体系,并设定不同事项的风险等级,利用信息系统搭建风险控制模型,对运营风险进行实时监控,做到事前风险预警,事中风险及时发现及排除,事后风险分析及流程改进。

另一方面,一般的操作风险管理主要是基于集中和统一管理实现标准化,从而降低财务处理风险,主要措施是流程标准化、考核评价体系以及人员培训。这类措施依赖于人力资源实现,面临人力不足、操作不稳定等问题。保变电气在财务风险管理中实现人和机器协同运作模式,财务人员在机器自动跟踪预警的基础上,进行后续操作。例如,财务系统通过与客户管理系统的衔接,对合同各收款节点进行动态跟踪,智能预测合同回款计划及现金流,对逾期应收账款进行预警分析。财务人员据此安排收款计划、调整信用政策,使得公司逾期应收账款大幅度减少,大大提升了财务管控能力。

在上述两个转变的理念指导下,保变电气通过往来款项、个人借款、资金业务等多方位的预警分析,进一步加强了实时监督监察和风险预警能力。具体的风险管控举措主要包括以下方面:

首先,完善公司内控制度,将风险管理与内部控制相融合。制定相关管理办法和规定,如大额资金管理办法、费用报销管理规定、资金支付管理办法等。根据规定严格执行大额资金管理办法,监控大额资金审批流程,相关资料全部存档于影像系统,减少资金风险发生;根据中央文件规定,强力把控三公经费支出,通过费控系统进行实时监控;通过费用预算,逐级细化,严格控制不合理开支,监督监察超标事项发生。同时,导向的内部控制,在设计与执行方面固化流程设置,严控风险点,规避风险发生。

其次,针对重点业务事项设置控制点,并设定预警规则。重点业务事项包括个人借款、应收应付、资金实现、预算执行、重点费用预警等,采取时间、金额、指标或数量进行控制。以时间为例,系统将在应付账款还款日期前30天、票据到期前5天、保证金到期前5天、信用证到期前5天进行预警。以金额为例,系统可以在预算执行率超过90%后进行预警等。

最后,风险预警的控制过程分事前、事中、事后三个阶段,事前在首页进行推送,进行柔性提醒,事中实行刚性控制,事后通过反馈原因说明、制定解决方案,进行分析整改和优化改进,并将改进的结果沉淀于内控制度建设当中,实现风险预警的闭环管理。

保变电气以往来款项、个人借款、资金业务等业务事项为场景,建立了风险预警体系,通过内控制度建设、明确重点业务事项,财务共享系统自动根据事前设置的控制点及风险预警规则,自动进行过程控制,并将实时风险预警信息推送至相关责任人,反馈说明原因,制定问题解决方案,优化改进措施,进一步加强了实时监督监察和风险防控能力。

6)搭建管理驾驶舱

在传统管理会计报告模式下,数据在业务中的真实发生时间与数据的最终展现时间往往有相当长的时间间隔。数据进入系统后,要经过长时间的等待才能体现在报表中,财务和业务部门无法第一时间掌握真实业务进度,难以及时进行管理。在公司经济运行监控场景下,保变电气通过管理驾驶舱,在公司经济运行监控场景下,集成经营概览、资金管理、风险预警、客商分析、共享运营、成本分析共六大方面的数据分析展示与智能决策监控。满足财务和业务人员实时决策和诊断预警的需求,满足数据实时可视化的需求,分主题、多层次搭建数据分析看板,动态展示企业经营状况。

利用管理驾驶舱,保变电气的财务部门显著提升了数据处理效率,降低了财务在数据填报、收集、更新、沟通全流程所付出的高昂时间与人力成本。实现企业价值、业务链、指标、报表、BI 大屏展示多维度分析,结合企业经营所需的海量信息,全方位洞察企业经营状况,清除企业经营"盲区",进而推动业财数据深度融合,辅助企业管理者高效、快速决策。

与此同时,在实践过程中,保变电气也积累了一些经验教训:一是始终坚定,决心不动摇,迎难而上,攻坚克难;二是精心设计方案,方案要既能统筹全局,又能落地实施;三是精准地进行过程控制,问题不过夜,责任到人;四是财务要有牺牲精神,牺牲小我,成就大我。基于财务共享服务的管理会计信息化落地实施过程,推动了财务人员转型,其参与者也实现了自我升华。

三、实践成效与未来展望

(一) 实践成效

通过上述功能建设,保变电气根据价值创造型财务管理理念,构建了以财务共享系统为基础平台,以合同管理为主线,以全面预算和项目成本为重点,推动大数据在多维事项分析和风险预警方面的运用,建立起了面向业务、服务战略的管理会计应用体系。

在财务共享方面,建成了管控服务型财务共享中心,覆盖全级次,搭建多模块、一体化的财务管理信息化平台,并拓展多维度、精细化的数据采集与分析应用。

在合同管理方面,打通了采购、销售系统,实现合同数据互联互通,强化对合同执行的实时监控,建立起预警机制。

在全面预算方面,建立了全面预算、内控预算、滚动预算体系,健全经济运行监控与问题纠偏、预警机制,完善了全级次、全业务覆盖的绩效评价体系。

在项目成本管理方面,形成了以项目成本为重点的全价值链精细化和成本管控与分析体系,推进目标成本管理,建立起价格分析体系。

在数据分析与应用方面,开始从单一化财务层面分析转型深入业务动因的多维度分析,数据查询从分散、纸质、独立的状态向平台化、电子化、共享化和实时化转变,为未来基于业财融合的管理会计工具应用打下基础。

在风险管控和预警方面,实现从操作风险管控向实质性业务风险管控的转变、从人为控制向人机协同控制转变,实现业务流程风险控制点的数字化控制和事前自动预警。

在决策支持方面,进行数据整合和可视化展现,帮助决策者在冗杂的数据中及时、准确地获取所需数据,让数据说话,从人找数据转为数据找人,从而洞察有价值的信息,提升企业的决策水平。

基于财务共享服务的管理会计信息化,实现了资源的有效配置。财务人员的工作不再是业务的事后核算和监督,而是转变为对前台业务事前预测,对后台决策提供数据分析与预判,并把这些增值数据分析结果反馈到具体人员,从而为其行动提供参考,基本上实现了业财一体化和价值创造型财务管理体系。具体实践成效如下。

1)夯实财务基础管理,实现业财工作平台化

搭建财务共享系统,推进业财信息系统集成。通过智能化技术,自动化采集采购、销售、合同管理等业务事项数据,所有业务事项集中在财务共享系统统一报账处理,系统涵盖公司所有基础业务。同时,会计凭证和附件在完整性、标准化等方面取得了较大提升,且实现了原始资料的影像化与电子化,消除了大量纸质附件,单据成本减少50%,数据查询与沟通速度提升了70%。

2)提升财务自动化水平,减轻财务工作量

通过智能化技术,实现财务自动化,将原有大量手工完成的审核、登记、核对、转录、统计、汇总等工作,如合同执行情况的审核、原始票据的审核、个人借款的审核、费用预算的控制、资金计划的控制等,转交给系统自动完成。通过影像线上审核、发票自动查验等方式,审核效率提升40%;通过系统控制策略,自动核对单据和凭证映射,98%的单据可自动生成凭证;系统实施前,结账和报表生成需2天,系统实施后可在月末最后一天进行,仅需2~4小时,大幅度提升了工作效率。

3)实现管控方式的转变

在项目建设过程中,逐步将系统的功能由原来设定的更多地为会计核算服务转变为向企业财务管理控制服务。在各个模块中逐步加入了更多控制节点、控制要求,实现了由人为控制向流程与数据控制转变,由财务管控向经营管控转变。同时,不必再安排专人对内控审批流程进行审核,大幅度提高了审批效率,实施前平均一张单据审批时间为两天,实施后通过线上审批最快一单完成时间只需五分钟。

4)细化数据颗粒度,强化业务动因分析

深入分析管理业务数据,通过拓展数据维度与结构化治理,充分利用财务共享系统持续加强对合同管理,强化以合同为主线的往来款项管理模式,做好合同执行节点的实时跟踪监控,实现了基于合同管理的资金预算自动化、精细化管理,以及全生命周期的项目成本管理体系,建立了涵盖应收应付、个人借款等事项的风险预警体系,为业务部门提供更细更精准的分析数据,减少风险事件发生概率。近三年,公司逾期应收账款累计下降51%,应收账款周转率累计提升1.13次,可控费用逐年降幅约12%。

5)提升资金管理的效益与效率

一是通过财务共享系统实现资金数据全级次的收集与管控,加强资金集中、票据集中、结算集中,建立了全级次的资金管理体系。二是建立了基于合同管理的自动化资金预算体系，根据合同收付款节点等数据，实现资金计划自动生成与精细化管控，加强了融资预算执行管理，完成资产负债率和带息负债规模双管控。三是建立了供应链金融工具结算体系，推动保兑单、商票、保理等工具的充分运用，提升资金周转率达到行业先进水平。近三年，得益于精细化资金预算管控体系建设，公司一般结算账户由587个减少至91个，资金集中度由21%上升至92%，同时，带息负债规模由51亿元降为21.5亿元，利息支出由3.4亿元降为8 700万元。

6）建立全价值链的精细化、自动化成本价格管理体系

在项目成本分析的基础上，利用智能化技术，实现了全部产品成本的自动核算，建立了单台产品分析机制，按照原材料、燃料动力、工资、制造费用的系统对比分析思路进行细化，将差异分析落实到价格差异和用量差异具体原因上，揭示了产品成本较目标成本、投标成本变化的实际原因，固化分析程序，形成管理报告。近三年，实现降本增效约6亿元。

7）建立数据分析应用机制

将数据分析应用作为重点，不断提升财务共享系统数据收集、处理、洞察能力，对财务分析逐步外延到相关的业务数据及外部互联网数据中，并实现相关数据的业务场景应用。不断挖掘业务场景，通过使用相关信息技术手段，实现业务场景应用数字化，财务共享系统通过相关数据的业务相关性以及访问用户的相关性，建立业务事项分析报告机制，为不同的岗位、用户提供更为准确的数据推送服务，推进传统的财务共享中心逐步向企业数据中台、数据中枢转变。

8）推进财务会计向管理会计转型

基于财务共享服务的管理会计信息化，使财务信息化向业财信息一体化转变，由割裂的数据孤岛向统一的数据链转变，财务人员从幕后走向前端，由管理账表小数据向业财融合大数据转变，财务人员工作侧重于利用管理会计工具实现数据分析与对业务的服务，管理会计人员占比由之前的25%变为70%。

（二）未来展望

1. 打通业财数据价值链，推进数字化转型

保变电气面对数据整合程度不足的问题，应既关注信息系统的健全与整合，又重视数据的治理与服务。

一方面，面对系统和数据整合程度不足的问题，公司可以搭建一个数据整合平台，将各个模块产生的数据转换为平台能够直接使用的数据。数据整合平台是管理会计信息化整合的关键，要具备先进性、稳定性、安全性、可持续发展的特点，以便后续新增软件或对接软件的更新升级；除此之外，平台要能提供必要的公共服务，如数据存储、交换、系统管理、权限管理等。根据成功企业的实践，数据整合平台可以是在当前应用系统的基础上拓展实现整合平台的功能。公司可以以其财务共享服务系统为基础搭建数据整合平台，打通与其他信息化软件之间的数据口径和数据基础，自动生成公司经营管理需要的各种数据，推进业财数据一体化，实现业财数据的多维度融合，如合同信息全生命周期管理、采购报价单采集、投标报价

单采集等,对单台产品收入与成本信息、ERP系统资源管理信息以及其他业务数据进行收集。

另一方面,强化财务数据治理,打通财务数据价值链。管理会计的本质是一个提供相关信息的决策支持系统,该系统涉及信息的输入、处理、输出和使用。在数据驱动的理念下,管理会计数据的流转过程应当构成能够最终产生价值的数据价值链。为打通数据价值链,保变电气应进一步深化数据治理工作。具体而言,保变电气可以选择从主数据切入,再扩展到业务数据以及生态圈大数据。原因在于主数据使用率高、分布广、贯通企业业务流程,有利于在可靠的业务高度和广度上,验证方法、流程和技术实现,为下一步全面铺开做好前期准备,最易于呈现数据治理的业务价值并在广泛范围内树立信心,促进管理会计信息化应用场景落地。

2. 打造前中后台财务模式,提高财务服务业务水平

经过财务共享服务中心的建设,保变电气的财务组织架构分工理念经历了从金字塔模式向战略财务、业务财务和共享财务"三位一体"模式的转变,这也是当前财务组织架构转型的主流模式。"三位一体"模式明确了财务人员转型方向,管理会计作用的发挥主要依赖于业务财务作为融入业务单元,专注于支持和服务,以及战略财务决策支持以及财务与业务分析。而面对业务部门和财务部门边界明显、双方人员距离较远的问题,应当进一步推动"三位一体"组织架构模式的优化,向新型前、中、后台财务组织模式转变。

前、中、后台分别是指服务前台、共享运营中台和决策创新后台。其中,服务前台主要面向保变电气业务人员,包括市场开拓人员和生产制造人员,后台战略财务通过经营信息分析制定整体经营策略后,作为管理会计工具的应用者和落实者,具体执行战略财务的决策,将预算、预测、成本、风险控制、决策等职能分散服务于各个制造订单项目中,以更好地满足业务的个性化需求,使财务职能更好地融入前端分散的业务单元中;共享运营中台包括数据中台和业务中台两部分,数据中台基于上述数据治理过程,"以用户为中心"持续提供安全、可靠、敏捷、可复用的数据服务能力,以提升企业效率和支撑决策,业务中台则承担基本的核算、报告、资金、税务等事务性工作,减少管理会计职能发挥的后顾之忧;决策创新后台汇集了企业的高层管理者、技术骨干和专家团队,借助数据平台和技能技术的应用,为高层领导就公司战略及实施提供高价值的决策支持,对商业模式、会计政策、核算、税务、汇率、资金等领域集中研究及指导,发挥导向作用。

保变电气要发挥管理会计面向业务和服务战略的作用,重点在于强化服务前台的建设。第一,可以建立起业务与财务人员的常态化沟通机制,财务组织可以进行询问和调研,明确前端业务人员当前的经营痛点以及数据需求,请他们列出服务计划列表,并经过双向沟通和领导审批后确定优先事项,明确管理会计工具和智能技术的应用方向;第二,进行内部团队建设试点,选拔业务和财务人员形成双方组成的小型多学科团队中,提供更大的跨职能条件,培养业财协作环境,增加财务人员对业务活动各个流程上下游的了解,并培养财务与其他业务团队之间的关系;第三,适当调整财务人员的绩效评价考核指标,不仅仅依托成本、利润等财务指标,还要把任务量作为重要的目标进行价值测算,使业务和财务人员的目标达成一致。

3. 探索智能化场景业财应用

管理会计要实现对业务和战略最大程度的支持,就需要在合适的时间将合适的信息提供给合适的人,对管理会计的要求是决策信息相关性和实时性强。面对管理会计工具和智能化应用场景不落地的问题,相关性和实时性指向了探索场景财务的解决路径。

场景财务可以基于真实业务发生场景的业务数据化,通过获取和保存业务发生的原始场景数据为重要价值依托,不仅实现了记账凭证自动化,还提供了后续精细化分析的可能,从而利用业财融合过程沉淀的数据,进行实时的场景化应用,反哺前端业务。

因此,除了一般的数据表查询与展示,保变电气财务部门需要根据业务需求,设计更多提升管理会计价值的应用和具体指标,如合同盈利能力分析、产品盈利能力预测、成本差异分析与产品定价分析、价格敏感性分析与趋势分析、业务费用动因分析、多维度费用查询分析、资金收付款预测与缺口分析,以及其他业财数据深化分析。财务部门还需要结合数字化技术,在业务流程中嵌入管理会计的基本工具,如战略地图、作业成本法、滚动预算、本量利分析、平衡记分卡、风险管理、经济增加值等,使企业的所有经营决策,都有管理会计强有力的数据支撑,以提高决策的科学性。要将财务与业务流程有机地结合起来,实现财务对业务活动的支持、监控、指引,使管理会计在企业经营管理的规划、控制、绩效、决策等主要方面,充分发挥作用。

从横向业务方向上看,可以从预算管理、成本管理、税务管理、资金管理、战略管理、风险管理、决策支持、管理报告等管理会计模块,寻找需要进行管理预测、经营推演、风险评价、价值创造或智能决策的业务点;从纵向技术特征上看,可以与大数据、云计算、物联网、专家系统、人工神经网络、自然语言处理、模式识别等技术进行匹配。例如,预算数据预测和编制场景下,财务可以广泛收集市场标讯、生产、销售等数据,通过数据挖掘、回归分析、机器学习等技术手段,构建起各类业务指标模型,对业务、收入、费用、减值和资本情况进行科学预测,优化预算编制过程。同时,搭建预算控制和分析的智能化平台,以监控预测的执行状况,形成基于数据预测并实时调整的预算管理体系。

最终,经过场景财务建设,越来越丰富的管理会计工具、智能化技术将融入管理会计信息化应用场景,增强或模拟财务人员的分析、决策能力,形成对财务人员脑力的辅助,通过人机协同的方式实现决策支持等管理会计职能。

4. 构建复合型财务人才培养体系

面对复合型人才缺乏的问题,保变电气需要明确财务人员的未来能力需求,构建科学的复合型财务人才胜任能力体系。保变电气应注意财务人才三个方面的提升:

第一,财务人员应当转变思路,用管理会计的思想取代传统的记账思想,告别以会计核算为目标的工作思维方式。在国家进行会计改革的大形势下,财务人员应主动响应新政策新需要,更新知识结构,熟练掌握管理会计的知识,包括报表编制与分析、预算管理、成本管理、绩效管理、战略规划、内部控制、经营决策分析、风险管理等,将管理会计应用到日常工作中去;第二,随着信息化与管理会计的深度融合,要理解学习数字化与智能化相关的技术原理和技术应用,如信息系统基础知识、数据挖掘与分析技术、智能技术场景应用与流程设计等;第三,除了知识和技术,能力方面的"软实力"也不能忽视,未来财务人员应具备全局视角、组织策划能力、专业判断和综合决策能力、学习推广能力、环境适应能力以及协作能力,向应用数据和算法的决策机制转变,成为具备推理判断、洞察理解、谈判沟通能力的专家型、复合型人才。

综上所述,可以总结出保变电气复合型财务人才培养体系,以培养财务人员财经专业、业务协同、沟通协调、数智技术和战略洞察五大基础能力,并强调综合软实力。针对不同职业发展和职能定位,财务人员的能力培养应当有所侧重,体现差异化需求和特色。决策支持型的战略财务人才,应具备出色的战略洞察能力和数智技术能力;管理控制型的业务财务人才,应更加着重发展业务协同能力和沟通协作能力;交易处理型的共享财务人才,应更加注重财经专业能力和数智技术能力。但所有财务人才都必须具备相应的综合软实力,通过学习和创新持续保持战略应变能力,以适应技术进步快速推进的商业变革以及更加不确定的内外部环境变化。

总之,保变电气应明确管理会计人员的胜任能力要求,并通过多方面的举措,培养出精通财会业务、熟悉市场规则、掌握金融、法律、内部控制、信息技术等相关专业知识,具有国际视野和跨文化交流能力,能参与战略经营和管理决策、把握行业发展趋势、解决复杂经济问题的高层次管理会计人才。

参考文献

[1] 胡仁昱,等.管理会计信息化[M].北京:清华大学出版社,2015.

[2] 张庆龙,潘丽靖,张羽瑶.财务转型始于共享服务[M].北京:中国财政经济出版社,2015.

[3] 张庆龙,聂兴凯,潘丽靖.中国财务共享服务中心典型案例[M].北京:电子工业出版社,2016.

[4] 许汉友,姜亚琳,张蓓."中国制造2025"背景下的管理会计信息化研究[J].会计之友,2017(02):10-15.

[5] 陈虎,孙彦丛,赵旖旎.财务机器人:RPA的应用[M].中国财政经济出版社,2018.

[6] 张庆龙,董皓,潘丽靖.财务转型大趋势—基于财务共享与司库的认知[M].北京:电子工业出版社,2018.

[7] 刘勤,杨寅.改革开放40年的中国会计信息化:回顾与展望[J].会计研究,2019(02):26-34.

[8] 孙阳杰.保变电气财务困境成因及应对研究[D].石河子:石河子大学,2019.

[9] 苏亚民,李颖.管理会计信息化[M].北京:清华大学出版社,2019.

[10] 贾小强,郝宇晓,卢闯.财务共享的智能化升级:业财税一体化的深度融合[M].人民邮电工业出版社.2020.

[11] 刘勤,吴忠生.智能财务研究蓝皮书(第一辑)[M].上海:立信会计出版社,2020.

[12] 华为公司数据管理部.华为数据之道[M].北京:机械工业出版社,2020.

［13］张庆龙.下一代财务［M］.北京：中国财政经济出版社，2021.

［14］上海国家会计学院,元年研究院,管理会计研究.数字智能时代,中国企业财务共享的创新与升级调研报告［R］.2021.

［15］Institute of Management Accountants. An Agile Approach To Finance Transformation［R］. 2021.

新奥集团智慧税务建设实践

■ 丁桂环　新奥集团财务共享中心总经理
　崔丽艳　新奥集团税务总监
　王亚廷　新奥集团财务共享中心税务经理
　吴忠生　上海国家会计学院副教授、硕士生导师

■ 业财税一体化　　计税引擎
　一键申报　　　　风控引擎
　税务筹划模型

新奥集团敏锐地意识到税务内部控制对企业经营风险防范的重大意义，较早引进税务专家组建了专业团队负责集团税务内控体系建设，并通过业财税系统集成、大数据分析及智能技术应用等手段，着力推动税务管理的数字化转型。2017年以来，历经多年努力，新奥集团成功打造出智慧税务平台，实现了发票、申报等涉税业务处理的自动化，并沉淀了丰富的业财税数据，初步实现了数字化风控与数字化筹划，具有建设时间早、体系完整、内容丰富、专业性强等特点，实现了业财税一体化集成。本文将围绕新奥集团智慧税务的应用实践，介绍大型集团企业的税务管理数字化转型及智能化应用的思路、路径和成效。

一、新奥集团智慧税务建设背景

(一) 新奥集团简介

1. 公司介绍

新奥集团以"创建现代能源体系、提高人民生活品质"为使命,致力于成为创新型智慧企业。

1989年,新奥创立于河北廊坊,以城市燃气为起点,逐步覆盖了分销、贸易、输储、生产、工程智造等天然气产业全场景,贯通清洁能源产业链,为客户提供智能化低碳综合能源服务,助力绿色发展。为了实现人民对美好生活的向往,新奥拓展了置业、旅游、文化、健康等业务,打造幸福生活栖息地。

基于丰富的产业实践,新奥以"场景是基础、物联是关键、数据是资源、平台是载体、智能是目的"为建设思路,搭建了基于物联网的产业数智平台,赋能千行百业,推动产业智能升级。

进入数字时代,新奥集团进行了战略升级,2020年10月,新奥集团总部正式更名为新奥新智。新奥新智致力于以物联促进智能,用智能升级产业,做产业智能生态运营商。依托智能物联、新智联邦云、联合学习、平台引擎等技术,建设理正中台、跨行业中台和数智中台,为产业客户数字化提供赋能产品及解决方案。

目前,新奥集团在全国20个省份,服务2 583万个家庭用户、20多万家企业。2021年营收1 606亿元,旗下4家上市公司,分别为新奥能源(02688.HK)、新奥股份(600803.SH)、新智认知(603869.SH)、西藏旅游(600749.SH)。

2. 财务信息化与数字化建设

新奥集团财务信息化起步较早,2007年即完成了财务共享服务中心的建设,是国内较早进行财务共享建设的企业。经过十余年的持续建设,新奥集团已完成了与采购、销售、工程管理、客户服务等业务系统的深度集成,实现了业财一体化;并陆续建设了资金结算系统、智能投资系统、内控管理系统、合并报表系统、智能报销系统等,基本实现了财务全领域的信息化建设。

基于新奥新智整体中台战略,新奥集团财务信息化已开始向数字化转型,通过建设财务中台,从以财务专业职能为核心的传统财务向以数字化产品赋能为核心的创值运营转变。结合财务机器人、大数据、人工智能等技术的应用,开启了新奥集团智能财务的新征程。

在智能财务整体规划中,税务是其中重要一环,在核算、预算、成本、资金等领域,信息化建设起步较早,产品体系较成熟,企业应用案例较多。但在税务管理方面,税务政策法规更新频繁、地方性政策差异、税会差异等问题导致企业端税务系统整体建设进度较慢,上线比例较低。

但近些年局端的一系列举措为企业税务信息系统建设提供了更好的环境,如营改增、电子发票、国地税合并等,而新奥集团内部对于税务信息系统的需求也愈发强烈,如自动开票、自动报税、税务风控等。在此背景下,新奥集团在2017年年底启动了税务平台建设项目,期望通过税务数字化转型,实现集团税务管理模式的革新,最终实现税务共享。

(二) 新奥集团税务数字化转型动因

1. 内部动因

1) 涉税处理效率低

业财税整体链条存在较多断点,销项发票开具、进项发票验真查重、专票认证抵扣、申报表编制都依赖税务会计手工处理,工作量大、易出错、效率低,造成了极大的人力资源浪费。

2) 税务合规风险大

集团业务快速扩张,新的业务形态也在不断涌现,而各地分子公司对于税务政策的理解与执行程度不一,在具体涉税业务的处理上可能出现偏差,当下属公司税务风险发生时,集团往往充当救火队员的角色,集团整体的税务风险防范压力极大。

3) 战略支撑力度弱

没有数字化工具支撑,集团总部税务部门无法及时掌握充足的涉税数据,对于纳税数据的统计更多地依赖于财务账面数据,与实际申报数据存在差异;且由于数据颗粒度粗,无法掌握税务优惠、财产损失、税务可利用亏损、增值税期末留抵等数据,难以通过数据制定有效的筹划方案,对集团战略决策支持的力度亟待提升。

2. 外部动因

1) 税制改革和征管体制改革

营改增、国地税合并等税制改革大刀阔斧推进,各税种立法相继出台,国家税收政策及企业有关财务处理面临诸多新变化,企业端需要更加精准把握政策,及时适应征管体制的新变化。

2) 税务机关数字监管能力跃升

金税一期、二期以增值税发票防伪税控为建设重心,金税三期则重点加强了核心征管、决策支持等系统的建设,金税四期将进一步纳入非税业务、实现多部门联网核查、推进云化服务与智能办税。此发展历程清晰展示了税收征管体系由"以票控税"向"以数治税"的转变。而随着征管大数据的深入应用,对纳税人涉税行为的管理更加严格。

综上所述,新奥集团税务管理现状难以契合集团发展需要,是新奥集团税务数字化转型的内在驱动力;而税制改革、征管体制改革、税务机关数字监管能力跃升及征管能力提升等外部环境的变化,则客观推动了新奥集团税务管理的数字化转型进程。

二、新奥集团智慧税务建设实践

(一) 总体方案设计

合规缴税与合理节税是所有企业税务管理的根本目标,新奥集团税务数字化转型也围绕这两大目标展开。

目标一是税务风险管控。风险管控的最核心最终极目的就是价值守护,只有把风险管住了,企业的资产和利润才是真实的、确切的。因而,这一目标在新奥集团税务数字化建设中被称为"价值守护",进一步拆解为三个子目标:一是实时识别业务风险,二是建立预警监控体系，三是健全合规赋能制度。

目标二是税务筹划。由于合理合规的税务筹划行为可以帮助企业节省真金白银，因而这一目标在新奥税务数字化建设中被称为"价值挖掘"，进一步拆解为三个子目标：一是应享尽享优惠政策，二是设计最优交易路径，三是优化集团整体税负。由此制定的新奥集团智慧税务建设框架蓝图，如图1所示。

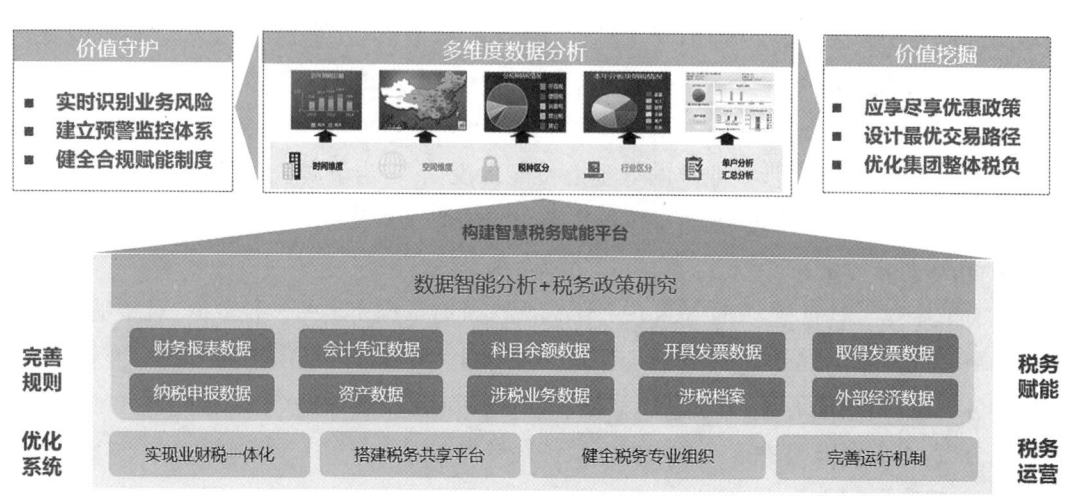

图1　新奥集团智慧税务建设框架蓝图

在此顶层目标指导下，新奥集团结合实际涉税业务开展的需求，从开票、收票、申报、监控、分析五个核心领域展开，从风险控制与效率提升两个维度设计IT系统落地的方向，实现业财税一体化集成，如图2所示。

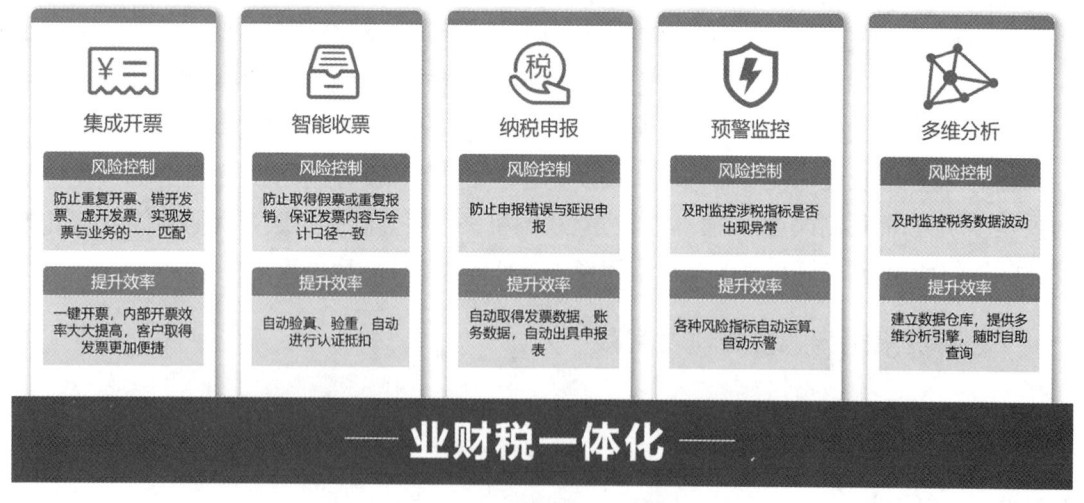

图2　新奥集团业财税一体化

在系统建设方面，新奥智慧税务平台着重突出了连接、智能、体验三大核心，连接是指与内部业务系统、外部税局系统的无缝集成，实现业财税一体化；智能是指通过规则引擎、数据可视化建模等数字技术的运用,实现各类规则的动态配置,提高平台的扩展性;体验是指对标互联网产品,界面更友好、操作更便捷,带给用户更好的人性化体验。

智慧税务整体系统架构如图3所示。

图3 新奥集团智慧税务整体架构

(二) 税务数字化的智能应用场景

1. 销项发票管理

发票开具是企业向客户收款的重要凭据,传统发票为纸质发票,需要企业从税局领用并在开票软件中逐张手工录入、打印、邮寄,工作量大,效率低。新奥集团开发的发票云平台,可与业务交易系统进行无缝集成,通过API开票、扫码开票、批量开票等多种方式实现发票的集中电子化开具,以简化开票流程、提升开票效率、节约人工,并通过交易订单与发票一一匹配,防止重复开票、防止错误开票、防止虚开发票。

销项发票管理整体架构如图4所示。

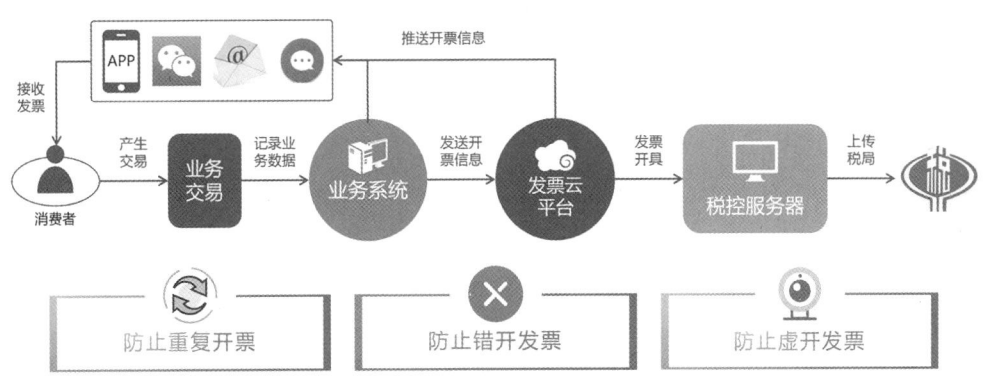

图4 销项发票管理整体构架

个人电脑端开票界面如图 5 所示。

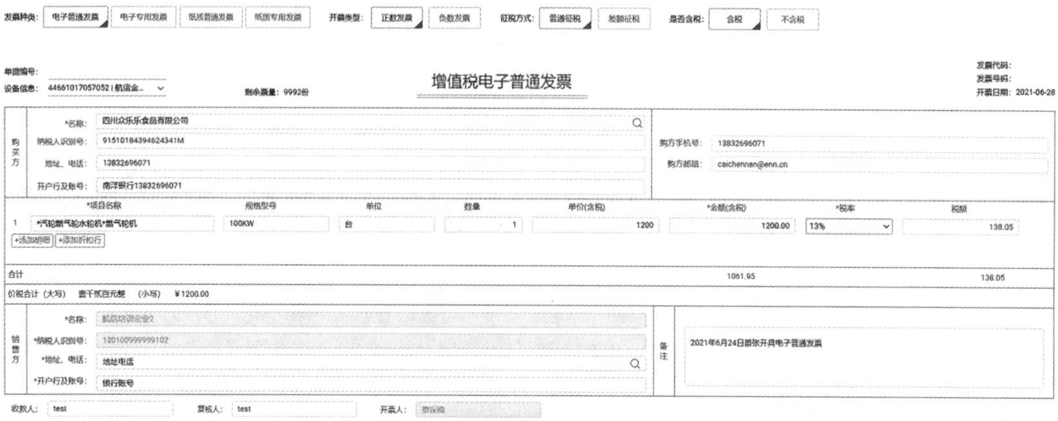

图 5　个人电脑端开票界面

移动端开票界面如图 6 所示。

图 6　移动端开票界面

2. 进项发票管理

使用虚假发票入账报销会给企业带来重大的法律风险,财务审核员工报销发票时,往往需要逐张进行在网上验真、在系统中查重、进行抵扣勾选认证,耗时且费力。

新奥集团开发的发票小助手,以 OCR 技术为基础,可自动识别多种类型的发票,实现发票结构化数据存储并与发票影像进行关联,同时在外部连通税局系统的电子底账库,财税人员仅须登录企业内部系统,即可以完成发票自动验真、自动查重等工作,同时,与财务核算系统进行同步,根据发票的账务处理状态,自动连接税局进行认证抵扣。

进项发票管理整体架构如图 7 所示。

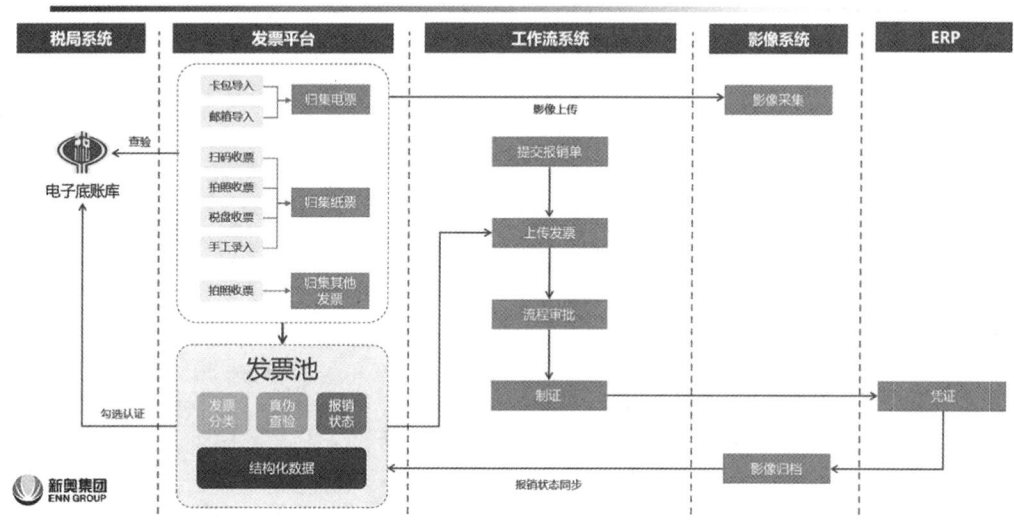

图 7 进项发票管理整体架构

系统操作如图 8 所示。

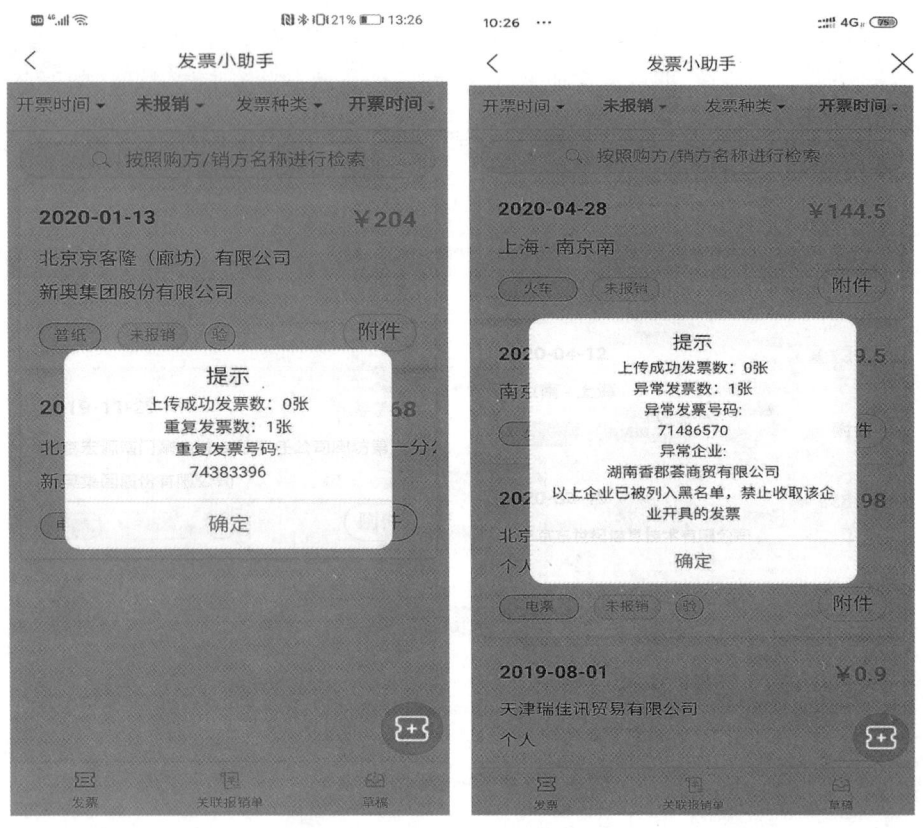

图8　进项发票管理系统操作

3. 纳税申报

企业每月多税种纳税申报表的出具,难以通过财务系统直接生成,需要企业财务人员整合多个系统的数据进行编制。新奥集团开发的自动计税工具可自动汇集多个系统数据源,通过计税规则引擎,自动生成各税种纳税申报表。

纳税申报整体架构如图9所示。

1) 税基的准确获取

与业务、财务系统进行集成,自动采集凭证、科目余额、财务报表数据;与发票平台集成,自动采集发票数据。

销项发票的税基获取如图10所示。

进项发票的税基获取如图11所示。

2) 计税规则引擎设置

按照税收法规,系统嵌入了收入取数规则、进项转出规则、差额扣除规则、优惠减免规则、期间费用规则、纳税调整规则等。

计税引擎的配置,有别于传统的基于报表工具配置取数公式的方式,将涉税台账标准化,分为发票取数规则与账务取数规则,完全贴近实际税务专业场景,普通税务会计也可以

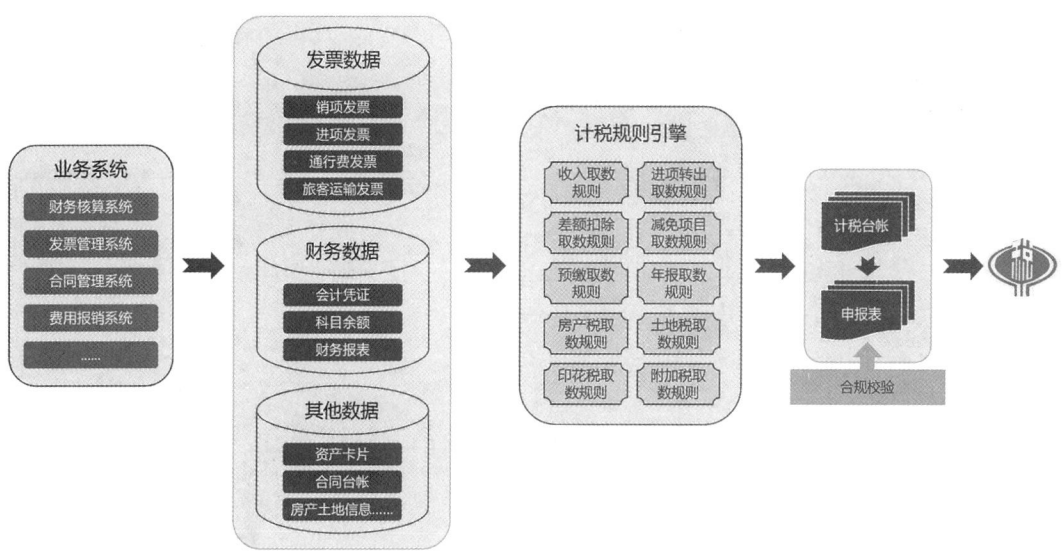

图 9 纳税申报整体架构

图 10 销项发票的税基获取

图 11　进项发票的税基获取

快速完成计税规则配置,不需要任何技术背景。如果业务发生变化,或税法税率有所调整,系统的取数规则也能够比较简单地快速调整,如图 12 所示。

图 12　计税规则引擎设置(1)

图 12 计税规则引擎设置(2)

3) 向导式申报表生成

系统配置了向导式生成纳税申报表的功能,财税人员可以在系统引导下进行政策确认,部分个性化条目可以由财税人员简单勾选,然后系统根据确认的政策规则自动取数并生成计税台账,进而自动生成申报表,既保证了规范性,又有一定灵活度(图13)。

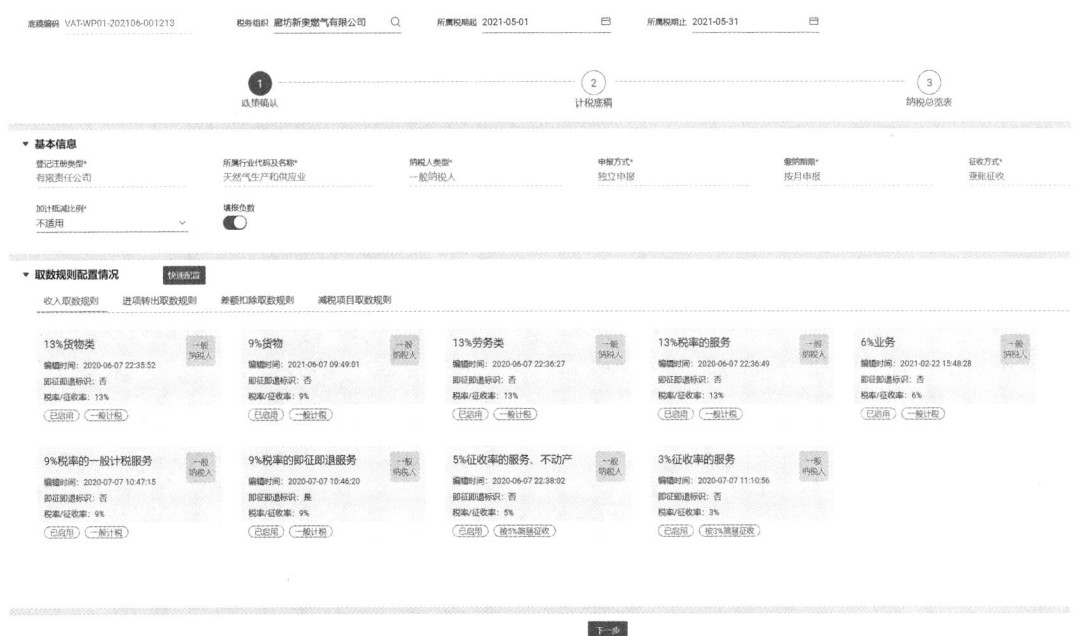

图 13 向导式申报表生成(1)

图 13　向导式申报表生成(2)

图 13　向导式申报表生成(3)

图 13 向导式申报表生成(4)

4) 税企直连申报

系统可通过 API 方式,将申报数据生成标准电子报文,发送给税局端系统接收,实现一键申报、一键缴款(图 14)。

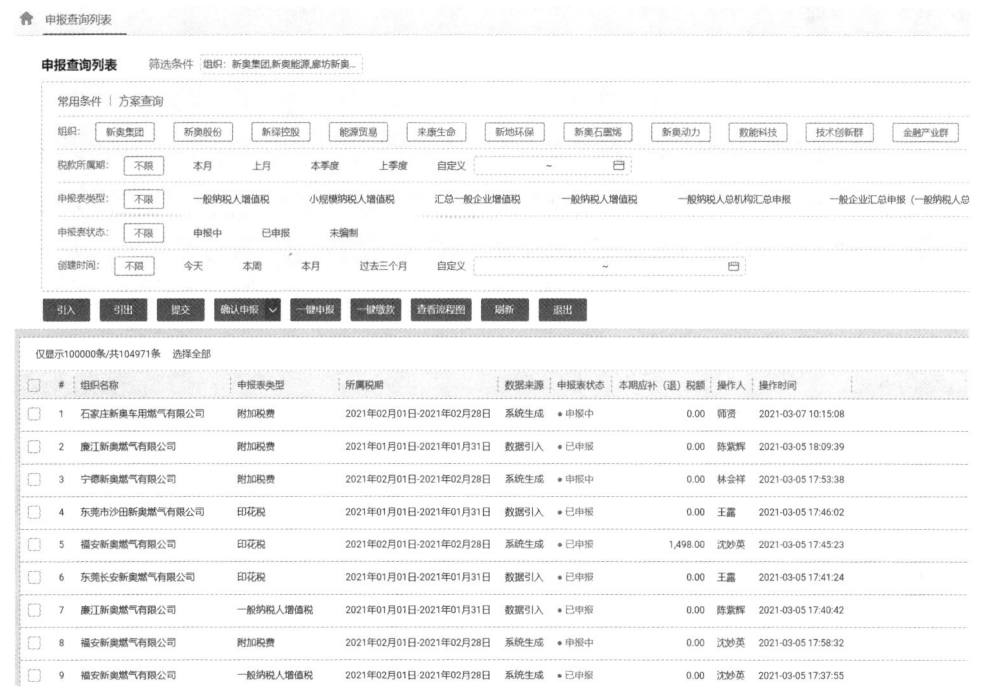

图 14 税企直连申报

5) 申报进度监控与提醒

系统可自动监控申报进度,在申报期提醒财税人员进行纳税申报操作,防止超期未申报造成的税务风险(图15)。

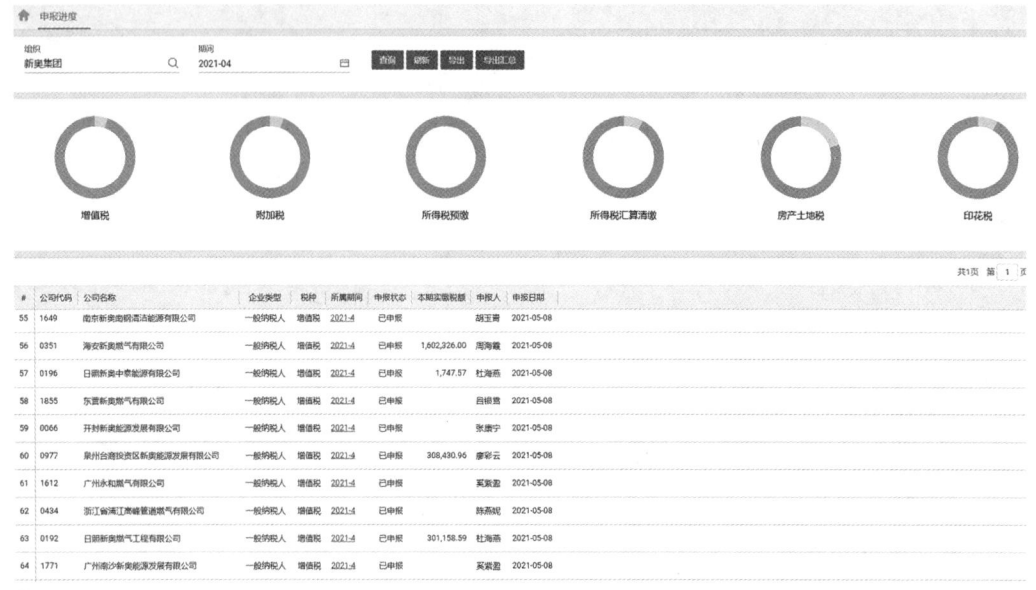

图15　申报进度监控与提醒

4. 税务风险监控

税局金税三期系统上线后,通过征管大数据,税局对企业税务风险检查的力度与精准度得到大大提高。新奥集团通过税务风险监控功能,可以提前自查,防止出现重大风险。

该产品以财税数据为风险监控的基础数据,通过在平台上定义风险筛查逻辑,系统自动进行运算,将风险筛查结果推送给企业税务人员,税务人员根据系统给出的风险提示进行处理,同时也可对指标的可用性进行评价,迭代提升指标库的质量。所有风险处理完成后,系统自动汇总输出企业风控报告,对企业当期税务风险状况进行整体评估。

税务风险监控整体架构如图16所示。

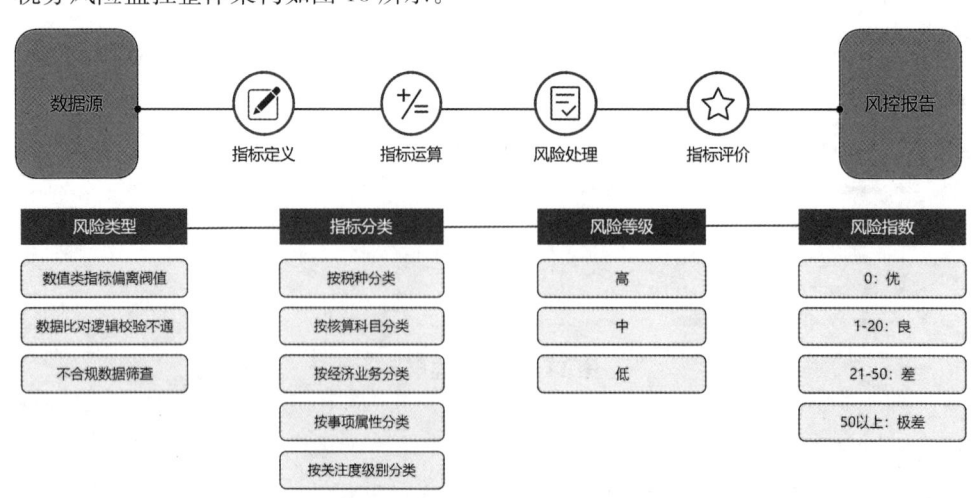

图16　税务风险监控整体架构

税务风险定义如图 17 所示。

图 17 税务风险定义

税务风险详情如图 18 所示。

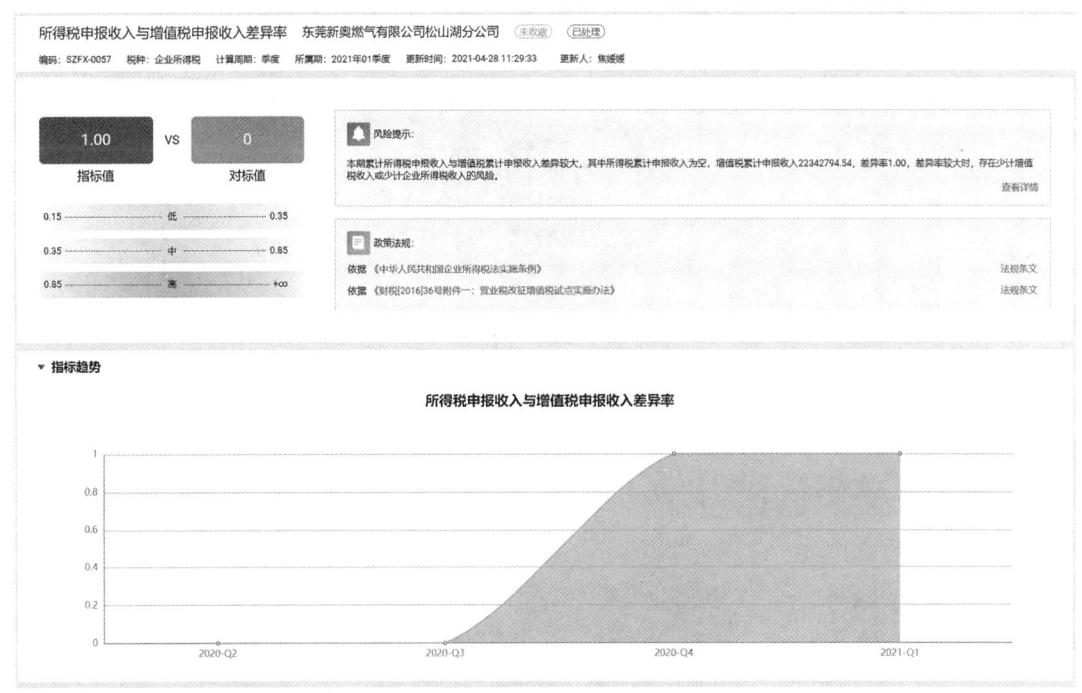

图 18 税务风险详情

税务风险看板如图 19 所示。

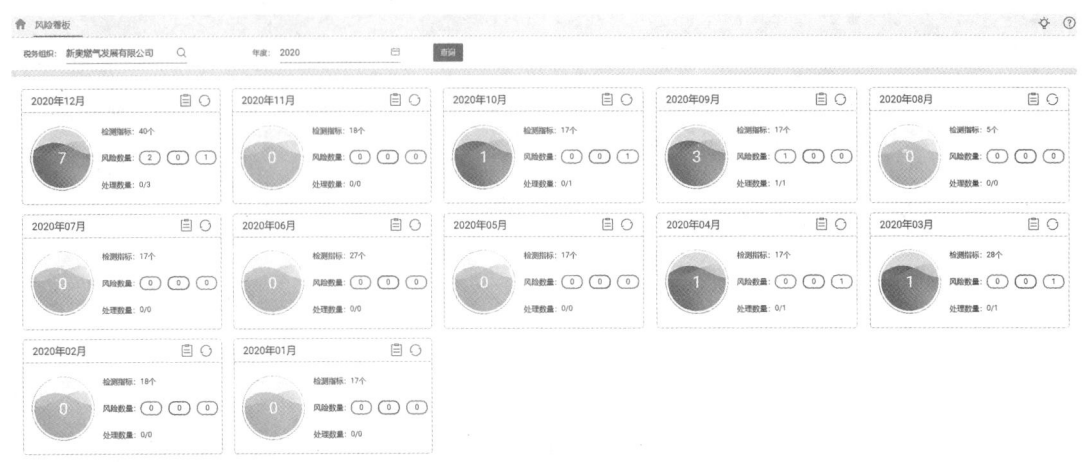

图 19　税务风险看板

5. 多维数据分析筹划

数据价值的挖掘利用是新奥税务数字化建设的初衷。通过涉税业务处理的自动化，税务平台积累了大量的业财数据。基于数据挖掘技术的应用，并与税务专业相结合，新奥构建了大量的数据分析模型。从多维度的纳税数据统计到专项筹划方案的制定，新奥集团已在税务平台上开展了一系列数据分析工作，税务管理的工作模式发生了重大转变。拥有数据后，利用和分析数据的想象空间非常大，这将是一个长期探索、不断挖掘的过程。

多维数据分析筹划整体架构如图 20 所示。

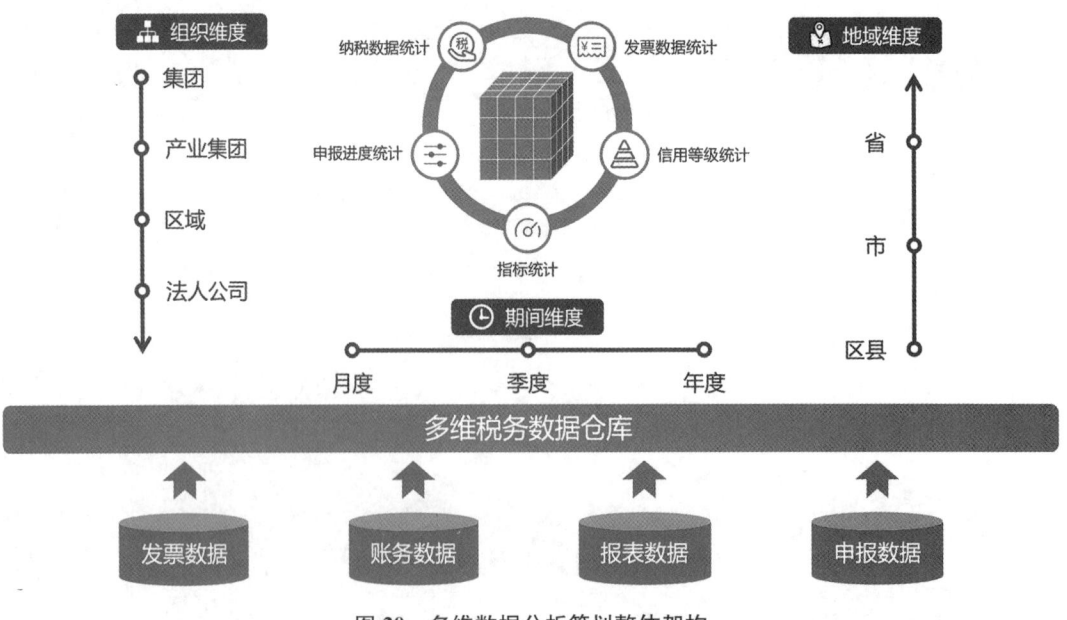

图 20　多维数据分析筹划整体架构

纳税数据统计如图 21 所示。

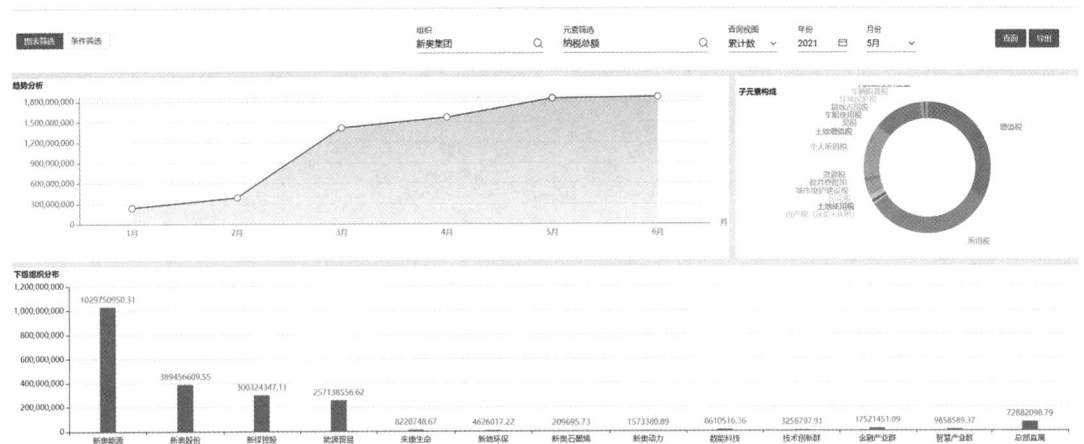

图 21　纳税数据统计

一般纳税人转登记小规模纳税人因素分析如图 22 所示。

图 22　一般纳税人转登记小规模纳税人因素分析

（三）智能技术及其产品的选择

1. OCR 技术

在进项发票管理的解决方案中，发票的采集与结构化是自动验真查重的基础，通过 OCR 技术，可自动识别发票票面信息，自动提取关键要素并进行真伪查验，将发票从影像转换为结构化数据，为后续环节的自动化流转奠定基础。

2. RPA 技术

RPA 可模拟人的操作，自动登录多个系统代替人工完成规则性强、重复性强的工作，典型应用场景为连接电子税务局进行一键申报，由于当前各省电子税务局尚无统一开发的申报接口，税务平台完成申报表的生成后，需要税务会计登录到电子税务局手工进行申报。通过 RPA 技术，税务会计点击"一键申报"按钮，RPA 机器人可自动完成电子税务局的登录、数据填写、提交、扣款等操作，打通了纳税申报的"最后一公里"。

3. 自助数据建模

传统数据分析的线上化，多依赖技术人员的代码开发，工期长、效率低，且由于业务需求与系统实现转换的偏差，往往出现实际结果与需求不符的情况。通过自助数据建模技术，业务人员可自定义分析模型，通过拖拽方式自动生成报表及图表，一方面提高了报表开发效率，另一方面也保证了业务需求与系统实现的高度匹配。

自助数据建模如图 23 所示。

图 23 自助数据建模

自助拖拽形成报表如图 24 所示。

自助设计仪表板如图 25 所示。

（四）投入的相关部门和人员情况

新奥智慧税务平台得到了新奥集团各级组织高度重视，由新奥集团财务与创值运营赋能群牵头建设，财务共享中心、新奥能源、新奥股份、新绎控股等各产业板块财务团队共同参与，抽调各级组织财税核心人员，同时集合了内外部信息技术资源共同组建了项目组，保障系统成功上线并持续深入应用。

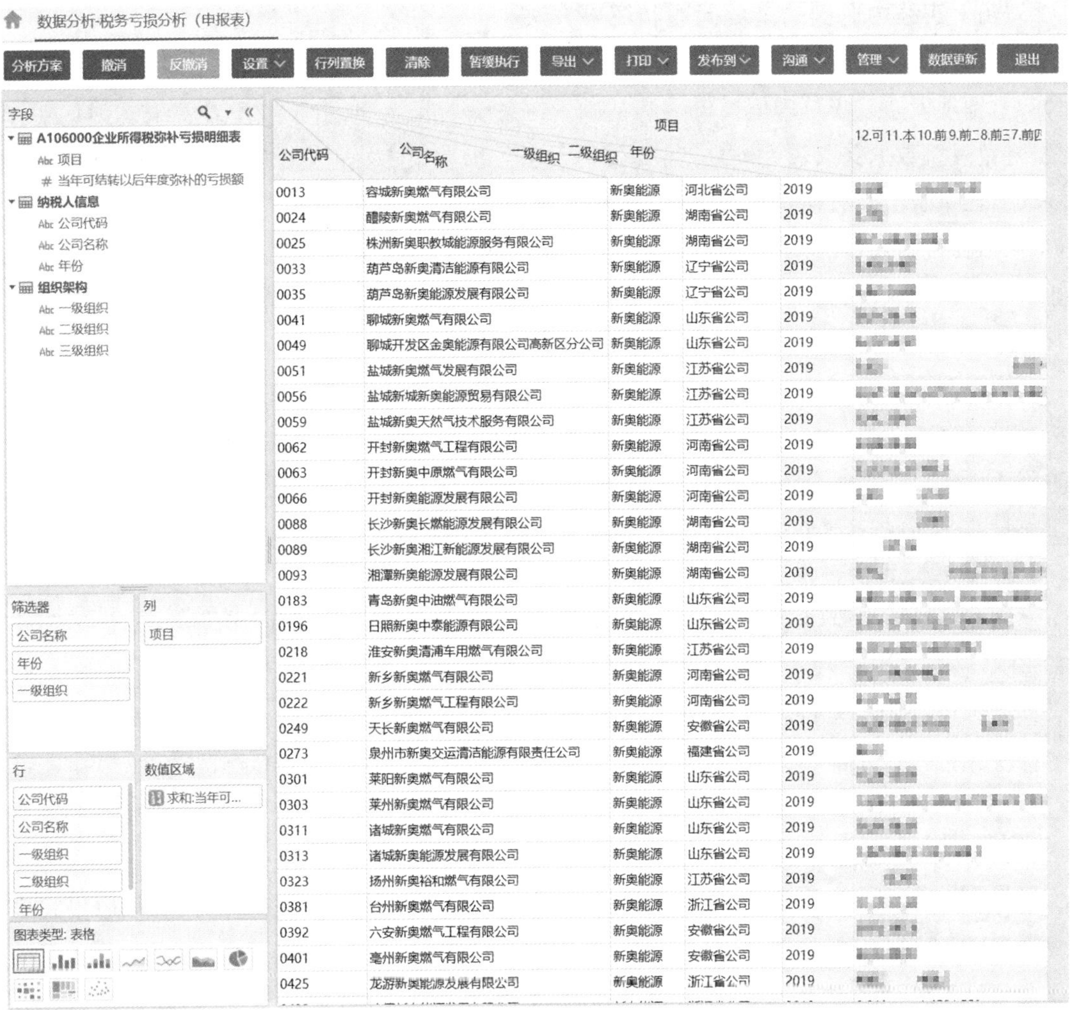

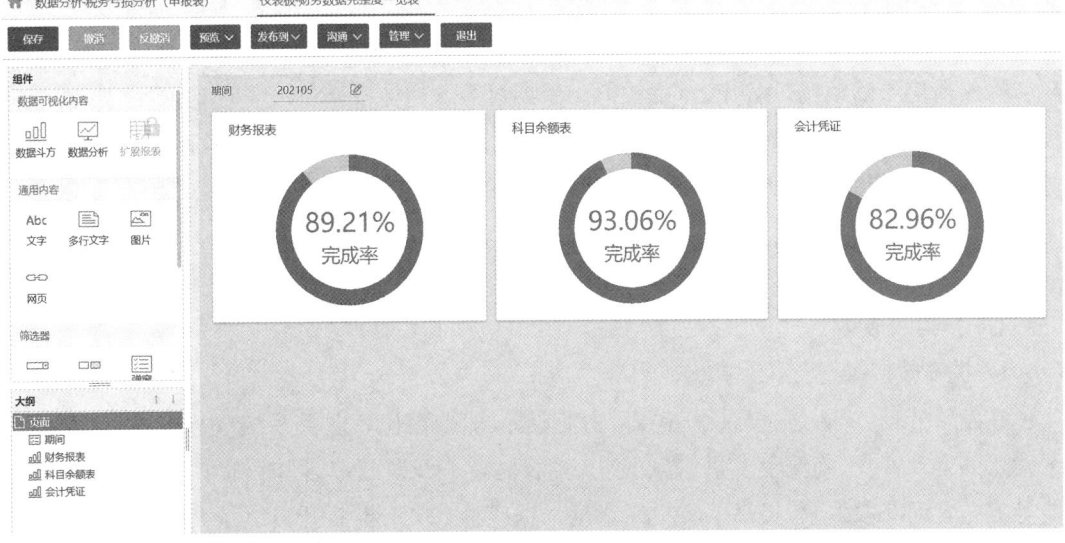

图 24 自助拖拽形成报表

图 25 自助设计仪表板

（五）实践中遇到的主要问题和解决方法

1. 进销项发票采集

进销项发票采集是增值税申报的基础。在系统上线初期，由于纸质发票未实现集中开票，导致发票数据获取较为烦琐，需要公司手工导出发票 Excel 数据再进行导入，操作较为烦琐。在系统上线后期，平台又尝试了发票采集插件方案，相对于 Excel 导入方式效率有所提升，但在税盘较多的公司依然不够理想。最终采用了税务软证书的方案，可完全不需要企业人工干预，系统自动采集进销项发票数据。

2. 历史申报表数据导入

为沉淀更多数据，要求企业将上线近 2~3 年的申报表数据导入系统，但由于申报表模板经过了多次调整，数据格式不统一，企业导入工作量较大。一方面，管理层面提出要求，同时阐明历史数据采集对于后续数据应用的价值；另一方面，尝试更多自动化的工具减轻企业工作量，在部分省市通过 RPA 机器人实现了自动导入申报表。

3. 计税规则的维护

初期纳税申报模块采用了传统的基于报表公式的实现方案，导致申报表配置较为烦琐，难以快速应对申报表模板调整、税率调整等变化，且在不同产业推广时无法快速复制。后期对计税规则引擎进行了重构，以更贴近业务语言的方式进行取数规则的配置，并预置了标准化的计税台账，可以大大简化申报表的取数配置，当出现申报规则调整时可快速进行更新。

4. 纳税申报接口不统一

新奥集团下属企业分布在 20 余个省市，各地纳税申报接口不统一，导致纳税申报表生成后难以直接报送到税务局，增加了报税人员的工作量。从 2021 年下半年开始，新奥集团通过与税务局、第三方服务商合作等方式，逐个省份进行突破，打通纳税申报的"最后一公里"，目前已在 17 个主要省份调试成功。

5. 产品用户体验

初期系统为 C/S 客户端架构，客户端下载、安装比较烦琐，且系统操作方式不太友好，各环节操作衔接不够顺畅，用户满意度较低。后期对系统整体框架进行了重构，更改为 B/S 架构，用户可通过浏览器随时进行访问，且系统功能设计更靠近互联网风格，操作体验更加友好，用户满意度得到了较大提升，更加有利于产品的推广应用。

三、实践成效与未来展望

（一）实践成效

1. 提升效率，赋能员工与客户

在发票开具方面，通过与燃气销售、物业服务、船票销售等业务系统进行集成，实现了电子发票的自动开具，确保了发票信息的准确性，提高了开票效率，同时，客户可通过短信、邮箱等方式自助获取发票，提高了客户满意度。据统计，2021 年共开具电子发票 220 多万张，相对开具纸质发票,每张至少节约 1 分钟,按照 8 小时/工作日计算,电子发票直接节约 4 500 个工作日/年以上。

在发票收取方面,通过与内部的费用报销系统进行集成,发票的验真验重全部通过系统自动完成,不需要人工干预;电子发票可直接上传 PDF/OFD 文件,员工不需要再进行打印;同时,可实现发票抬头税号的自动校验、发票金额与报销单金额的自动比对、连号发票的自动检查等,在费用报销场景中,发票的合规管控全部由系统自动完成,大幅降低了财务审核的工作量,整体效率提升 90%以上。

在纳税申报方面,各税种申报表基于财务数据、发票数据、资产数据、合同数据,通过计税引擎自动生成申报表,并通过税企直连接口完成一键申报与缴款,整体自动化程度可达 90%以上,提高了申报效率,同时也保证了申报表出具的准确、规范。从集团层面,也可及时监控下属企业的申报进度,防止漏报。

2. 数据为纲,价值挖掘与守护

财税数据仓初步建成,采集各类发票 1 300 余万张,纳税申报表 13 万张,财务报表 10 万余张,会计凭证 600 余万张,政策法规近 4 万条。

基于财税数据仓,在风险监控方面,目前已累计排查企业涉税风险 6 000 余条,同时通过从集团层面排查符合小型微利企业名单推进办理一般纳税人转小规模、统筹增值税期末留抵税额等方式,在税收筹划方面也取得了一定成效。

3. 业财税一体化,助力财务数字化转型

基于传统业财一体化理念,在交易环节更加重视销售与收款循环、采购与付款循环,而由于两大循环与票、税之间的断点,导致其中的合规控制存在障碍,如出库、开票、收款、收入的一致性,入库、收票、付款、成本的一致性等。在业财一体化基础上,实现业财税一体化,交易场景形成闭环,使交易各环节更加自动化、智能化,为数字时代的智能财务风控、智能收付款等场景提供支撑。

(二)未来展望

目前新奥集团智慧税务平台的整体框架已搭建完成,未来将进一步深化应用,一方面从覆盖范围上要做广,另一方面从应用深度上要做专,主要包含以下几个方面。

1. 全场景纸电一体化销项发票推广

目前新奥集团电子普票应用已较为成熟,由于电子专票尚未全面推广,从企业实际应用对于纸质专票的自动化需求较为强烈,销项系统的升级改造已经完成,可支持纸电一体化发票开具,后续将对相关业务系统及规则进行全面梳理,实现全场景纸电一体化开票的上线与推广。

同时目前国家税务总局"全电发票"已开始在部分省市进行试点,后续也将密切关注,在相关条件具备后进行全电发票系统的建设。

2. 全国各省税企直连申报上线

继续扩大税企直连的省份范围和税种范围,实现全国全税种的税企直连申报。

3. 风险指标库扩充

对风险指标库持续进行扩充与完善,满足监管口径与符合自身业务需求两种类型的指标同步建设,风险监控能力进一步增强。

4. 研发加计管理系统建设

启动研发项目加计扣除系统的建设,实现研发项目的全过程线上管理。

未来,新奥集团税务管理将在逐步实现税务共享全集团推广的基础上,继续着力于财税数据的深度挖掘分析,借助信息化智能化手段进行税务风险管理和税务筹划,实现税务管理的价值守护目标和价值创造目标,为集团战略决策提供支持,助力集团数字化转型。

中国融通集团：智能化财务共享建设实践

- 李　耀　中国融通资产管理集团有限公司总会计师 研究员级高级会计师
- 郭丽蓉　中国融通资产管理集团有限公司财务金融部总经理、研究员级高级会计师
- 刘英男　中国融通集团财务共享中心 副主任、高级会计师
- 张　雪　中国融通资产管理集团有限公司财务金融部 业务经理、高级会计师
- 杨　寅　上海国家会计学院 教授

- 财务共享
- 智能化
- 业财融合

为助力中国融通集团战略目标落地，充分发挥财务管理在集团公司发展中"价值守护，长袖增值"的作用，中国融通集团深入分析资产持续接收、产业迅速布局、经营逐步深化的多期并进的发展阶段，结合资产接收特点，以战略为引领，以规范化为基础，立足当前、着眼长远、精准对标，探索以智能财务共享建设为抓手的财务基础体系建设方案，构建了一套多业态统一的标准化体系，搭建了一个智能技术与财务管理深度融合的共享平台，形成了具有融通特色的财务基础体系建设实践经验。经过两年的建设实施，中国融通集团财务标准理念深入人心，流程制度补足优化，管控效益逐步凸显，财务基础体系得到夯实，为中国融通集团管理水平提升，经济效益提升做出显著贡献，为大型多业态企业集团财务基础管理探索出一套可借鉴的高效管理方法。

一、中国融通集团财务智能化建设背景

（一）中国融通基本情况

中国融通资产管理集团有限公司（以下简称"中国融通集团"）是根据党中央、国务院决策部署，按照中国特色现代国有企业制度设立的国有独资公司，是中央管理的国有重要骨干企业，由国务院国资委履行出资人职责。中国融通集团总部位于北京。目前已完成集团总部、5家区域管理公司以及地产、农发、旅发、科研院、安防国际、商业服务、资源开发、文化教育、医疗健康、财险公司10家子公司组建运行，全集团分支机构覆盖31个省区，累计设立法人单位200余户，核算组织350余个。中国融通集团结合"十四五"规划，用市场化方式实现战略目标，加快推进新业务落地见效。

在快速组建发展进程中，中国融通集团积极推进"战略型管控＋财务型管控"的混合管控模式，结合财务业务现状和管控要求，建立透明化、合规化、高效化的财务业务处理机制，保障财务高质高效，支撑各板块业务运营，提升集团整体财务管控能力，为各业务单位战略决策提供支撑，助力集团高质量发展。

（二）中国融通集团财务共享体系建设基本情况

中国融通集团财务共享中心（以下简称"财务共享中心"）自2020年组建以来，遵循"前瞻性、通用性、开放性"建设原则，对标世界一流，立足于高起点、高标准，通过"绘蓝图、明标准、搭平台、建体系"稳步开展各项建设工作。财务共享中心先后完成了试点建设与应用推广建设两个阶段重要建设目标，截至目前财务共享中心人员共80余人，已纳入服务成员单位320余家，运营管理体系完善，并实现了初建即规范、应纳则尽纳、系统全集成、业财数据互联互通，财务共享中心建设的规模效应及集约效应凸显。财务共享管理模式深度扎根，有效促进了集团财务管理体系转型与集团战略发展目标落地有效支撑。

（三）财务智能化建设背景

1. 中国融通集团的成立是落实国家深化国防现代化建设和国有企业改革的重要举措

当前正面临"百年未有之大变局"，我国持续处于由大向强发展的全面竞争期，综观世界发达国家国防建设，都是资本和技术相互作用而驱动的。组建中国融通集团，就是将原来相对封闭、自成体系部分资产纳入整个市场体系，通过市场化运作，最大程度集聚资产资源，加快形成国家政策主导、保障任务牵引、集团资本运作、开放有序竞争的一体化融合发展新格局。党的十八大以来，党中央从坚持和发展中国特色社会主义全局出发，深入推进国有企业改革，指明"以管资本为主加强国有资产监管，改革国有资本授权经营体制"的重大方向。中国融通集团按照国有资本运营公司的有关要求瞄准资本市场，以终为始、及早谋划，下好"先手棋"、打好"主动仗"。以市场化、资本化方式实现资源的优化配置和效率提升，追求资本回报、实现资本增值，强化重点领域、重点区域和产业链价值链关键环节的资源配置与优化布局，支撑公司高质量发展的业务线、产业链和生态圈，防止资产流失转移，履行好资产经营使命,有效统筹资源,更好地为国防现代化建设服务。

2. 智能化建设是中国融通集团数字化转型的必然选择

2020年8月21日,国务院国资委印发《关于加快推进国有企业数字化转型工作的通知》,对国有企业数字化转型的思路和做法进行部署。国有企业(尤其是中央企业)改革强调资产重组,推动国有资本做大、做优、做强,实现从"管企业"到"管资本"的角色蜕变,进一步加强对国有资本的管控力度。财务部门作为企业管控的重要抓手,是推动企业数字化建设的"排头兵",财务数字化可以为企业整体的数字化转型提供驱动力,是中央企业数字化"大蓝图"中一块重要"拼图"。

数字化背景下,智能财务共享提供了重要的数据基础、组织基础、技术基础、决策服务理念基础等,为财务数字化转型搭建了重要的数据平台与决策支持平台。面对财务数字化的发展趋势,中国融通集团财务管理发展和转型必须认清形势、保持定力、增强忧患、加强统筹、补齐短板,积极推进财务管理智能化、数字化建设。

3. 高质量的智能化财务基础管理是推动中国融通集团实现资产保值增值的有力保障

实现资本保值增值是中国融通集团经营发展的"第一要义",从接收资产的情况看,中国融通集团呈现"资源 + 管理运营"的特质。一方面,资产体量规模大,分布点多面广。目前首批资产划入项目正处于评估过程,加上后续移交的项目,中国融通集团未来应该在万亿量级,且地产、农发、旅发、医疗及装备维修等多板块资产都是在全国范围内分布。另一方面,业务多元,产业跨度大。中国融通集团现有十几个板块涵盖了第一、第二、第三产业,既有传统产业,也有科技服务、文化教育以及金融、保险等现代服务业,还特批了海外安保等特殊资质业务。中国融通集团"十四五"规划了80余类业务。综合中国融通集团资产特点,要实现资产高效管理,建立"大而强、强而活、活而更强"的良性循环发展模式,建立高质量的财务管理体系是必然选择。

4. 智能化财务共享建设成为提升财务基础管理水平的有效抓手

财务管理体系是企业管理中至关重要管理体系,对集团公司在资源统筹与配置、数据掌控与分析、价值衡量与挖掘、监管对接与洞悉等方面发挥重要作用。集团公司成立之初,接收资产情况复杂,财务记录不清,甚至部分资产无账面记录,军财体系与企财体系差异较大,财务人员背景较为复杂,专业素质亟待增强,亟需建立制度规范,如何保障新建集团公司平稳运营,合理反映接收资产价值,准确体现运营成效,高效完成多杂小散的各项任务,是中国融通集团面临的严峻形势。基于此,中国融通集团利用信息化手段,打造财务共享中心,提高财务标准化、自动化、业财一体化的能力水平,确保业务流程、会计政策执行的一致性、真实性。夯实财务管理基础,扫清财务管理盲点,是夯实财务基础体系建设的有效途径,也是集团公司集约化发展、市场化运营、专业化管理的关键突破口。

中国融通集团智能化财务建设以财务共享中心建设为切入点,以规范化为基础,以先进、高效为方向,努力搭建标准化、专业化、业财资税一体化的财务金融管控体系。中国融通集团智能财务建设立足当前,着眼长远,精准对标,重视智能化技术与企业财务深度融合,强调大数据基础之上的智能决策,强调"企业大脑"与"人的大脑"协同,结合业务模式及特点,以"技术+管理+生态"的融合创新思路,探索了财务数字化转型的更多可能。

二、中国融通集团智能财务共享建设历程

中国融通集团自组建以来,按照"全局统筹、固本强基、急用先行、小步快跑"的原则稳步实施智能财务共享体系建设。2020年4月,财务共享筹建工作开始启动,6月同步开展咨询规划设计、财务标准化体系设计、财务共享信息系统建设相关工作。2020年10月,实现北京地区9家核算单位财务共享试点上线,并于同年年底,试点应用推广至33家单位。2021—2023年,经过三个批次集中应用推广及新组建单位即接即纳,已实现320家核算单位纳入财务共享。

(一)智能财务共享建设方案

1. 智能化共享建设目标

中国融通集团财务共享以"打造世界一流的赋能型财务共享中心"为总体建设目标,借助信息科技手段,应用智能新兴技术,建设标准化、流程化、专业化、智能化的财务共享中心,聚焦提效率、降成本、强管理、促发展的建设要求,为集团公司财务管理水平的稳步提升及高质量发展赋能,助力集团公司双一流战略目标的实现。

2. 智能化共享建设思路

中国融通集团财务共享中心智能化建设依托财务共享中心蓝图设计、财务核算标准化体系以及信息系统建设蓝图,以"规划引导、体系保障、适用为本、价值创造"为建设思路,打造符合中国融通特色、应用效果明显的财务共享智能化应用体系。

1)规划引导

结合财务共享总体规划蓝图,充分考虑中国融通集团、财务共享中心以及各板块、各单位的实际管理需求,识别业务流程、系统操作等环节薄弱点,加强智能财务共享顶层规划,制定切实可行的建设策略,确保财务信息化向智能化高效推进。

2)体系保障

深化财务核算标准化、流程标准化、财务审核标准化等体系建设,完善集团公司财务管理制度体系、财务共享运营管理体系、财务共享信息化建设制度体系,为财务共享智能化建设奠定良好的应用基础,保障财务共享各智能化应用场景准确落地执行。

3)适用为本

以业务场景为核心优化业务流程,识别业务流程能力薄弱环节,引进业内较为成熟、适用的自动化、智能化技术。集团公司不盲目标新立异,智能化场景建设及技术选择以"适用为本",以提高工作效率和工作质量、提升运营管理效能为主要目标。

4)价值创造

财务共享智能化建设深度服务于财务共享中心建设总体目标,以"专业化分工提质增效,节约释放人力资源,引领价值创造"为主旨。智能化财务共享中心通过移动应用、大数

据、人工智能等先进技术应用，挖掘业财数据价值，辅助运营与决策、提供风险预警，提高财务决策支持能力和价值创造能力。

（二）智能化建设系统框架

在中国融通集团财务共享中心建设蓝图规划与财务共享中心信息系统建设蓝图框架体系下，财务共享智能化建设框架形成了以1个统一的基础应用平台、2个基于业财融合的数据中台与业务中台，3个智能化应用的技术能力平台、共享服务平台以及决策分析平台，4个财务核算、报账、审核、共享作业标准化管理体系为核心的"1234智能化系统框架体系"。中国融通集团财务共享中心智能化建设全景框架如图1所示。

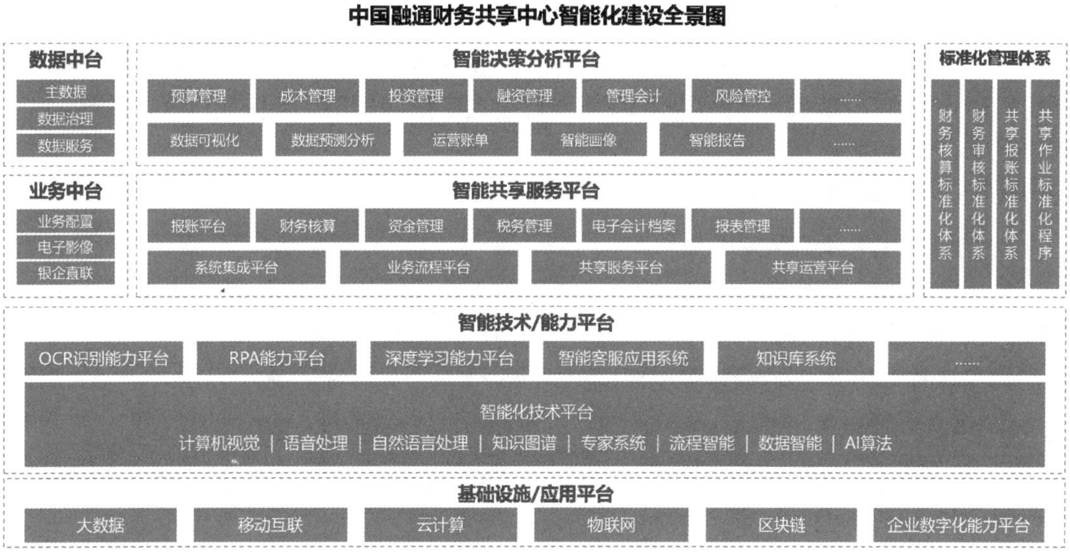

中国融通财务共享中心智能化建设全景图

数据中台	智能决策分析平台						标准化管理体系
主数据 数据治理 数据服务	预算管理 / 成本管理 / 投资管理 / 融资管理 / 管理会计 / 风险管控 / …… 数据可视化 / 数据预测分析 / 运营账单 / 智能画像 / 智能报告 / ……						财务核算标准化体系 财务审核标准化体系 共享报账标准化体系 共享作业标准化程序
业务中台	智能共享服务平台						
业务配置 电子影像 银企直联	报账平台 / 财务核算 / 资金管理 / 税务管理 / 电子会计档案 / 报表管理 系统集成平台 / 业务流程平台 / 共享服务平台 / 共享运营平台						

智能技术/能力平台

OCR识别能力平台	RPA能力平台	深度学习能力平台	智能客服应用系统	知识库系统	
智能化技术平台 计算机视觉 / 语音处理 / 自然语言处理 / 知识图谱 / 专家系统 / 流程智能 / 数据智能 / AI算法					

基础设施/应用平台

| 大数据 | 移动互联 | 云计算 | 物联网 | 区块链 | 企业数字化能力平台 |

图1 财务共享中心智能化建设全景框架图

1. 1个统一的基础设施应用平台

中国融通集团财务集中核算系统与财务共享中心信息系统基于一套基础设施、一个统一的企业数字化能力平台进行财务信息化与智能化建设，在统一的企业数字化能力平台上，融合大数据、移动互联、云计算等平台层基础应用。随着信息技术的不断发展，该基础应用平台后续还可以持续融入物联网、区块链等智能技术，持续为各智能化应用场景提供支撑。

2. 2个业财融合支持中台

中国融通集团建设业务中台与数据中台，通过业务中台支撑财务共享信息系统向业务前端延伸，通过数据中台为财务共享中心主数据管理、业财数据沉淀、数据治理、数据分析服务等提供支持。财务共享中心信息系统建设过程中，根据业务系统实际规划及建设进度，逐步建立了与集团公司资产管理系统、人力资源系统、报表系统、商旅系统以及各板块建设的资产运营管理系统、供应链管理系统、合同管理系统等业务系统间的数据对接，最终实现智能化采集前端业务信息，打通业财数据线上通道。

3. 3个智能化应用平台

1) 智能化技术/能力平台

根据财务共享中心信息化与智能化建设应用的进展，适时引入合适的智能化技术，同时将应用较为成熟、实践验证有效的技术打造形成财务共享中心的智能化技术能力平台，面向集团范围内的各业务系统、管理系统进行能力输入，如RPA技术、OCR技术等。

2) 智能共享服务平台

将财务共享信息系统传统的核心模块应用，如报账平台、财务核算、共享作业平台等，融入智能化技术，以提升业务流程效率、共享作业效率，提升数据质量，减少资源占用。同时，也面向所服务单位提供高效、优质、智能的服务。

3) 智能决策分析平台

作为财务共享中心引领价值创造的主要应用部分，财务共享中心通过采集沉淀的业财数据，应用大数据分析技术，建立各种数据分析应用模型，为集团、各板块、各单位提供数据分析服务于决策分析支持。

4. 4个标准化管理体系

1) 财务核算标准化体系

它主要包括三个统一。一是统一会计核算办法，统一会计核算政策，包含新收入准则、新租赁准则、新金融准则，指导财务人员进行会计核算工作。二是统一会计科目体系，统一会计科目体系至4级，形成兼顾集团通用和板块特点的"1+N"统一科目体系。三是统一会计核算标准，细分末级核算场景10 007个，形成会计核算标准化分册19个。

2) 标准化业务报账指导

梳理264个报账场景，对经济事项业务范围、支撑附件做统一要求，形成规范、统一的报账标准，指导业务人员规范报账。

3) 标准化财务审核规范

围绕264个报账场景，结合报账标准化要求，形成规范、统一的财务审核标准，指导共享财务人员按标准开展审核工作。定制化授权审批流程：汇总与整理40余类事项的审批流程，统一总账报账、收入确认等23类事项的审批节点，提升审批效率。

4) 标准化共享作业程序

开展财务共享标准化作业程序（Standard Operating Procedure，SOP）方案设计，梳理3 194个审核点，其中通用审核点2 136个，个性化审核点1 058个。扫描岗、档案岗等管理及检查操作要点71个。为财务共享中心作业岗位提供即时操作说明，财务共享运营管理能力，以及财务共享信息系统建设方面均起到了重要推动作用。

（三）智能化建设实施路径

中国融通集团财务共享中心智能化建设实施遵循"规划引导、体系保障、适用为本、价值创造"的建设思路。从建设初期到近期建设规划来看，建设实施路径可分为三个阶段，其中第一阶段为2021年之前的基础应用与智能化试点建设阶段，第二阶段为2022年的全面深化建设阶段,第三阶段为 2023 年以后的智能化体系建设阶段。中国融通集团财务共享中心智能化建设实施路径如图 2 所示。

图 2　财务共享中心智能化建设实施路径

1. 试点建设阶段(2020 年 6 月至 2021 年 12 月)

财务共享中心建设分为试点、应用推广建设两部分开展工作,智能化建设作为财务共享中心主体建设的辅助支撑,开始做试点建设。试点建设主要包括 RPA 试点场景应用、智能稽核费用类单据试点应用、智能报账差旅报销试点应用以及报表、数据可视化等应用。该阶段的主要建设目标为探索尝试智能化技术应用,进行可行性及效果验证,积累建设经验,同时兼顾提升共享流程处理效率。

2. 全面建设阶段(2022 年 1 月至 2022 年 12 月)

财务共享中心建设相对比较成熟稳定,共享服务范围仍在进一步扩大,信息系统建设仍在进一步优化完善。智能化建设进入全面建设阶段,体现在对试点建设阶段的"RPA 场景扩展、智能稽核、智能报账、数据分析"等试点应用进行全面展开深化,同时智能化建设"有点到线到面",多技术、多场景融合应用,实现部分典型业务流程的"全业务流程自动化"。同时,深化扩展智能化建设场景、对部分实践应用效果凸显的内容进行能力平台化建设。

3. 体系建设阶段(2023 年 1 月以后)

财务共享智能化建设取得显著成效,智能化建设不再仅仅局限于场景化应用,更着力于智能化体系建设,包括技术能力平台搭建与优化,人才培养体系以及数字员工探索,智能化创新应用探索,智能化能力输出,智能化生态体系建设等;紧密衔接全社会数字化转型,中国融通集团以总对总系统直连,引入外部能力资源、外部数据资源,同时聚合内部数据资源,打造财务共享信息化平台生态化服务能力;并与各政府部门、各类社会主体、产业上下游客商等广泛共享,共同探索更丰富的智能化合作场景、挖掘更灵活的商业模式,构建有利于企业健康发展的良好生态,实现合作共赢。

(四) 智能化技术选择

1. OCR 技术

OCR（光学字符识别）技术，通过扫描等光学输入方式将各种票据、报刊、书籍、文稿及其他印刷品的文字转化为图像信息，再利用 OCR 技术将图像信息转化为可以使用的计算机输入技术。在财务共享智能化建设领域，OCR 技术先期多用于报账子系统对进项发票、火车票等票据进行识别，进而完成对发票的查重验真。随着可识别范围的扩展，OCR 技术越来越多地应用在企业自制格式文件如合同、出入库单等领域，对业务数据结构化起到了较好的促进作用。

2. RPA 技术

机器人流程自动化（Robotic Process Automation，RPA），以自动化软件作为虚拟劳动力，依据预先设定好的程序与现有系统进行交互，完成预期的任务。通过 RPA 软件编写的"机器人"程序，可以捕捉并模拟日常的键盘、鼠标操作等人机交互行为，可以完成识别、触发、通信、文本生成等任务，自动执行重复性的业务流程。RPA 的应用多体现在简单的场景应用上，随着应用范围的扩展以及调度管理的需求，可以引入"RPA 中央调度控制室"以进行统一调度管理，实现远程调度、监控、日志跟踪等。

3. 规则引擎

规则引擎是一种嵌入应用程序中的组件，使用预定义的模块编写业务决策，通过接收数据输入，解释业务规则，并根据业务规则做出业务决策。使用规则引擎可以在应用系统中分离商业决策者的商业决策和应用开发者的技术决策，并把这些商业决策放在同一的地方，让它们能在系统运行时动态管理修改。规则引擎的应用场景往往是需要应对多变的、复杂的业务场景，要求业务规则变更能够更加快速和低成本。

4. 会计电子档案

会计电子档案是以磁性介质形式储存的会计核算的专业材料，是记录和反映经济业务的重要历史资料和证据，包括电子凭证、电子账簿、电子报表、其他电子会计核算资料等。会计电子档案管理系统是采用档案电子化、影像数字化、办公无纸化以及信息网络化等先进技术，实现包括档案文件、声音、影像、文本在内的多媒体档案资源的存储和查询检索的计算机系统，为档案资料管理、利用和保护提供了有效的技术保证，可大大节约数据存储空间，无限地延长档案材料保存时间，同时也为查阅、利用档案文献带来了极大的便利。

5. NLP 技术

自然语言处理（Natural Language Processing，NLP）是计算机科学领域与人工智能领域中的一个重要方向，研究能实现人与计算机之间用自然语言进行有效通信的各种理论和方法。自然语言处理是一门融语言学、计算机科学、数学于一体的科学。因此，这一领域的研究将涉及自然语言，即人们日常使用的语言，所以它与语言学的研究有着密切的联系，但又有重要的区别。自然语言处理并不是一般地研究自然语言，而在于研制能有效地实现自然语言通信的计算机系统，特别是其中的软件系统，因而它是计算机科学的一部分。

（五）智能财务应用实践

中国融通集团财务共享智能化试点建设，积极探索和应用智能技术，在财务共享全业务流程中的各环节、场景中，通过 OCR、RPA 等自动化、智能化手段，实现了报账业务的单据自动化填报、审核环节的智能化审核、支付环节的风险控制自动化、核算环节的入账自动化、归档环节一键归档以及财务报表报告的智能化出具，如图 3 所示。智能化财务共享为后续智能化建设全面开展奠定了良好应用基础与实践经验积累，同时规范了各环节业务操作，提高了业务流程效率。

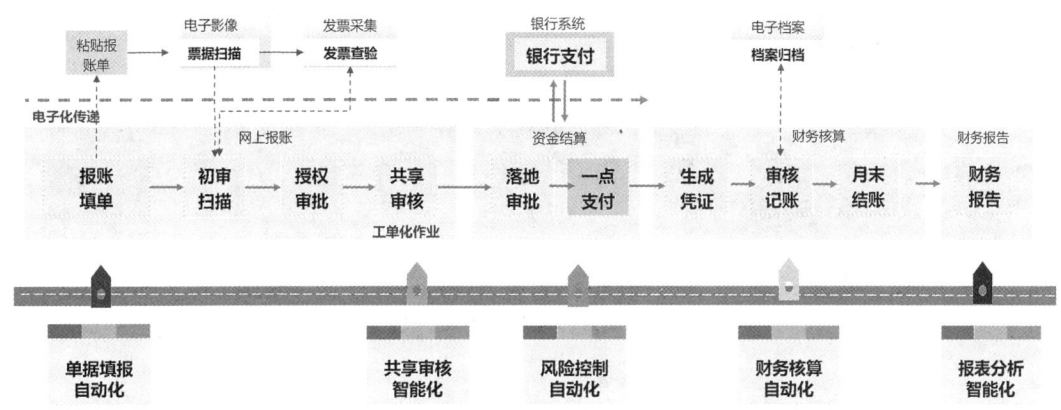

图 3　财务共享中心在全业务流程中的智能化试点建设

1. 智能报账

以差旅费报账单为典型应用，智能化财务共享中心基于计算机视觉、自然语言处理技术进行财税语义理解，采集电子影像数据进行影像切割、矫正、识别、查验、查重，根据发票信息"解析理解"自动匹配报账单据模型，并自动填充业务信息及报账业务明细信息，完成自动计算补贴及税额、扩展个性化信息填写，进而通过向导式操作指引信息确认，为报账人提供自动化报账服务。智能报账为集团公司带来的效果如图 4 所示。

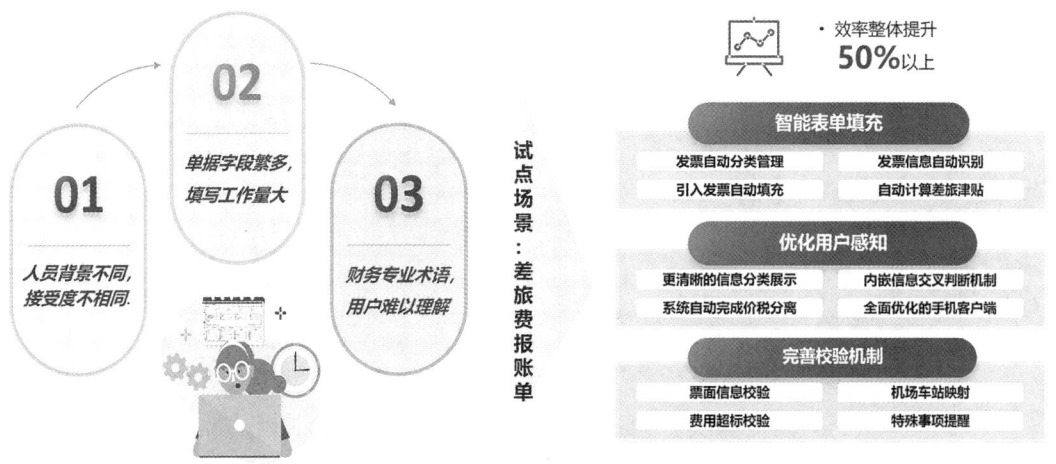

图 4　智能报账智能化场景建设动因及应用效果

1）业务流程说明

智能化财务共享中心通过移动 App（云＋）或个人电脑端可以采集电子发票、发票电子影像（包括增值税发票、火车票、机票行程单）等数据，数据采集后系统自动进行 OCR、查重验真并存储发票的结构化数据。相关人员登录个人电脑端，通过"我的票夹"功能进行发票勾选，系统自动生成报销单，对报销单据进行信息确认及补充，提交报账单据，审批流转后进入财务共享中心生成资金付款单及财务凭证，如图 5 所示。

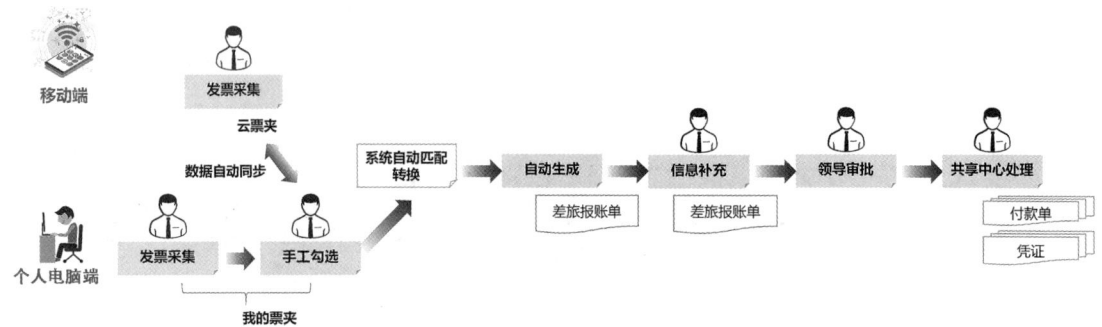

图 5　智能报账应用业务流程

2）关键实现过程

① 票据采集

智能报账票据采集通过电子影像子系统来实现，采集方式主要包括扫描仪采集、移动手机拍照、高拍仪采集，以及本地文件上传等多种方式，票据采集后系统自动进行图片的预处理，包括混合切割识别、自动校正、梯度压缩、影像去噪等。采集后，系统根据设定会自动进行发票的查重验真，处理通过后将票据采集到"个人票夹"中，以便于下一环节应用。票据采集应用效果如图 6 所示。

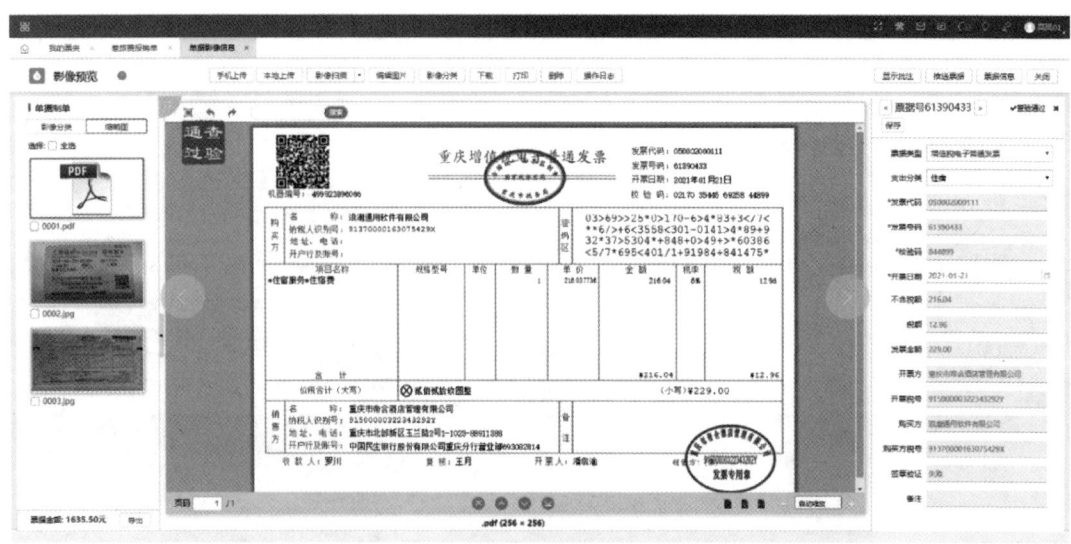

图 6　票据采集/查验系统应用效果图

② 票据分类

票据采集完成后,系统根据票据要素信息,结合语义识别技术等自动进行票据的分类处理,例如,火车票归类为"车船",住宿费发票归类为"住宿"等,个人票夹应用如图7所示。

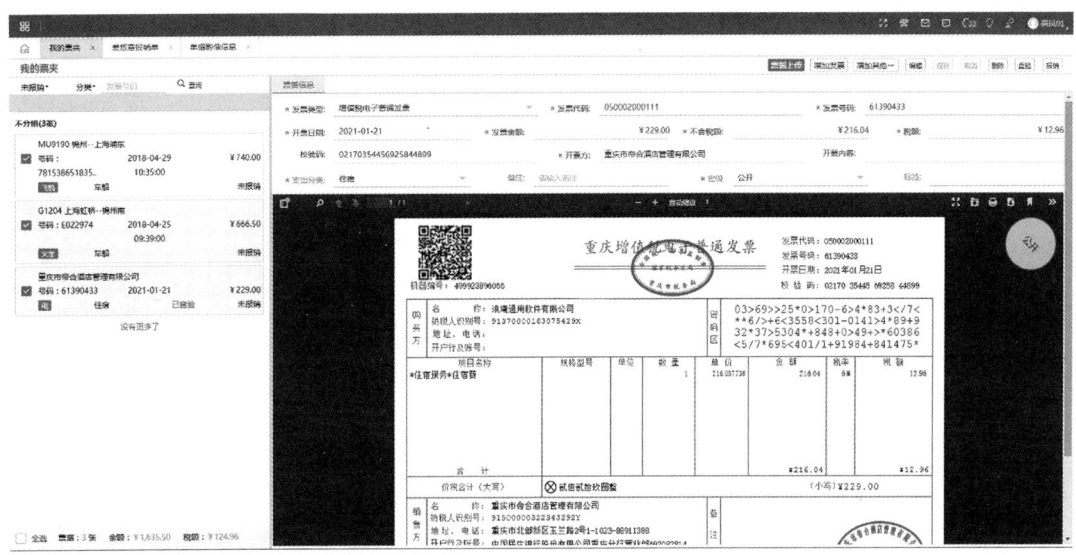

图 7　票据采集个人票夹系统应用效果

③ 发票报账

票据采集完成、分类完成后,可以进行发票的自动报账操作,选取相应的票据即可推送生成对应的报账单据,如图8和图9所示。

图 8　由票据自动推送生成的差旅费报账单行程信息效果

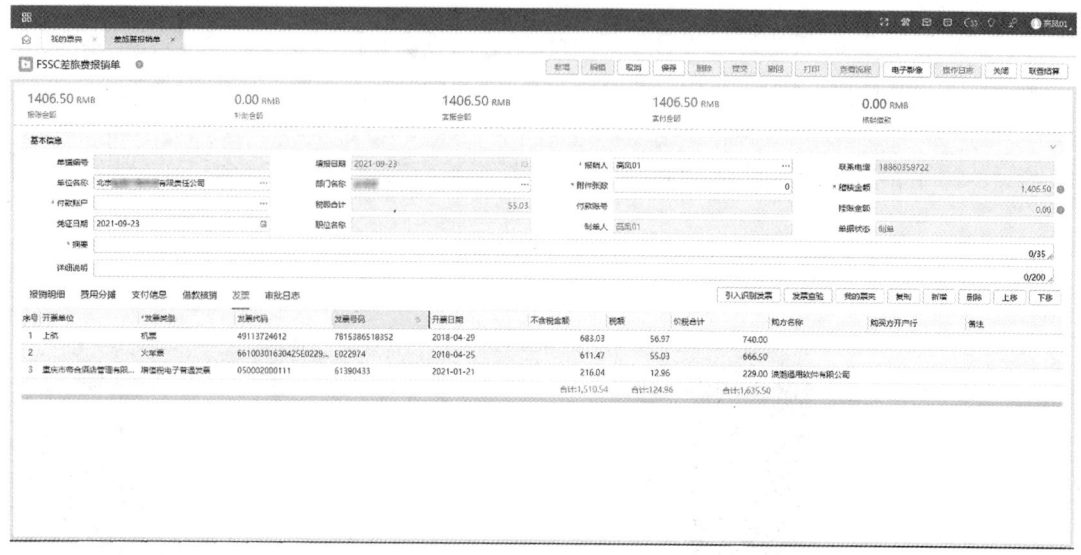

图 9　由票据自动推送生成的差旅费报账单发票信息效果

2. 智能稽核

智能化财务共享通过对可系统化判定的审核规则梳理并进行系统稽核检查项预置与检查项控制设置,实现各类报账单据在各主要流程环节的智能稽核(系统判定给出审核结论,供共享中心财务稽核环节、结算环节或其他流程环节进行审核辅助参考),以提高报账单据审核效率。智能稽核服务将财务人员从人工审核中解放出来,通过智能化的产品设计和自动化的核算规则来完成财务稽核流程处理,大大提升了财务共享中心单据处理效率,降低专业性要求,减少出错率。智能化财务共享智能稽核应用流程如图 10 所示。

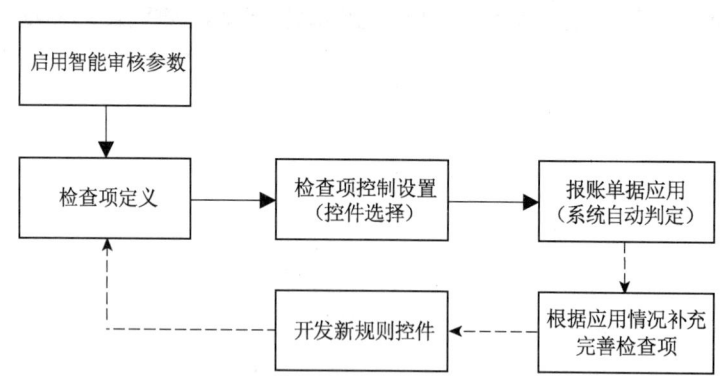

图 10　智能稽核系统应用业务流程

1) 业务流程说明

智能稽核功能启用前,需要预先梳理完成各规则及计算逻辑。系统应用时先启用智能稽核参数,然后在系统中完成检查项定义,并完成单据控制设置(哪些规则在哪些环节适用于哪些报账单据,并选取对应的系统控件),配置完成后,报账单据流转至对应的环节则自动判定给出审核结果,辅助相关环节审核人员进行审核判断。

2）关键实现过程

① 稽核规则梳理

结合财务审核标准化要求,梳理提炼财务审核规则,形成智能稽核规则库。当前集团公司财务共享智能稽核建设仅以差旅费报销单、业务招待费报销单等五类费用类单据为应用试点,如表1所示。

表1 试点建设阶段费用类单据智能稽核规则（部分示例）

序号	单据序号	单据类型名称	检查项序号	检查项名称	检查项分类	风险等级	控制方式	检查项描述	计算逻辑	备注
1	01	差旅费报销单	01.01	行程信息检查	智能检查	低	系统提示	行程区间是否闭合	校验出发地和最终返回地	
2	01	差旅费报销单	01.02	住宿天数与行程天数检查	智能检查	中	系统提示	住宿天数应小于出差天数	住宿费发票中的住宿天数（数量）与行程信息中的最早出发日期与最晚返回日期之差比对,住宿天数大于出差天数时给出"不通过"的提示	
3	01	差旅费报销单	01.03	住宿日期是否在差旅期间范围内	智能检查	低	系统提示	住宿发票开票日期应在差旅行程期间范围内	发票的开具日期位于行程的最早出发时间与最晚返回时间区间范围内	
4	01	差旅费报销单	01.04	火车票-座席判断	智能检查	中	系统提示	火车票座席是否符合要求	座席不为"二等座"时,给出风险提示	
5	01	差旅费报销单	01.05	火车票-往返城市判断	智能检查	中	系统提示	火车票往返城市与报销填写内容是否一致	(1)火车票OCR识别后的数据与行程数据填写中的出发、到达城市进行比对。(2)多行程同时比对,出现一条不符合时即给出不一致的提示	
6	01	差旅费报销单	01.06	机票-仓位判断	智能检查	中	系统提示	机票仓位是否符合要求	仓位不为"经济舱"时,给出风险提示	
7	01	差旅费报销单	01.07	机票-往返城市判断	智能检查	中	系统提示	机票往返城市与报销填写内容是否一致	(1)机票行程单OCR识别后的数据与行程数据填写中的出发、到达城市进行比对。(2)多行程同时比对,出现一条不符合时即给出不一致的提示	
8	01	差旅费报销单	01.08	住宿发票开票信息准确性检查(1)	智能检查	中	系统提示	购方名称与报账组织名称是否一致	住宿费发票中的购方名称与报账组织名称需要保持一致,不一致时给出"不通过"提示	
9	01	差旅费报销单	01.09	住宿发票开票信息准确性检查(2)	智能检查	中	系统提示	购方税号与报账组织税号是否一致	住宿费发票中的购方税号与报账组织税号需要保持一致,不一致时给出"不通过"提示	
10	01	差旅费报销单	01.10	住宿发票开票信息准确性检查(3)	智能检查	中	系统提示		住宿费发票开票项目是否为住宿服务,不一致时给出"不通过"提示	

(续表)

序号	单据序号	单据类型名称	检查项序号	检查项名称	检查项分类	风险等级	控制方式	检查项描述	计算逻辑	备注
11	01	差旅费报销单	01.11	住宿发票开票信息准确性检查(4)	智能检查	中	系统提示	发票类型、可抵扣税额、专票税率的填写信息与发票信息是否一致	住宿费发票的OCR识别后数据中住宿发票总额合计与住宿增值税专票的税额合计,和报销明细中住宿含税金额合计与住宿税额合计进行校验,不一致时给出"不通过"提示	
12	02	业务招待费报销单	02.01	发票查验检查	智能检查	中	系统提示	发票类别下的影像资料是否已全部识别查验	根据关联电子影像识别状态字段判断	
13	02	业务招待费报销单	02.02	金额一致性检查	智能检查	中	系统提示	报销金额的合计值不能大于发票金额的含税金额合计值	招待明细中的报销金额合计小于等于发票页签的价税合计字段的累计金额	
14	02	业务招待费报销单	02.03	发票开票单位敏感词检查	智能检查	中	系统提示	发票开票单位名称是否包含敏感词。敏感词包括"会所"等	正则表达式,敏感词需要支持扩展、补充	
15	02	业务招待费报销单	02.04	发票开票信息准确性检查(1)	智能检查	中	系统提示	购方名称与报账组织名称是否一致	报销发票中的购方名称与报账组织名称需要保持一致,不一致时给出"不通过"提示	
16	02	业务招待费报销单	02.05	发票开票信息准确性检查(2)	智能检查	中	系统提示	购方税号与报账组织税号是否一致	报销发票中的购方税号与报账组织税号需要保持一致,不一致时给出"不通过"提示	
17	02	业务招待费报销单	02.06	发票开票信息准确性检查(3)	智能检查	中	系统提示	发票"货物或应税劳务、服务名称"是否为"餐饮服务*餐费"	报销发票的开票项目是否为"餐饮服务",不一致时给出"不通过"提示	
18	03	会议费报销单	03.01	发票查验检查	智能检查	中	系统提示	发票类别下的影像资料是否已全部识别查验	根据关联电子影像识别状态字段判断	
19	03	会议费报销单	03.02	金额一致性检查	智能检查	中	系统提示	发票类型、可抵扣税额、专票税率的填写信息与发票信息一致	发票的OCR识别数据中所有发票总额合计与增值税专票的税额合计,和报销明细中报账金额合计与可抵扣额合计进行校验,不一致时给出"不通过"提示	
20	03	会议费报销单	03.03	发票信息与填报信息一致性检查	智能检查	中	系统提示	发票开票信息与填报费用项目的一致性检查,开票信息中对应的含税金额与报销明细中报账金额一致性检查;		
21	03	会议费报销单	03.04	发票开票信息准确性检查(1)	智能检查	中	系统提示	购方名称与报账组织名称是否一致	报销发票中的购方名称与报账组织名称需要保持一致,不一致时给出"不通过"提示	
22	03	会议费报销单	03.05	发票开票信息准确性检查(2)	智能检查	中	系统提示	购方税号与报账组织税号是否一致	报销发票中的购方税号与报账组织税号需要保持一致,不一致时给出"不通过"提示	

(续表)

序号	单据序号	单据类型名称	检查项序号	检查项名称	检查项分类	风险等级	控制方式	检查项描述	计算逻辑	备注
23	03	会议费报销单	03.06	发票开票信息准确性检查(3)	智能检查	中	系统提示	发票"货物或应税劳务、服务名称"是否为： 01—餐饮服务*餐费/餐饮费；02—会展服务*会议服务；03—住宿服务*住宿费；04—生活服务*打印复印服务；05—运输服务*；06—设计服务*；	不为列表范围内内容时给出提示	检查项范围可配置

② 系统应用效果

智能稽核规则应用在财务共享业务流程的各主要环节，如业务单位的初审环节、财务共享中心的稽核环节以及财务共享中心的资金结算环节，实际系统应用效果如图11所示。

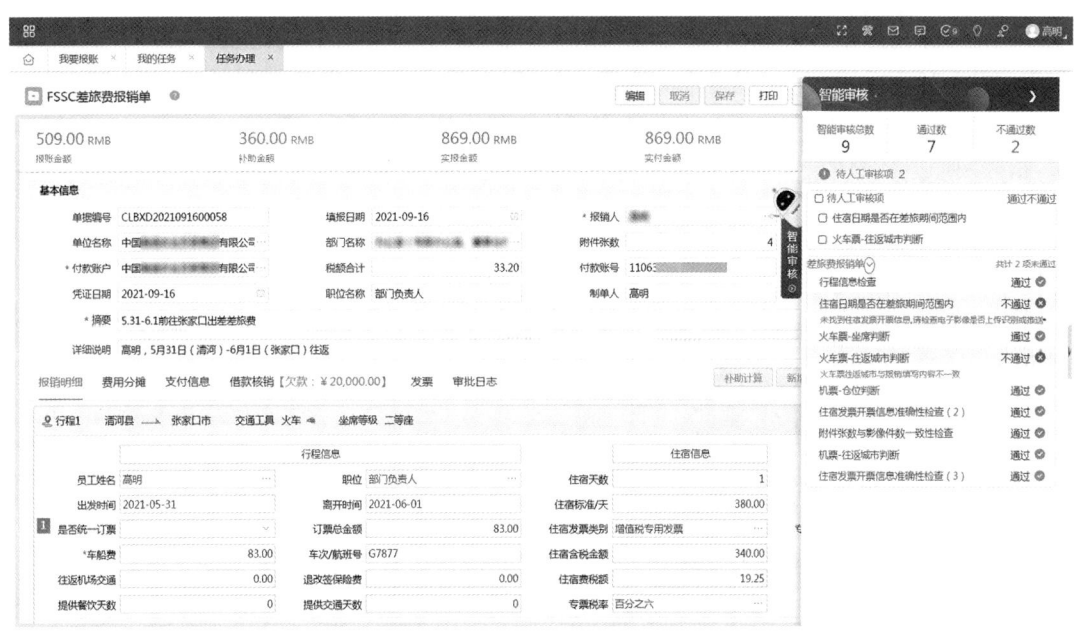

图11　智能稽核系统应用效果图

智能稽核系统的应用极大降低了财务人工作业时间，防范了人工审核的遗漏和失误，降低了财务运行成本，提高了审核效率与质量。在试点应用阶段，智能稽核涉及五类费用单据（差旅费、业务招待费、会议费、劳务费、员工借款），按SOP规范，涵盖要点规则为26个，审核规则为74个，其中智能稽核实现28项，智能稽核占比为35.14%，应用效果如图12所示。在智能化财务共享中心审核体验方面，对于发票类信息检查及差旅行程、天数、交通工具标准判断上减少了人工审核时长。

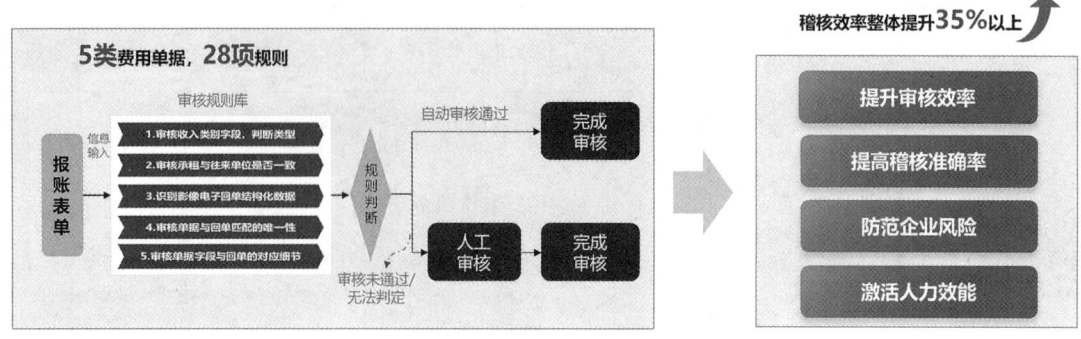

图 12 智能稽核系统应用效果

3. 会计电子档案

中国融通集团通过优化管理流程,建立标准、完善的会计电子档案管理制度与业务流程,搭建电子档案管理平台,实现财务会计档案的全程电子化、一体化管理,在集团公司范围内使会计电子档案与纸质会计档案同步实现标准化管理。

中国融通集团通过电子档案系统进行全流程管理(采集、立卷、归档、接收、入库、保管、变更、销毁、移交和转储),并根据新会计档案管理规定,在电子档案匹配归档的基础上进行纸质档案顺序归档,去除手工打印、匹配环节,提升会计档案的作业效率,实现会计凭证、账簿、报表及原始资料的自动归档;利用电子凭证功能,配合扫码枪等设备,使凭证自动匹配报账单,实现纸质会计资料顺序归档,节省企业人力物力,规范档案管理。会计电子档案应用效果如图 13 所示。

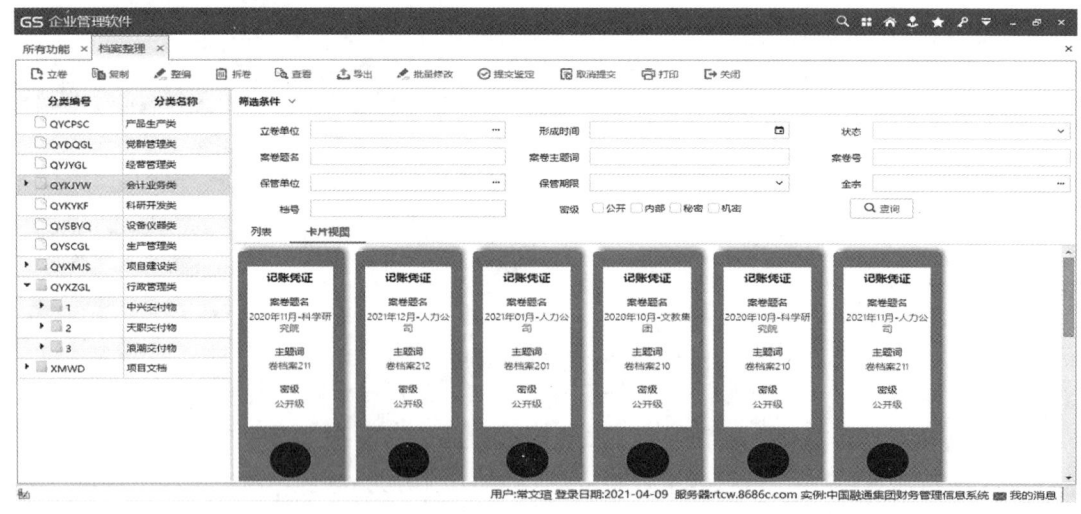

图 13 会计电子档案系统应用效果

会计电子档案利用 3D 模型搭建场景,可视化展现各档案室存放情况,模拟档案密集架和档案柜的不同表现形式,实现企业对档案资料的上架、查找、盘点等功能操作,有效跟踪控制档案实物管理全过程。3D 模型还将进一步实现穿透档案柜,联查报账单、凭证、原始单据的影像资料,实现档案管理的智能可视、准确定位,如图 14 所示。

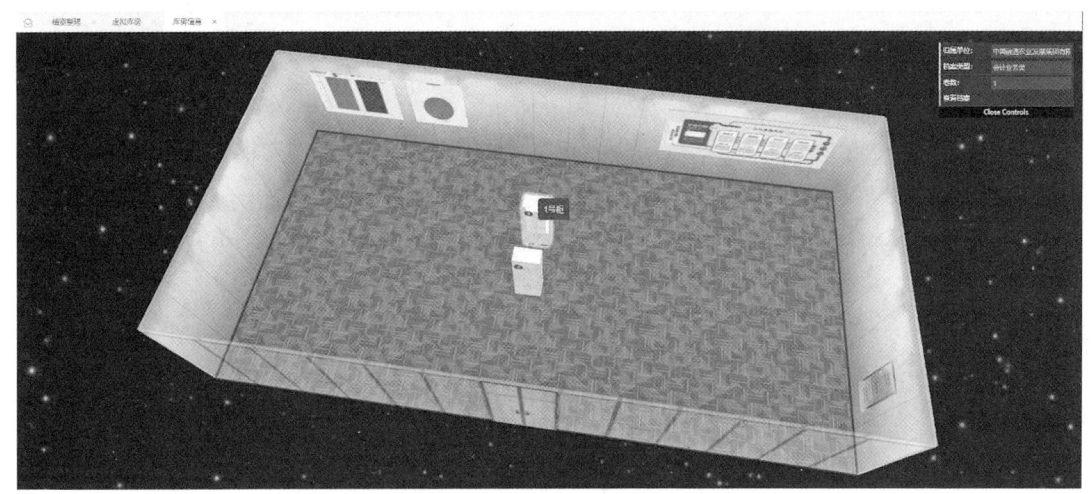

图 14　会计电子档案 3D 虚拟库房系统应用效果

4. 财务流程机器人(RPA)

智能化财务共享结合在业务流程、信息系统应用过程中产生的"规则较为固定、重复性较高、附加值较低"的工作环节,利用 RPA 技术,规划设计 RPA 应用场景,替代人工操作,采用 7×24 小时工作模式,一方面节约了人力资源,另一方面提升了系统操作的准确性、可靠性。中国融通集团财务共享中心在智能化建设过程中结合实际应用,已经开发投产了月末自动结转、固定资产自动折旧摊销、月末自动结账 20 个财务流程机器人应用场景。

场景一:月末损益/成本结转

财务流程机器人根据预先设置好的业务规则及凭证结转模板,月末定时自动开始进行损益/成本结转工作,如图 15 所示。

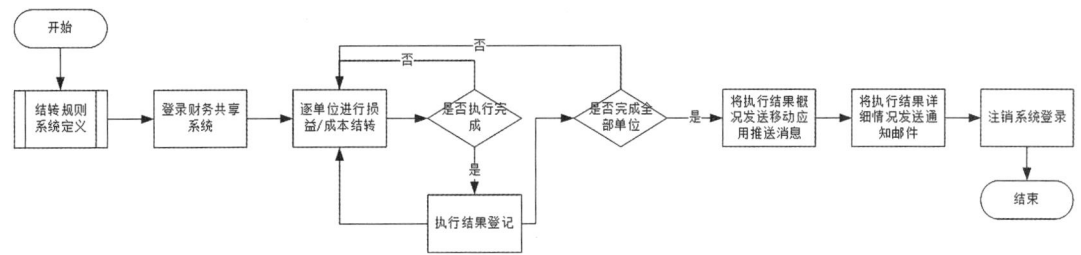

图 15　月末损益/成本结转处理流程示意图

处理流程说明:

A. 系统管理人员预先配置好损益/成本结转规则。B. 每月末财务流程机器人自动登录系统,开始逐单位进行月末损益/成本结转工作。C. 在执行过程中登记各核算单位的执行结果,如果遇到错误则进行记录,并自动跳过进行下一个核算单位的处理。D. 全部核算单位执行结束后,将执行结果概况以手机消息(集成到 App 应用)的方式发送给共享中心总账管理岗相关人员,同时,将执行结果的详细信息以电子邮件的方式发送给相关岗位人员。E. 发送完成后,财务流程机器人工作完成,注销系统登录。

场景二:固定资产折旧摊销

财务流程机器人月末定时登录财务共享系统,打开固定资产折旧相关功能按核算单位进行固定资产折旧、折旧摊销以及生成凭证工作,其流程如图 16 所示。

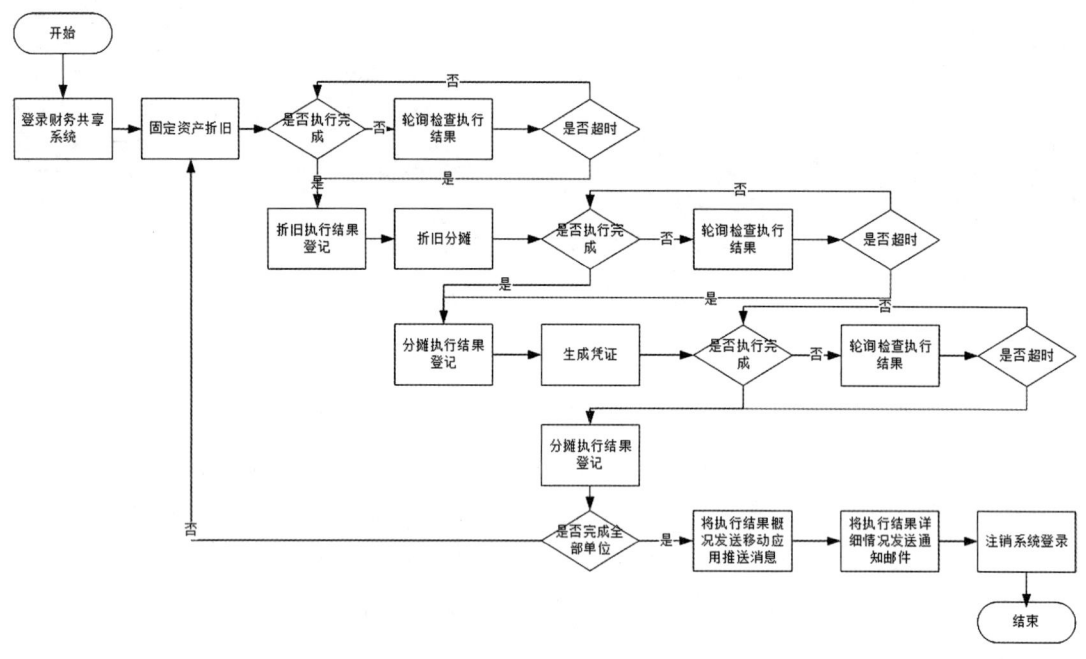

图 16　月末固定资产折旧分摊及凭证生成处理流程示意图

处理流程说明:

A. 财务流程机器人登录共享系统,打开固定资产折旧功能,选择核算单位,检查折旧期间、折旧状态等信息。

B. 进行计提折旧操作,选择核算单位,检查计提折旧执行情况,记录计提折旧处理结果。

C. 进行折旧分摊操作,选择核算单位,检查计提折旧状态,确认分摊部门信息,进行分摊,轮询查询分摊执行结果,记录折旧分摊处理结果。

D. 进行折旧生成凭证操作,打开功能界面后,选择核算单位,检查凭证生成状态,确认后进行生成凭证操作。记录凭证生成结果。

E. 切换下一个核算单位重新执行 B~D 的操作步骤。

F. 全部核算单位执行完成后,汇总执行结果,将执行结果概况以移动应用消息的方式推送给总账管理岗相关人员。发送完成后将执行结果详细情况以电子邮件的方式发送给总账管理岗相关人员。

G. 发送完成后，财务流程机器人工作完成，注销系统登录。

场景三：月末结账

财务流程机器人月末登录财务共享系统，检查结转、折旧相关工作是否已处理完成，处理完成符合月末结账操作时进行月末结账操作，其流程如图17所示。

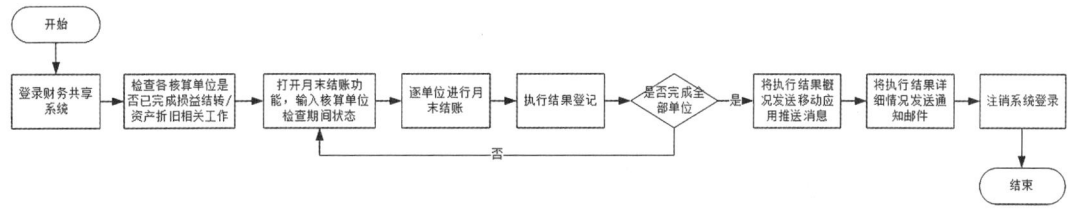

图17 月末结账处理流程示意图

处理流程说明：

A. 登录财务共享系统，检查各核算单位是否已完成损益/成本结转、资产折旧相关工作。

B. 打开月末结账功能，输入核算单位，检查该核算单位对应的会计期间状态。

C. 进行月末结账，按结账步骤开展，并将每步的执行结果进行记录登记。月结完成后检查是否已完成全部核算单位的月结工作。

D. 未全部完成时，继续重B~C操作步骤。

E. 全部单位已完成时，将执行结果概况发送移动应用消息通知相关岗位人员。并将执行结果详细情况发送电子邮件给相关岗位人员。

F. 发送完成后，财务流程机器人工作完成，注销系统登录。

5. 数据可视化分析

数据可视化建设以财务共享中心信息系统的数据为基石，分为集团财务管控、财务共享运营管理两个层面。在集团公司层面实现"以财务战略管控、决策支持为主，业务管理为辅"的管理目标。智能化财务共享中心以财务核算数据为基础，以财务报表数据为核心，为满足集团领导层决策所需的数据支持与数据分析的需求，通过构建可视化分析大屏，对全集团财务重点关注指标进行实时监控，实现业务信息流和财务信息流的高度集成和共享，实现集团公司战略管控。在财务共享运营管理层面，以共享中心作业管理、运营管理、绩效管理、风险管控等为重点关注事项，进行可视化数据展示分析，进行风险预警与实时分析，以实时开展作业任务调度与资源排程，从而支撑运营管理执行、决策分析、敏捷运营，实现数字决策、信息共享、资源匹配协同。

1）财务管理数据可视化

财务管理数据可视化分析系统基于财务核算与财务报表系统数据，能够通过数据集从数据仓库抽取源数据，将反映财务状况的资产、盈利能力、运营能力、偿债能力、现金流量、成本费用等系统数据进行整合。系统通过多维度、多主题分析、灵活的数据钻取等分析手段，以及即时查询的功能，实现企业运营所需的各类标准指标以及自定义关键指标的仪表盘展示等，提供全局的信息分析导航和信息综合查询功能，帮助企业高层管理者随时了解企业运营状况。中国融通集团财务管理数据可视化主要包括财务首页领导看板重点指标分析和财务情况指标分析。

通过财务首页领导看板指标分析及财务情况指标分析，可查看集团整体经济运行指标运营情况、企业资产整体情况、企业财务整体情况、现金流量分析、绩效指标分析、成本费用分析、两金情况分析等，部分系统实现效果如图18所示。

图18　财务管理数据可视化分析系统应用效果

2）财务运营可视化

财务共享中心以专业化分工为组织特色以发挥集约化效应。随着财务共享中心组织规模的扩大，服务管理、组织绩效管理、质量管理以及组织人员发展等作用愈发显得重要。财务共享信息系统建设基本都承载了服务、绩效、质量等相关系统功能，并可以提供相关数据统计分析、报告出具等相关功能，但这些数据大都是事后或需要去主动获取的。因此，建设财务共享中心运营管理数据可视化分析系统是一个非常不错的选择，通过运营管理数据可视化分析展示，可实时对运营过程进行监控和管理。尤其是在财务共享中心集中办公模式下，共享运营大屏作为信息辐射源进行实时主动信息发布，可以为财务共享中心各级管理人员提供信息支撑，使其对共享中心的运营情况一目了然，方便进行资源调配。

中国融通集团财务共享中心运营管理可视化分析目前主要包括共享运营总体情况、月结进度分析、作业时效分析、风险管控分析等方面，系统应用效果如图19所示。

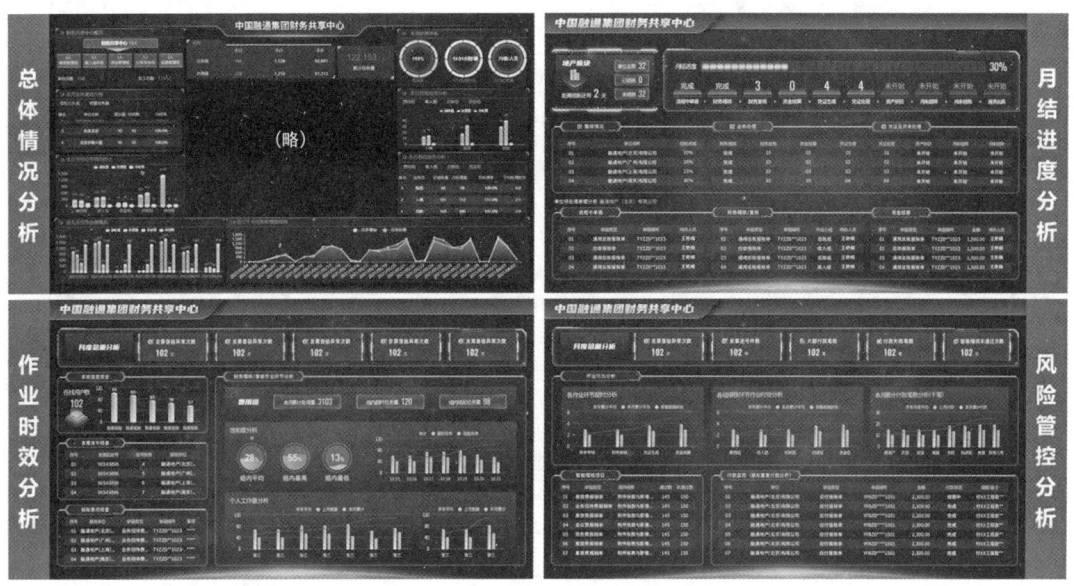

图 19　财务共享运营管理数据可视化分析系统应用效果

3）财务数据分析

智能化财务共享中心通过财务大数据的积累沉淀提升了用户满意度，这体现了员工精神关怀，增强了与用户的沟通，同时从财务数据分析的角度展现了员工业务形态特色分析，扩展了数据分析维度。中国融通集团财务共享中心打造了智能化"画像"财务数据分析系统，以移动端H5应用方式展现，主要包括两方面的内容：一是面向成员单位的财务共享运营账单分析，二是面向全员的差旅账单分析。

4）共享运营账单

中国融通集团财务共享中心面向共享服务单位的运营账单数据分析，主要是从服务单位基本情况分析、业务流程效率、退单率、系统集成情况、年度财务数据报告等维度，旨在从年度运营数据分析的角度客观描述成员单位的业务总量、流程效率、板块/集团内排名等，整体提升纳入财务共享中心的业务流程处理效率与质量水平。集团公司财务共享年度运营账单如图20所示。

依托财务共享中心信息系统"差旅费报销单"业务单据数据，集团公司开展面向成员单位普通员工的差旅行为数据统计分析，主要包括周期阶段（年度或季度）内的出差业务量的统计。通过员工差旅报销数据，分析员工的差旅习惯，从共享中心（集团）、二级集团（业务板块）、业务单位、部门、员工等多个维度进行数据抽取，为员工考核、员工管理提供数据支撑。财务共享中心"差旅费报销单"业务单据数据主要包括个人工作效率分析、出差成本分析等分析指标，并生成差旅行为账单，如图21所示。集团公司年度差旅行为数据分析在提高员工精神关怀的同时，为各级单位业务部门、财务部门员工管理分析、决策提供数据支持。

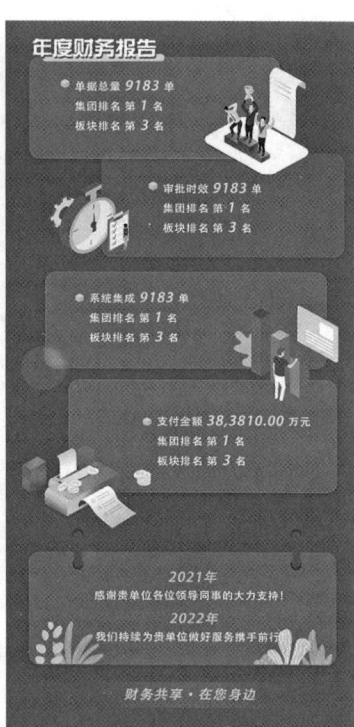

图 20　财务共享年度运营账单系统应用效果

图 21　财务共享年度差旅行为账单系统应用效果

三、实践成效与未来展望

（一）实践成效

中国融通集团通过智能财务平台搭建，实现了集团公司初建即规范、应纳则尽纳、系统全集成、业财数据互联互通的突出成效，规模效应和集约效应逐步显现。

1. 创新智能财务"新模式"，财务管控效果显著

中国融通集团共享服务已覆盖全集团90%以上核算主体，成为中国融通集团提升财务管理水平的重要抓手，是促进财务职能转型升级的有效途径。一方面借助共享财务集中化处理，释放属地财务核算精力，激发一线财务活力，深入业务价值链，支撑业务快速发展；另一方面借助共享财务统一化流程、规范化执行，从财务后端倒逼业务前端的操作规范和管理，落实财务政策制度落地执行，强化风险防控、防止资产流失。智能财务共享建设覆盖了各层级流程，基于"审核审批无纸化、全业务线上化、风险控制自动化、财务操作自动化、共享审核智能化"的业务流程优化原则，形成了一套高效、标准、统一的业务流程方案。集团公司通过新增、优化多个系统及功能点，大幅提升了财务信息化水平，节约了手工处理作业时间，显著提高了财务处理效率。

2. 打造智能系统"新平台"，业务财务深度融合

智能财务共享贯彻执行"战略型管控＋财务型管控"的混合管控模式，强化业财对接。中国融通集团通过构建各类型业务、财务系统接口，实现业务财务数据实时同步、无缝对接，保障了数据的及时性、准确性。系统内嵌风险预警机制，强化防范资金风险，强化集团对多级法人以及重大项目的管控，推进风险管理标准化，实行风险在线监控与即时分析。中国融通集团100余家子公司新建即纳入共享，促进集团公司多业态灵活发展。对于各个公司，由共享中心从成立之日起承接其财务日常核算、资金支付工作，确保新业务板块成立前的核算需求得到及时满足。集团公司新设分支机构在任何时间、任何地点、任何人、任何方式接入，都能享受标准化的财务基础核算服务，进一步推进中国融通集团高效组建、规范运行，实现快速复制集团管理模式，迅速提升管理效能，强化集团资产的动态整合和多业态的灵活发展。

3. 利用智能应用"新技术"，显著提升工作效率

智能财务共享服务实施过程中，通过分离基础核算与财务管理职能，运用OCR、RPA等先进智能技术，将从事基础财务工作的人员数量降低68.3%，实现规模效应，形成集中高效的处理模式，财务职能分工水平显著提升。智能化财务共享中心的效果主要体现在：第一，通过专业化分工、标准化作业、信息化联通及智能化应用，提高前端业务处理、中端财务处理及后端决策效率；第二，借助各岗位职能优化和流程简化，消除低效、无效的作业环节，提升整体运营效率；第三，通过业财高度融合，减少重复非增值的作业量，降低集团公司财务运营成本，推动企业实现集约化管控；第四，通过财务共享建设，全集团范围内从事基础财务工作的人员数量降低了30%，财务职能分工水平显著提升。

4. 构建风险管控"新模式",大力加强风险防控

中国融通集团从税务风险、内控风险、审核风险等方面,应用OCR识别、规则预制、预算控制等措施,强化风险自动化控制。在税务风险方面,集团应用OCR技术智能识别发票,对接税局自动完成发票查重验真,有效降低发票重复报销及合规风险。在内控风险方面,集团梳理内控权限下审批节点、报账标准等,内嵌至系统实现自动控制,有效降低虚列成本等业务操作风险。在审核风险方面,集团通过报账单据关联合同及预算,实现自动支出管控,杜绝超合同、超预算支付,有效降低审核风险。中国融通集团通过税务风险、内控风险、审核风险的风险"新模式",实现了以下效果:

第一,在集团公司、各子公司、共享中心三个主体间形成"三道防线",防止因权力过度集中带来的问题。

第二,通过发票自动采集及验真、内嵌审批节点与报账标准、合同信息智能关联等方式,查验发票近百万张,识别有风险发票近万次,实现税务风险、内控风险和审核风险的全覆盖控制。

第三,借助共享枢纽作用将财务探针向业务系统及业务用户延伸,固化财务风险控制逻辑2 200余条,审批流程2 782条,资金计划和大额审批覆盖全部单位,及时发现各类经营及管理风险。

5. 探索智能运营"新方法",业务发展快速支撑

中国融通集团借助大数据、云计算等技术帮助系统"看得远,善思考",武装系统觉知能力,发掘数据价值。系统通过大数据、云计算等技术实现海量数据采集处理,将集团的小数据集升级为贯穿产业链上下游的大数据中心,进一步搭建业务分析、风险预警等管理模型,为管理层提供企业经营全景图,深入价值链的决策支持和高效的风险预警体系,支持前瞻性战略决策,以财务共享中心为核心,不断完善集团数据生态系统。

(二)未来展望

中国融通集团将以资产数字化为核心,融合新技术和创新思维,推进财务智能化深化建设与应用升级,促进财务体系成为集团公司高质量发展的"推进器",财务共享平台成为集团公司高效率运营的"传动机",智能财务成为集团公司高水平管理的"导航仪",助力数字化转型,建设数字融通,助推集团公司高质量发展。

1. 全面落实三大中心定位,推进财务共享高质量发展

中国融通集团财务共享中心围绕风险管控中心、人才培养中心和价值创造中心发展定位,全面构建基于财务共享的风险管控体系、人才培养体系、价值创造体系,借助行业先进信息化、数字化手段,实现财务管理能力水平提升,支撑集团公司建设世界一流财务管理体系。

(1) 做强风险管控中心。一是全面建设财务共享合规风险控制体系,细化关键环节管控措施。二是借助信息化手段,将财务核算和分析所需的各类信息落实到具体共享流程中,提高风险自动控制水平,实现财务内控标准化、流程化、智能化。三是多样化渠道持续拓展外部监督的广度和深度,加强财务共享监督与纪检、审计、税务等监督主体的协同联动,形成合力。

（2）做优人才培养中心。一是保障人才队伍。财务共享服务对于人才的需求量很大，需要为集团吸引很多财务方面的高级人才，构建集团公司财务体系人才队伍建设"蓄水池"，有效解决人才缺乏问题。二是提升人才竞争力。与财务专家培养基地建设财务体系人员流动机制，充分满足战略财务、业务财务人员需求。三是实现人才价值。为集团公司培养创新型、复合型财务人才，提升财务队伍的创新引领力。

（3）做实价值创造中心。一是搭建财经知识体系，构建集团财务智库，提供全方位信息支持价值创造。二是构建财务数字化能力，以数据洞察驱动经营决策，为集团发展提供专业洞见。三是构建财务共享数据服务系列模型，为业务单位提供高附加值，以支持业务发展。

2. 全面深化智能技术应用，支撑财务共享智能化升级

随着人工智能技术的应用，财务共享中心积极探索和利用智能技术。一是加快推进RPA技术应用。利用RPA机器人代替人工开展财务、业务流程中重复性高、标准明确、附加值低的大批量工作，一方面降低信息处理成本，另一方面减少人为违规，提高会计信息准确率。二是建设智能化技术平台。不断拓展智能化、数字化应用场景，提高共享平台智能化水平，推动共享从信息化、自动化向数字化、智能化升级，进一步提升流程效率、改善用户体验、赋能业务发展。智能化财务共享中心初建期实现信息化，打通共享全流程，推动单据流转及审批100%系统支撑，实现付款业务98.4%线上银企直连支付，为自动化打下坚实基础。智能化财务共享中心形成期实现信息化＋自动化，逐步实现智能提单、智能审核，通过流程机器人实现业财集成，提单报账自动化率达到70%、凭证生成自动化率达到95%、共享审核智能化率50%。智能化财务共享中心成熟期实现自动化、智能化、数字化水平全面提升，达到卓越领先水平。

3. 全面构建财务大数据平台，激活数据资产创效能力

随着运营数据的不断积累，海量数据已经成为企业的新型生产要素，成为企业数据服务中心，这是财务共享中心发展的必然趋势。中国融通集团财务共享中心将继续坚持"精益求精、守牢底线、开放协同、以智体质"理念，依托财务共享信息化平台，建立集团财务主数据标准体系，搭建财务大数据管理平台，完成数据"采集—管理—建模—利用"的一体化管理应用，加强数据源端治理，提升数据质量，维护数据资产，激活数据价值。对于数据采集，通过API/OCR识别采集结构化业务数据，通过报账业务采集非结构化的电子影像数据，通过互联网获取第三方服务及网络公开数据。对于数据管理，制定财务主数据管理标准体系，沉淀各类财务业务数据，制定各类财务管理评价指标。对于数据建模，建立各类主数据管理标准数据模型、财务业务数据分析模型、风险监控预警等模型。对于数据利用，进行数据分析，加强风险防控与数据延伸服务，为各子业务系统、业务单位提供数据服务。

4. 全面总结共享建设路径，探索财务共享向多领域共享延伸

中国融通集团依托财务共享积累共享服务建设及运营的宝贵经验，通过模式、流程和技术创新，实现从财务共享向多领域共享延伸，从基础交易处理中心向企业资产资源协调中心演进,不断提高共享效率、拓展共享边界,发挥共享协同效应、优化资源配置,夯实共享服务对集成公司高质量发展的重要支撑作用。短期内财务共享中心主要实现效果体现在:一是探索重构的组织架构。将原有财务核算进行细分和整合,明确财务共享运行规则、总体职责及内部岗位职责。二是集中的信息平台。规范信息系统正常运维的各项管理使用规则,确保信息系统安全、可靠、稳定运行。三是标准的业务流程。定义各项业务流程的范围、节点、路径,描述业务流程应用场景,明确各业务流程节点的具体处理事项,设计各项业务最优流程。四是统一的运营机制。定义各类运营管理活动的目标、职责和管理规范,提高共享中心资源配置效能,确保财务共享中心高质高效运营。

中国融通集团财务共享的中期目标为实现多职能共享。财务共享中心不只是为财务管理服务,随着横向服务项目和能力不断的扩展,逐步探索多职能共享,如人力资源共享、信息服务共享、法审服务共享、档案服务共享等。中国融通集团财务共享的远期目标为实现资产资源共享,如探索经营资源共享、资产资源共享、公共服务资源共享等资源跨组织共享。

随着社会的不断进步和发展,未来的财务共享将会进一步向着无边界的企业共享平台迈进和扩展,不只是对集团所有业务单位的覆盖,而且还会覆盖产业链上下游中的合作伙伴,并逐步拓展到生产经营领域,覆盖到经营全流程,由内部共享向"大共享"发展。

参考文献

[1] 王兴山.数字化转型中的企业进化[M].北京:电子工业出版社,2019.

[2] 刘勤,杨寅.智能财务的体系架构、实现路径和应用趋势探讨[J].管理会计研究,2018(1):84-90.

[3] 王兴山.数字化转型中的财务共享[M].北京:电子工业出版社,2018.

[4] 刘勤.智能财务中的知识管理与人机协同[J].财会月刊,2021(24):15-19.

佛燃能源智能财务共享中心实践：重构企业财务管理，塑造佛燃智慧大脑

- 谢丹颖　佛燃能源集团股份有限公司副总裁
- 许泽勇　佛燃能源集团股份有限公司风控管理部部长（原财务管理部部长）
- 韦伟斌　佛燃能源集团股份有限公司财务管理部副部长兼共享中心主任
- 蔡俊杰　佛燃能源集团股份有限公司财务管理部高级业务经理兼财务共享中心副主任
- 熊　玥　佛燃能源集团股份有限公司财务管理部业务经理兼财务共享中心业务支持组组长
- 彭杏文　佛燃能源集团股份有限公司财务管理部财务主管兼财务共享中心工程资产组组长
- 吴忠生　上海国家会计学院副教授、硕士生导师

- 财务共享　　重塑
- 财务管理　　智慧大脑

　　佛燃能源集团作为华南地区颇具影响力的能源企业，近年从传统气源业务领域拓展到光伏、氢能等新能源领域，公司的财务管理模式也亟待转变。2021年至2023年，佛燃能源集团组建团队高效搭建起财务共享信息系统，在财务共享内设立十大作业组，并通过建设合并报表、全面预算、税务云、投融资、智能BI等平台，挖掘财务数据利用价值，提升企业管理水平，发挥财务管理监督职能。财务共享信息系统建设完成后，佛燃能源集团完成了财务管理结构重塑，建立标准化、集中化、自动化和自助化的一种财务管理新模式，从最初的业务、财务独立交叉体系到如今的构建业务财务一体化，做到利用数据加强管理、利用数据有效决策、利用数据降本增效，塑造了佛燃能源集团的智慧大脑。

一、案例背景

(一) 案例单位简介

佛燃能源集团股份有限公司(以下简称"佛燃能源"或"公司")总部在佛山市。佛山市是国家历史文化名城、中国重要的制造业基地、粤港澳大湾区重要节点城市、全国文明城市，2019年佛山市GDP突破1万亿元。

佛燃能源创立于1993年，前身为全民所有制的佛山市燃气管理公司，1999年更名为佛山市燃气总公司，2004年转制为中外合资企业，2008年转制为股份制企业，2017年11月在深交所上市(股票代码002911)。

截至2022年4月，公司本部有职能部门12个，拥有全资、控股子公司共59家。公司是国有控股、中外合资、员工持股的混合所有制上市企业，主营业务为天然气采购、输送和销售，燃气工程设计与施工，以及分布式能源、光伏、氢能等综合能源服务。公司拥有国内13个区域的管道燃气特许经营权，员工总数1923人。

近年来，佛燃能源不断拓宽业务区域和经营范围，从天然气传统业务拓展到综合能源服务，从中下游业务延伸到产业链上游，并积极布局氢能、光伏等新能源领域，在多元协同发展方面迈出了新的步伐。

公司深耕佛山，立足广东，放眼全国，先后拓展了广东佛山、肇庆、云浮、南雄、恩平、广宁、中山、大埔以及河北武强、湖南浏阳等地的管道天然气业务，目前拥有13个区域的管道燃气特许经营权，已建成并投入使用的城市燃气管道4000余公里，为120余万居民用户和近5000户工商业用户提供管道天然气服务，2020年供应天然气29.33亿立方米，在保持传统业务稳健增长的同时，公司的转型工作卓有成效，天然气贸易、储气调峰、分布式能源、光伏、氢能等创新业务均取得长足进展，为可持续发展打下了坚实的基础。

佛燃能源的质量管理和创新成果赢得了政府、社会和业界的高度认可，获得了2017年度"广东省政府质量奖"、2020年度"广东省先进集体"，以及中国服务业企业500强、中国能源(集团)500强、广东省企业500强、广东省服务业100强等荣誉。2021年1月，由公司建设运营的佛山市天然气高压输配系统工程荣获第十八届中国土木工程詹天佑奖。

(二) 智能财务建设动机

1. 大数据时代财务转型的推力

随着互联网、云计算等信息技术的迅猛发展，大数据技术革命浪潮正以一种势不可挡的姿态席卷全球，并悄然改变着公共决策、企业管理、市场营销以及生活的方方面面，成为一种全新的颠覆性技术变革。全球大数据时代的到来促进了财务的转型升级，智能技术及其产品不断涌现，通过RPA、AI、BI，甚至是Hyper automation，促进了企业内部数据的高度共享和有效沟通。

大数据时代下，当大量庞杂无序的数据被收集起来之后，如何将有用的数据筛选出来并确立它们之间的关联关系是数据清理的重要工作。从管理会计角度看，财务人员要非常了解行业生产经营流程环节和要素之间的可能关联及其折射在企业业务、管理、内控、财会、统计等数据之间的"血缘关系";要努力寻找、建立这些数据之间的关联关系,可以通过实施元数据管理,标准化处理各系统数据源、统一数据及系统口径、建立统计数据的元数据管理模型及精细化的数据质理槽核模型,实现数据质量的闭环管理,并在此基础上实现可视化和精细化管理。因此,在大数据时代中管理会计在企业中将发挥着举足轻重的作用,与财务会计的融合必将会带来不可忽视的作用。

佛燃能源集团希望抓住时代机遇,通过智能财务共享中心建设,连通起集团内 59 家控股公司的财务数据,在佛燃能源集团管理过程中进行纠偏、分析、控制;通过对财务共享中心集成的数据进行分析和深入挖掘,找寻其中规律或趋势,形成新的知识,并运用这些新知识规避风险,创造新价值,带来"大知识""大科技""大利润"和"大发展"。

2. 紧跟国企数字化转型的趋势

国资委下发的《关于加快推进国有企业数字化转型工作的通知》提出,要发挥国有企业在新一轮科技革命和产业变革浪潮中的引领作用,进一步强化数据驱动、集成创新、合作共赢等数字化转型理念,系统组织数字化转型理论、方法和实践的集中学习,积极开展创新大赛、成果推广、树标立范、交流培训等多种形式的活动,激发基层活力,营造勇于、乐于、善于数字化转型的氛围。

佛燃能源积极响应,在智慧客服和智慧管网的基础上完成智慧财务信息化建设,促进集团数字化、网络化、智能化发展,增强竞争力、创新力、控制力、影响力、抗风险能力,积极发挥佛山市企业数字化转型中发挥带头作用,带动其他地市级国有企业的数字化转型。

3. 佛燃能源短期内迅速向规模化多元化发展

在当前国家能源结构多元化转变背景下,佛燃能源也由单一供气企业向综合能源供应商及解决方案提供商进行转变。自 2017 年上市短短数年,公司控股数量迅速从 11 家拓展到如今的 59 家,公司围绕天然气产业链进行业务布局,经营业务在传统城市管道燃气业务基础上进行延伸,在上游气源保障、下游燃气销售、综合能源、氢能业务、天然气贸易业务等方面协同发展,形成横向协同,纵向联动一体化发展格局。

公司快速多元化规模化地发展,使核算单位结构增加,管理层级复杂,增加了管理的难度和管控的风险。这些都促使佛燃能源急需建设财务共享中心将财务信息进行整合。此外,佛燃能源各子公司、各部门之间信息化程度差别较大,集团内部各信息系统之间联系并不密切,由此产生了"信息孤岛",不利于信息的传递,造成业务人员重复操作的现象,也降低了信息资源共享的效率。这就促使佛燃能源必须开展财务共享中心建设去整合集成信息资源,来提高资源共享效率。

二、案例具体实践

(一) 智能财务建设方案设计

佛燃能源前期先于内部各子公司的财务部、业务部展开调研,充分了解各核算单位间针对各类细分业务的业务流程与财务核算差异,并在此基础上商讨集团通用的统一业务标准与核算标准,设计业务流程与 NC Cloud 系统结合的实施方案,与各个现有业务系统建立数据传输端口,集成影像管理系统对报账平台、共享服务平台提供业务支持,对 NC Cloud 进行业务报账平台、线上审核功能、共享作业平台、电子会计档案模块进行升级,作为 NC Cloud 系统整体升级的基础实施方案。

佛燃能源以业务报账平台作为依托,全方位搭建投融资业务平台、税务云服务平台、全面预算管理平台:

(1) 投融资业务平台支持进行投融资筹划、授信、担保、贷款以及发债管理,实时生成集团总体投融资监控报表,作为集团金融业务的管理工具。

(2) 税务云服务平台对发票进行验伪与查重,防止重复报销、降低税务风险,同时亦支持销售业务报账的开票数据接收、智能开具发票,以及从共享服务中心接收税务数据后智能纳税申报等功能。

(3) 全面预算管理平台支持预算报表的编制与汇总,以此为基础对报账业务进行预算控制,提供预算外业务流程渠道,同时以月为单位进行预算完成率统计,增强预算管控。

佛燃能源财务服务共享中心设立十大作业组,分别为费用作业组、资金作业组、应收作业组、应付作业组、税务服务组、总账作业组、工程作业组、财务报告组、资产作业组、业务支持组。以统一业务流程、统一数据口径、统一表单样式、统一审核标准与附件指引为前提,进行各个模块的单据审核,以及智能一键生成会计凭证;并对业务系统进行数据反馈,为业务员实时提供反馈消息;为企业财务报表编制、商业智能 BI 报表编制提供基础数据支持,实现财务核算与管理决策相融合,降低企业内部控制成本,提升企业运营效益。

通过财务服务共享中心提供基础数据支持,设立企业财务报表平台,一键智能生成资产负债表、经营利润明细表等主附表,同时一键智能生成内部单位抵消分录,执行财务报表的合并,出具合并报表。

在建成上述模块之后,佛燃能源便着手搭建商业智能 BI 报表平台,建立业财融合数据库,挖掘数据价值,搭建分析展示平台,围绕企业战略与经营目标,构建满足内部各级决策者、管理者、监督者、经营者、服务者和外部监管者、投资者、债权人等需求的财务业务大数据统计分析体系;基于经营决策需求,个性化开发相应的数据展示图表,为企业财务分析与经营决策提供数据支撑,如经营数据统计报表、预算分析管理报表、企业管理报表等。智慧财务中心建设框架如图 1 所示。

(二) 智能财务应用场景选择及智能技术及其产品的选择

财务共享中心通过对接 TCIS3.0 客户服务系统,搭建工程管理系统、融资平台,建设购销协同、银企直联平台、税务云等功能模块,促进业财融合一体化程度。同时,搭建全面预算管理平台,设立人力资源管理模块、电子化档案管理模块,提高集团财务管理水平,向管理会计转型升级。

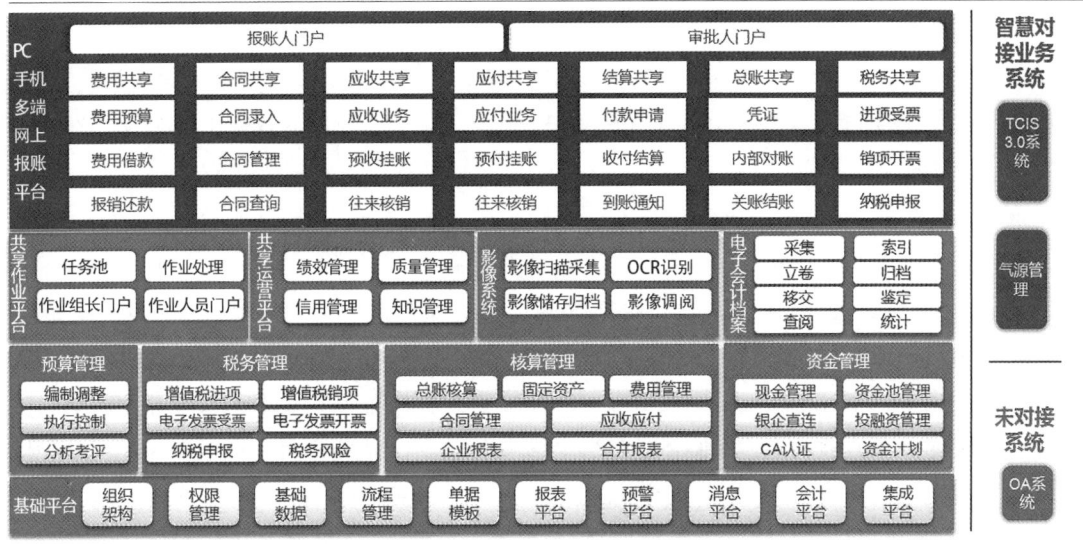

图 1 智慧财务中心建设框架

1. 银企直联平台

财务共享中心通过银企直联平台对进行集团资金集中管理,对各成员单位进行快捷收付、实时监控账户、监控预算开支和分析预算差异、增加集团控制资金的力度,从而提高企业的经济效益。

集团内各公司分别由资金管理部在商业银行开设直接可以控制的账户,一切货币资金收支指令均由集团资金组通过各成员单位财务系统中的银企直联功能发出,实现货币资金收支审批权的高度集中。

集团内各公司结算账户开通银企批量代收、批量支付和查询等功能,批量代收主要是各成员单位在商业银行签订允许企业通过银企直联直接划扣客户款项的三方协议。财务系统实现自动划扣,主要通过自身系统中的发货单闭环生成应收单,应收单闭环生成划扣单后批量发送收款单报文至银行进行自动收款。批量汇兑主要是各成员单位在商业银行开通支持银企直联的汇兑功能,通过财务系统批量提交付款单报文至银行进行付款。付款单可由财务系统费用报销系统、应付系统、HR 系统等业务系统传递过来。

成功后,系统自动匹配和账户逐笔登记银行日记账。应用或在财务系统收(付)款单据加入必录"收支类别"字段,各子公司待收(付款)业务办结后可按"收支类别"生成以成员企业和期间作为汇总条件的资金收支管理报表,为企业的经营决策提供有力的依据。所有收(付)款单据办结后,自动按单据上的账户分别无误登记银行日记账,减少了财务人员重新登记及核对银行日记账的工作量。

银企直联有效减少了集团的隔夜资金。按日将集团内各子公司支付账户的资金自动归集回资金池实行监控,降低了资金管控的风险。

2. 对接 TCIS 3.0 客户服务系统

财务共享中心在 NC Cloud 搭建接口与 TCIS 3.0 客户服务系统进行对接。TCIS 3.0 系统提供 IC、POS、转账、代扣、VCC 等多元化收费模式，目前服务用户数量已经超过 100 万户，业务数据量不断增加，但由于以往无法与财务系统进行对接，收款数据不能自动、及时地传输至财务系统，而需要财务进行手工录入，导致重复劳动，影响企业工作效率，不利于企业进行应收会计核算以及资金管理。

通过在 NC Cloud 搭建与 TCIS 3.0 系统的衔接端口，将 TCIS 3.0 中工商业居民气款、燃气具款、居民包装费、材料费等各种业务数据自动生成 NC Cloud 系统的业务单据，在与银行对账单对账通过后，将 TCIS 3.0 系统中的抄表单生成 NC Cloud 的应收单，TCIS 3.0 的收款单生成 ERP 的收款单，同时在 NC Cloud 实现收款渠道系统辅助对账功能，TCIS3.0 系统中生成的业务报表与 NC Cloud 应收管理模块对应部分进行对账，NC Cloud 应收单和收款单经过对账审核后自动生成会计凭证。通过 NC Cloud TCIS 3.0 智能对账平台的搭建，将前端业务数据自动转化成财务数据，减少手工录入操作，实现业务财务闭环，减少人为差错，提升工作效率。

3. 搭建工程管理系统集成数据

佛燃能源各子公司均有各自的业务系统对合同、工程项目及客商等进行管理。业务系统的多样化不利用数据的集成，集团难以获取子公司前端全面的业务数据，不利于集团的战略管理及风险管理。NC Cloud 通过搭建整个集团的工程管理系统，与各子公司的业务系统对接，集成前端业务中的合同数据、工程数据及客商数据，可将各子公司的业务数据统一管理。

工程管理系统搭建后，实现与子公司业务系统的数据双向传输，工程管理系统第一时间在财务端集成了业务端数据，从工程系统的投资计划、立项、招标至项目合同管理及付款记录，为财务端提供了完整链条，提高了财务数据的全面性和严谨性，又反推业务端，为业务端提供了更为统一的标准及进行决策的数据依据，进一步实现业财融合。

4. 设立投融资平台

通过投融资平台进行统借统贷，集中全集团资金优势对企业资金进行统一管理，具体包括授信管理、贷款管理、担保管理、理财、发债及投融资报表等业务。通过投融资平台加强集团贷前、贷中、贷后的全过程管理。投融资模块涉及授信、担保、放款、还本付息，便于对贷款统计查询，提高效率，加强风险监控，将投融资线下业务转到线上操作，以提高投融资专员工作效率。

保函及担保管理。集团内各司确定好担保方式物，在投融资平台填写贷款的担保合同。开展人保函业务时，在投融资平台录开函申请单，对开函申请单审批受理。开函申请受理后在投融资平台做开函登记单，收函时在系统做收函登记单据。

单位贷款管理。集团内各司提出贷款申请，融资需求提出资金需求，在投融资平台里做贷款申请单，根据贷款申请单做贷款合同，相关部门人做对贷款合同进行审批操作，银行放

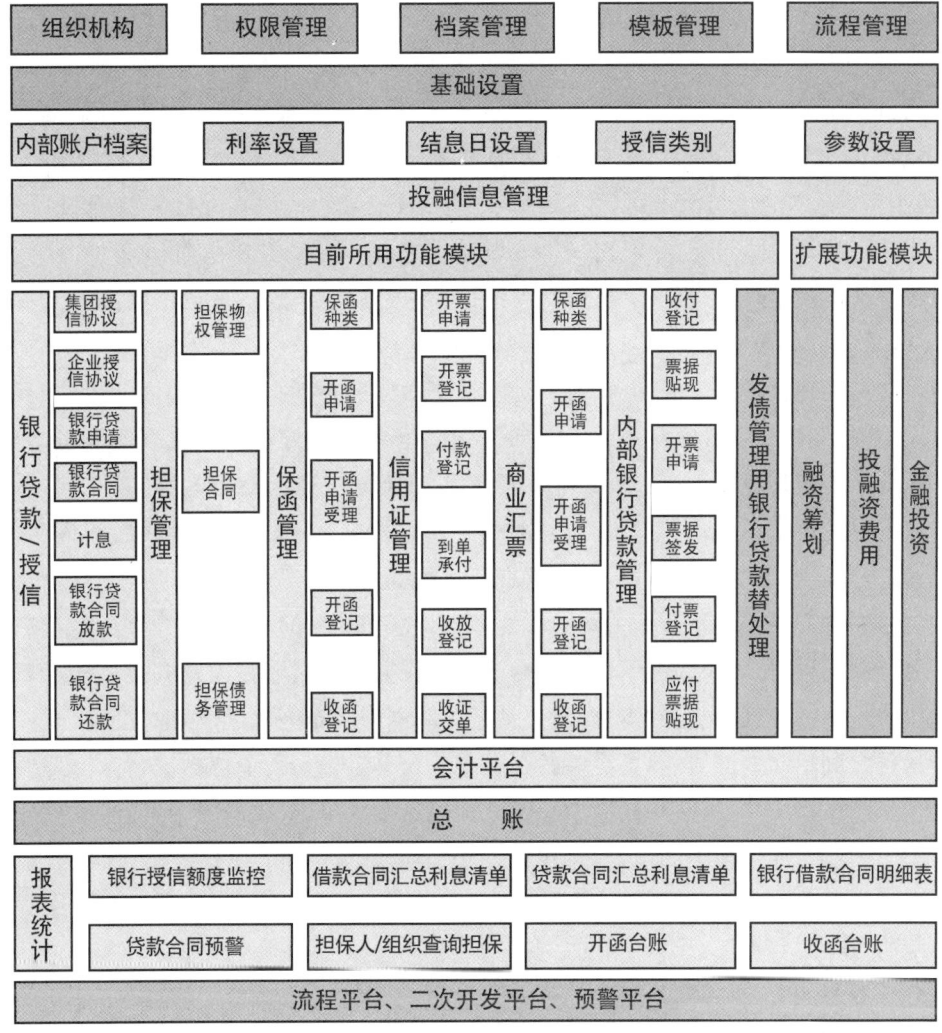

图 2　佛燃集团投融管理系统总体功能结构

款后,在投融资平台根据银行贷款合同做银行放款单据。投融资平台根据贷款合同自动计算产生应付利息单据。

债券发行。投融资专员在投融资平台填写债券申请单后,投融资平台根据申请单做债券契约,自动产生做债券发行业务单据。债券到期后自动产生还本单及利息单。

商业汇票。集团内各司收到银行承兑汇票时,在收票登记节点录入已经收到或者待收到的商业汇票,并执行提交和审核。收到票据后由各司出纳等相关人员录入相应的收款类单据,同时录入收到的票据号,在收款类单据生效后,投融资平台自动回写应收票据的相应状态。

付票登记。票据业务是否与应收管理、应付管理、现金平台集成应用,若是,则由付款单或付款结算单在保存成功时驱动生成一张付票登记单,单据审核时驱动付票登记单审核态。

内部贷款申请。借款财务组织根据内部贷款合同的放款计划新增放款申请,贷放款单由贷款资金组织在结息日之后进行计息，计息将生成内部利息清单，计息后将形成借出方和借入方的利息清单，贷款资金组织根据合同维护的还款计划，在还款计划中的还款日会新增合同还款单。

到单承付。到单承付是针对一个信用证可能会有多次到单的情形，每次到单的情况，以及针对每次到单的承付情况可以在到单承付中做记录。投融资平台支持通过拉式生单的方式点击到单登记从开证登记拉式生成针对该笔信用证的到单承付信息。

总账凭证。投融资平台把单据通过会计平台生成凭证到总账，形成单据横向传输。

5. 单据全面协同

佛燃能源存在大量的气源内部交易，随着业务规模的不断扩大，集团内部单位间的交易量与日俱增，每年的采购金额约达 38.4 亿元。上下游子公司之间购销数据不能自动传输导致财务核算变得更加耗时，NC Cloud 中的购销协同模块的建立大大解决了这个问题。以下游子公司的采购申请单为业务起点，协同上游子公司的销售订单，自动生成后续入库单等系列单据，减少手工操作的出错率，提高内部交易对账的效率。

购销协同的实现保证了购销关系中要货计划、收料规划和发货规划等方面的流畅性，在减少重复劳动的同时，减少内部单位交易时人为操作导致的对账错误，亦使得企业不再局限于企业内部资源的计划、运营和管理，而是基于互联网完成企业之间、企业和客户、供应商以及合作伙伴之间更高效的协同、更完善的资源服务共享。

购销协同试点成功后，财务共享中心建立了包括费用单、应收应付单及利息单据的全面协同。集团内所有内部公司的单据，均可由一方发起，自动协同到另一方自动形成单据，效率提高了至少一倍。

6. 税务云

伴随着业务的不断拓展，集团内部子公司之间、子公司与外部客户之间开具发票需求量持续增大，尤其是从事商品贸易的华盛能贸易有限公司、华延能科技有限公司、华裕能贸易有限公司三家子公司，每月需要开具的大量的销售发票，涉及的税收编码也很繁多，并且由于供应链系统和财务系统等进行对接，发票开具方式导致开票工作效率低下，同时影响收款效率。

税务云打通了供应链销售发票与税务云的接口，将系统销售开票的信息传入税务云，税务云与税控盘进行连接，直接完成开票的动作，并把开票的结果回传给 NC Cloud 系统，同时税务云提供统计功能可以对销项税进行统计分析。税务云上线后开票工作更加规范、正确率更高、效率更快，原来需要两个开票人员不定时处理来自业务系统的开票流程操作，每周每人需要 4~8 小时，目前全部由系统代替，财务人员只做事后集中核对。

系统要求采用数字证书技术保证数据传输安全，支持联网开票即开即传；对电子发票 PDF 格式文件进行电子签章，实现防篡改和防抵赖。系统提供多种开票方式：手工开票、系统集成开票等。此外，系统提供标准 API 接口供业务系统调用，可方便快捷地与其他业务系统集成；连接业务系统交易数据与税控软件开票，提供发票的拆分与合并，实现快速开票、统一管理。

税务云可与税务总局系统直连,并运用OCR技术对影像平台中的发票自动查验真伪和查重,避免假票、错票、废票以及重复报账,降低增值税发票管理风险,提高发票信息化管理水平。税务服务技术平台如图3所示。

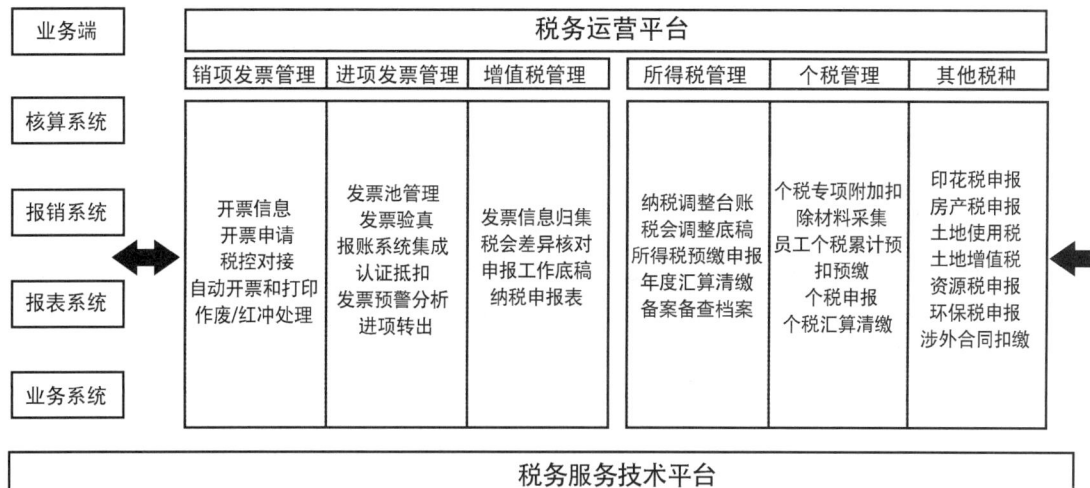

图3 税务服务技术平台

7. 合并报表

合并报表模块上线之前,佛燃能源合并信息化程度较低,单体报表大部分实现自动取数计算,但合并过程的相关调整、对账、抵销以及生成的合并表都是手工制作,人工核对,效率低,且易出错。目前合并采用手工方式,因此无法快速进行层层合并,现采用为一级集团合并,中间层的合并未体现。在对账方式上,内部往来、内部交易等都为手工EXCEL对账方式,漏洞难以避免。

合并报表模块建立了一个标准统一、结构规范、信息共享的集团合并报表信息化平台;在统一科目体系、统一基础档案、统一固定资产管理、统一报表体系、统一银行账户管理上实现集团报表计算、查询、汇总以及合并报表的要求;实现集团财务数据穿透式对比查询;实现集团内部单位往来对账功能;财务与业务系统数据集成,消除财务管理壁垒;实现基础报表与管理附表的合并。

通过该平台实现集团财务管理工作规范化和流程化,提高财务管理效率,满足现阶段集团及所属单位的财务管理需要;同时,系统可以满足统一管理、分层应用的需要,功能扩展灵活,维护方便,运行高效、稳定、安全,数据准确。实现集团总公司集中管控、实时查询、数据分析的系统建设目标。合并报表模块如图4所示。

8. 全面预算管理平台

目前佛燃能源集团的预算编制现状是每年9月,集团会下发预算编制的时间和要求的通知,以部门作为最小的预算编制单元,各个部门完成预算编制后由各个业务线汇总到集团

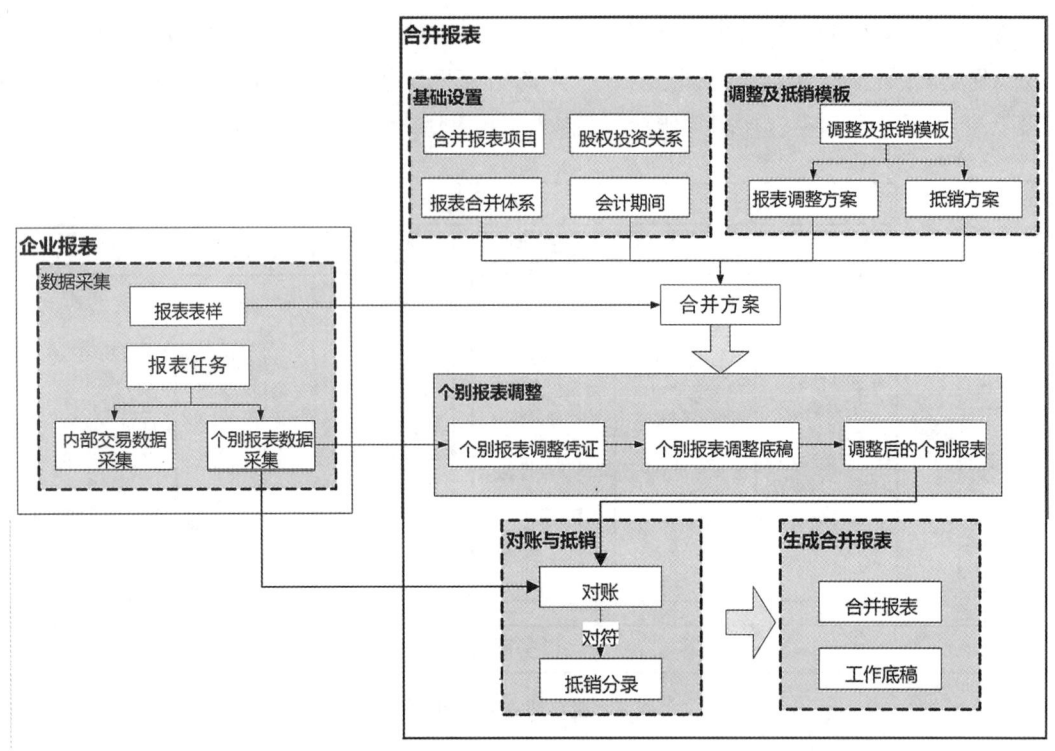

图 4　合并报表模块

级层面,集团级层再根据汇总上来的预算数进行审核,整个编制过程中会存在反复沟通和修改预算数的情况,汇总工作量比较大,而且每年会存在两到三次的预算调整。全面预算平台上线后,集团内各公司通过系统实现线上的预算编制,同时利用系统预算管控的功能达到整体预算管控的目的。

完善预算管控。集团下发各分线费用的编制模板,各公司部门按照集团下发的分线费用编制,同时子公司对相应的内容进行汇总审核,并提交给集团。集团分线负责的部门会对汇总后的分线费用进行平衡,提出调整的意见;子公司按照集团提供的调整建议进行调整,并按照管控目标及管控的维度对集团下发的整年预算额度进行总额控制,保证所有的费用支出在预算范围之内。

佛燃能源以分线费用加项目加部门作为管控的维度,以强控的模式对费用进行全面把控。在预算编制分解的同时会分配相应的资金,但每单笔支出会设置一个上限,每一个项目的总体支出也会设有一个上限,如果单笔或总计支出均没有超过该上限,则正常执行;如果单项或总计超过预算数值上限时,系统将会发出预警,提示操作人员超过限额并禁止该项操作;如果因为非抗力因素,实际的预算确实超过设置的上限时,必须向系统提出申请,待批准审核后,调整预算上限、追加预算,才能继续执行。

严格执行预算可以保证企业的平稳运行,但当集团遇到特殊情况不得不调整预算时,需遵守严格的预算调整程序。首先预算执行单位开具书面材料，向集团财务部门进行申请，财务部审核完成之后，将其交由预算管理委员会审批，在完成审批基础上由财务部进行对应额度管理。在此前提下，执行单位才能够落实执行。

通过佛燃能源的全面预算管理模块可以查询到年度预算报表等相关数据，该功能可以在系统中任意时间内借助报表来对不同责任部门预算情况进行分析了解。预算执行差异报表中，通过比较分析实际值、预算值之间的差异，了解信息数据明细情况。在此基础上，通过环比分析、指标分析等方式，对现有预算开展情况进行深入分析评价，实时掌握企业经营状况，据此对经营管理进行调整。另外，绩效考核部门也能通过该模块了解各预算责任部门的预算执行进度，据此开展考核工作。全面预算管理模块如图5所示。

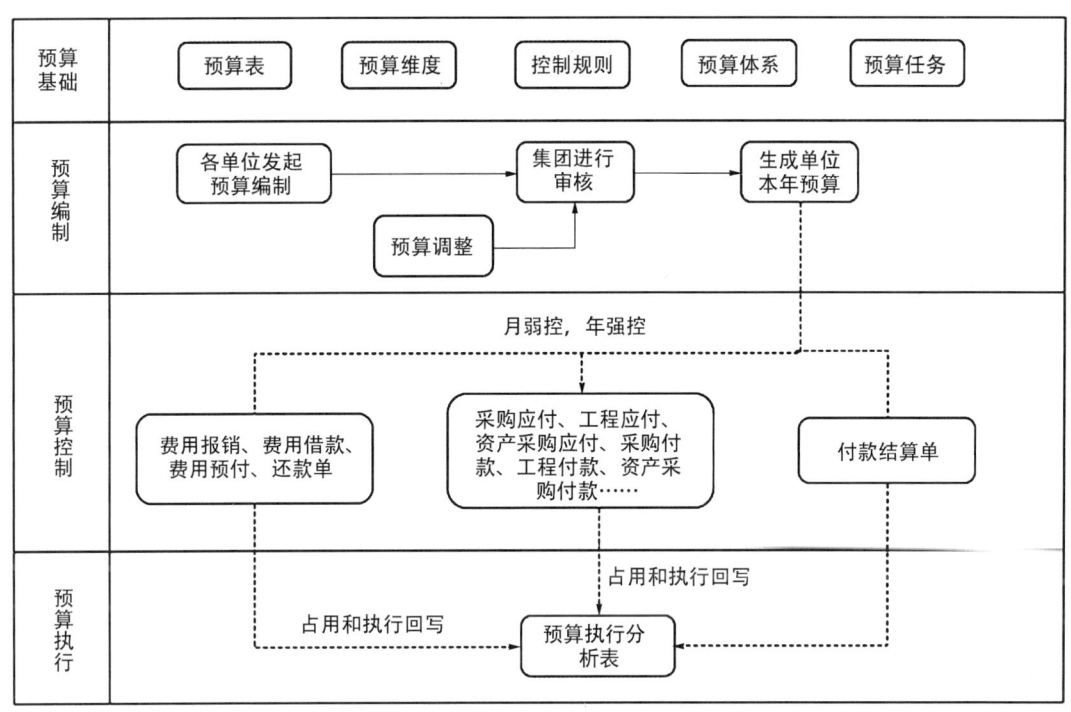

图 5　全面预算管理模块

狭义的预算分析仅仅指事后分析，即对预算结果的分析。而基于财务共享系统中，全面预算管理需要我们做好事前分析、事中分析、事后分析三个不同方面的工作，具体包括企业的业务与财务规划是否相符、预算是否精确、与实际情况差异是否合理、所提交报告的质量是否符合标准等。就佛燃能源而言，全面预算管理平台为不同责任部门提供预算分解指标差异、开展情况等内容，调取预算模块生成的预算执行差异报表，详细核算预算和实际之间的差别并分析原因，及时纠正，规范预算的执行。

全面预算管理平台有助于佛燃能源预算目标的实现。树立企业战略目标，合理分配集团资源，使集团协调平稳地发展，从而实现企业利益最大化，是佛燃能源积极实施全面预算管理工作的主要任务。在实际预算管理过程中，由于各部门信息不对等，各部门往往专注于本部门利益，导致集团整体利益与部门利益最大化的冲突，出现集团资源分配效率低下的情况。集团推行全面预算管理系统基础上，将基础的信息数据和预算管理的方法进行整合，达到信息共享，规范了对预算数据的管理。将企业各个业务日常流程联系在一起，减少了信息不对等，降低各责任部门与整体利益的冲突，协调企业相关业务顺利展开，保证预算目标与日常经营相契合，使责任部门目标与企业总目标高度一致，促进企业总体目标高效完成。

全面预算管理平台提高了预算编制效率。佛燃能源的预算管理涉及多个责任部门，各个部门在进行预算编制时需要加强彼此之间的沟通，相互协调。佛燃能源在引用全面预算管理系统前一直采用传统的手工编制方法，而手工编制存在很多弊端，预算往往缺乏精准性与实效性，导致预算成本偏高，效果不理想。

首先，由于企业业务复杂，各部门的相互衔接有所欠缺，数据信息获取很难全面，且预算编制涉及的数据繁多，手工预算编制需要赶进度，这就导致了预算编制结果的准确度大幅下降。其次，各部门都有自己的编制格式，业务预算的数据信息渠道来自多个模块和环节，沟通也不流畅，导致预算汇总难度的增加，需要投入大量的时间、人力以及财力来汇总数据，从而使预算编制完成的周期不断加大。

佛燃能源在引用全面预算管理系统进行全面预算管理后，预算管理信息化水平不断提升，能够确保实现企业数据的共享，提高预算编制的效率和水平。系统中其他子模块与预算模块之间集成化程度很高，使不同责任部门的数据在企业内部共享，为预算管理及时准确地提供了数据，使预算管理更加高效、精确。全面预算管理系统借助其自动化分析将数据生成预算汇总表，大大节省了预算编制的人力，也极大地压缩了编制时间。完成预算编制之后，全面预算管理系统便能够凭借预警功能达到预算控制条件，减少信息在各部门之间传递的时间，从而使预算管理的效率提升到一个更高水平。

全面预算平台强化了对预算分析与考核的管控。全面预算平台系统的预算模块具有实时性，各部门能够及时了解预算管理的实施情况。佛燃能源已将年度预算指标分解到月，将月度预算输入预算模块中，对预算的执行情况和实际情况实施差异分析，将分析结果动态同步反馈至供应链管理中心，从而发现预算执行偏差，以便及时做出调整，确保预算能够得到有效执行。此外，将信息同步反馈到考评系统中，及时反馈控制，进而提高预算考核的效果。在此基础上，借助事中控制以及事后分析等方式，责任主体更好地做好绩效考核工作，有助于企业对预算分析与考核的管控。

全面预算管理平台提高了预算管理效率。佛燃能源在尚未推行全面预算管理平台系统时，主要是借助手工操作的方式来开展预算管理，所需业务数据往往来源于各个独立的系统，编制分析的汇总任务量庞大，工作时间较长，管理效率偏低，影响了日常经营管理活动中预算管理的效益。全面预算管理平台系统的其他子模块和预算模块之间具有高度集成化的特点，这恰恰为推行预算管理工作提供了翔实的数据支持，也能充分发挥对企业不同业务执行过程中的反馈和控制功能，有效提升了预算管理水平。

与此同时，全面预算管理平台系统的高度集成性实现了对数据快速传递和转化、报表合理配置、数据及时共享等多项功能,促进企业业务流程化发展。通过信息技术把资金流、物流、信息流跳动起来,统一数据接口,系统内的数据可以被授权责任部门共享,使对预算的控制由事后变成事中,有助于企业对编制、执行、调整、控制和分析的全过程全面掌握,极大地提高了预算编制效率。

全面预算管理平台有助于企业内部控制体系的完善。佛燃能源为了能够更好地实现既定内部控制目标,借助全面预算管理系统专门设计科学合理的审批流程并制定健全的预算结构体系,一方面表现在预算编制、预算下达、预算追加等不同流程;另一方面表现在事前控制、事中控制以及事后控制的不同环节。另外,企业预算管理模块下,还具备多级审批功能,如果实际预算比限制额度要高时,需要我们借助申请流程、审批流程、支付流程等程序来调整预算。

集团开展业务时,如果在系统中输入的凭证未超过规定额度,系统便能够自动地结合设定值来控制科目余额以及科目发生额。与此同时,如果资金支付请求比规定的额度要高时,便会产生主管确认、预警提示等具体模式,这就从根本上对预算的执行和资金的支付进行了有效的控制。在此基础上,借助预算管理模块,收集整理企业实际业务数据信息,监督管理企业预算管理情况,严格控制了预算指标,健全并优化了企业管理体系。

9. 建立电子会计档案平台

会计档案是集团生产经营活动结果最直接的反映,记录了公司各项活动产生的各种经营数据,但传统的纸质会计档案管理存在诸多不便,如有较高的管理成本。纸质档案的打印成本及库房成本高。每天产生的海量业务及财务数据,需要将所有的电子文件打印并装订,还需要占用大量物理空间。此外,纸质文件的装订及管理流程复杂,匹配、贴票、装订占用大量人力和时间。信息检索也经常具有无效性,信息存储无索引关联,档案资料借阅、检索非常不便,查阅、调用困难较大,且存在丢失风险和安全隐患问题。纸质储存造成财务人员的工作量大,整理档案工作耗时耗力并无益提升个人能力。财务共享中心上线后,传统的纸质储存使得信息数据共享受到极大限制,对财务的工作效率影响较大,且不利于进行数据分析并对业务做出决策支持。

财务共享中心积极完善档案信息化建设,建立以影像服务平台为基础构建电子会计档案数据库。通过对会计档案版式文件和结构化数据进行归档处理,完成用户对档案的相关操作。电子会计档案应用实现对档案的采集、立卷、装册、归档、拆册、重新归档、打印封面等核心业务,为档案使用者提供多种应用,包括档案查询、借阅等。通过档案借阅、移交等场景,企业可以灵活配置审批环节、审批方式、审批流程追踪等,规范档案使用管理框架。

档案后续管理,实现对已归档文件的移交管理、鉴定管理、销毁管理,通过为档案建立"生命周期表"对档案的原始性、完整性进行验证。设置专属数字签名,会计资料归档后自动签章,防冒充、防篡改。

10. 建立人力资源管理模块

目前佛燃能源除高明燃气、顺德燃气、浏阳中蓝公司采用钉钉,中研采用打卡机进行考勤外,其他单位目前采用手工考勤,每月自行统计员工出勤情况后交由人力部门进行汇总并参与工资核算,存在人工统计弊端。

人力资源管理模块上线后,支持机器考勤、手工考勤等多种考勤方式,可与考勤机对接,支持加班、休假申请审批。支持加班、休假、考勤情况统计,生成考勤日报、考勤月报数据。支持考勤数据流程审核,由部门负责人、分管领导、人力考勤专员审核通过后,将考勤数据固化。支持考勤数据如加班、休假等情况与薪资模块联动,用于薪资核算。

为适应集团不同阶段的管理需要,人力资源管理模块建立了多种组织机构设计模式,支持人力管理架构搭建,实现显示权限内的各单位信息及部门信息,并自动生成组织机构图,生成集团各层级常设性及临时性组织机构树形图,并可导出架构图。

人力资源管理模块中包含:人员异动管理,按照分组织、分层级、分异动类型统计分析人事异动信息;员工劳动合同管理,提供合同台账管理,随合同情况变化自动更新,便于查询统计合同签订总体状况;薪酬核算管理,按组织、部门、职务层级等维度统计分析工资构成情况、发放数据与工资分析表,能处理大量的薪酬统计分析,为各级领导薪酬决策提供支持。

人力资源管理模块的建立,提高了企业对现有劳动力的分析速度和准确率,提升了企业生产力,使所有层次的员工都能跟企业战略目标保持一致。

人力资源管理模块还设置了HR分析报表,主要用于报表制作和设置。集团采集并梳理全集团相对固定及常用的通用报表,并在集团级进行制作,报表中定义好公司查询权限,以供各单位进行查询使用;各公司可在集团制定统一的语义模型的基础上,根据各公司的报表需求,进行报表设计并自行应用。

(三)投入的相关部门和人员情况

佛燃集团财务共享中心建设自2020年5月起,由集团财务部组织发起,集团人力资源部、集团信息中心、各控股公司财务部等参与。

集团财务副总裁牵头和主持整体工作,财务共享中心负责管控整体项目,包括前期的调研,集中各家控股公司提出的意见和建议,到联系运营服务单位进行方案设计,到中期组织控股公司相关人员进行项目测试,再到后期项目的全面实施等工作。集团信息中心提供技术支持,集团人力资源部参与财务平台中人力资源管理模块的建设,集团信息中心负责提供技术支持,通过全体人员的攻坚克难、无缝配合,才促使财务共享中心按照预期效果顺利落地。

财务共享中心建成后,内设一名主任及两名副主任进行管理,主任负责管理共享中心财务核算全面工作,统筹组织审核共享中心的所有会计凭证。一名副主任管理应收核算组、应付核算组、工程核算组、费用核算组、税务管理组,负责协助主任统筹组织共享中心的收入、成本、费用的审核和月末结转;负责协助主任统筹组织共享中心销项税、进项税的全面核对工作等;另一名副主任负责资产核算组、总账核算组、财务报告组、资金支付组业务支持组,负责协助主任统筹组织共享中心的期末结账工作,并编制相关的财务报表;负责协助主任统筹组织共享中心与各子公司等关联企业的对账工作等。

(四)实践中遇到的主要问题和解决方法

1. 财务共享中心信息化建设不足

对于佛燃能源建设财务共享中心建设而言,信息系统集成及标准化还存在着一些问题,导致共享中心的全面普及还存在较大阻力。其中涉及总公司、子公司的全部财务信息,对于财务共享中心建设人员的专业知识有着极高的要求。信息系统集成以及标准化需要大幅度提升还体现在企业子公司与总公司财务管理思路上的差异。

2. 财务管理人员进行转型存在着较大难度

除了集团财务管理模式上的制约,财务共享中心的建设在很大程度上受限于财务人员。传统模式的财务管理与财务共享中心模式下的财务管理,在很多地方存在较大的差异。如果推行财务共享中心,集团的许多财务人员将会面临转型问题,集团内共90多名财务人员,不少人工龄较长,工作思维逐渐固化,给整体转型带来了一定的难度。

3. 财务共享中心流程再造问题

财务共享中心建设完毕后对于财务流程的监管更为严格,在审批流程上规范性也更强。佛燃能源分支组织之间存在一定差别,其管理规程以及方式上也有所不同,加上财务共享中心流程再造后必定需要调整相应权责与权限,在一定程度上约束了流程的重塑。采用财务共享中心的运作模式,需要调整已有的组织架构以及有关环节。以往的财务管理主要由应收应付与总账等基础项目组成,财务共享中心应将财务管理的扁平化特点突显出来。佛燃能源在财务共享中心设计过程中没能进行高效整合,内部管理系统难以有效对接后期关键业务,使得共享中心的运转与管理受到较大影响。

4. 财务对接上的问题

如果施行财务共享中心的管理模式,财务数据的真实性以及服务质量将会是企业需要着重解决的问题。由于财务共享是由集团不同的区域进行对财务信息的收集与处理,在进行收集过程中,难以真实掌握子公司的业务、资产状况,现场核实的难度极大。财务共享管理对于企业的财务管理有着极高的要求,需要全公司的积极配合。

5. 严格执行财务共享中心建设的实施方案

为解决上述存在的问题,佛燃能源快速有力地实施财务共享中心建设方案。通过前期的方案核实,明确财务共享中心建设方案的可行性后,高层领导积极配合,同时发挥出领导作用,及时处理建设过程中遇到的问题,在各方之间积极沟通,把建设落实到各处。

6. 对于内部信息的整合

佛燃能源在进行财务共享中心实施之前,成立专门的小组,辗转各家公司,收集相关需求,梳理集团的信息系统。财务管理部与信息中心组成建设团队,尽可能整合企业的内部信息系统,为加快共享中心的建设打好基础。

7. 对于财务人员的转型要重视

财务共享中心的建设使财务人员可能要面临转型。加强二次培养是重要步骤。佛燃能源要求相关的财务人员积极学习财务共享中心的相关知识,结合财务管理的要求不断提升管理能力以适应新的岗位。建立人才储备中心,对于无法短期适应新模式的财务人员积极开展培训活动,合理使用人力资源,维持财务管理的稳定运转。

8. 积极完善财务共享中心流程

建设财务共享中心过程中一项重要环节就是流程再造,重新塑造并规范新的业务流程,从而达到提高业务水准以及运营质量的目的。在集团层面而言,财务管理涵盖面较广,同时流程具有较强的复杂性,在处理有关数据信息时较为繁琐。完善财务管理流程能够有效降低有关工作误差的发生概率,确保企业财务工作得以保质保量完成。不仅如此,还需要结合集团具体的财务管理目标、需求与流程统一管理标准,在已有的标准化体系基础上运用新会计准则,给企业提供规范、标准、专业的财务服务。除此之外,在梳理与整合传统财务制度时,需要确保其与财务共享中心建设的要求相符,能够分类管理各个分支组织,把握各类业务流程的内控重点,并予以针对性的改进,确保共享中心模式得以顺利推进。

三、实践成效与未来展望

(一) 实践成效

1. 费用报销变化

佛燃能源成立财务共享中心,最为突出的功能主要是票据扫描、网上报销和网上支付,它们给费用报销方面带来了很大的帮助,主要表现在以下几个方面:

(1) 报销人员报销流程简便,实现随时随地报销。在该模式下公司实现了移动办公和远程报销,报销人员可以随时填写报销单据,领导可以随时随地对报销单据进行审核,实现了人机结合的工作模式。

(2) 节约了报销时间和成本。在该模式下,报销人员不需要到处走报销流程,只需要在填完报销单据之后等待领导登录系统审核签字。节约了报销程序上的时间和成本。

(3) 加强了货币资金的管理。在该系统下,由财务共享中心统一进行费用的报销支付,使得佛燃能源的资金能集中起来,资金的管理达到了高度统一,便于集团总部对资金的管理。当遇到合适的投资机会,集团企业可以灵活调动资金,减少了机会成本。

(4) 报销程序安全可靠。在系统下进行网上报销和网上支付,信息技术部门对相关的财务信息进行加密,增强了资金报销的安全性,提高了企业了效益。

2. 应收应付资金和货币资金的管理

应收应付资金的管理主要是安全性方面的管理。据调查,佛燃能源不断扩大企业的规模,尤其是广东省外事业。在成立财务共享中心后,集团加强了对应收应付资金的管理。在安全性上,集团主要是加强对账户的管理,对于应付资金,大部分通过集团财务共享中心来支付,加强了对应付应收资金的统一管理,在系统上实现共享服务;并且在账户上实行收支分开的账户设置,在应付资金方面加强了内部预算控制。佛燃能源采用了不同地区不同方式的资金管理方式,在财务共享系统里可以看到所有子公司的应收应付资金的总体情况,便于集团总部及时发现其存在的潜在风险,迅速做出决策。佛燃能源在财务共享模式下货币资金得到了统一的管理,分支机构的每一笔货币资金的流向都实现了高度集中的自动化的管理。

3. 提高工作效率,降低人工成本

通过对接业务端系统,财务共享平台都可以做到数据传输的自动化和双向化,形成数据闭环,实现自动对账,工作效率平均提高3倍,原来要3天处理完成的单据现在只需不到1天即可完成。

财务工作效率的提高促使公司配比财务人员数量不断下降,从而节约了人工成本。佛燃能源集团2021年5月相较于2018年12月控股公司数量增加了33家,财务人员数量仅增加7人。现有财务人员数量显著低于与控股公司规模相匹配的财务人员,所节省的91人按照现有财务人员平均年工资15万元计算,每年约节约1 365万元人力成本。如图6所示。

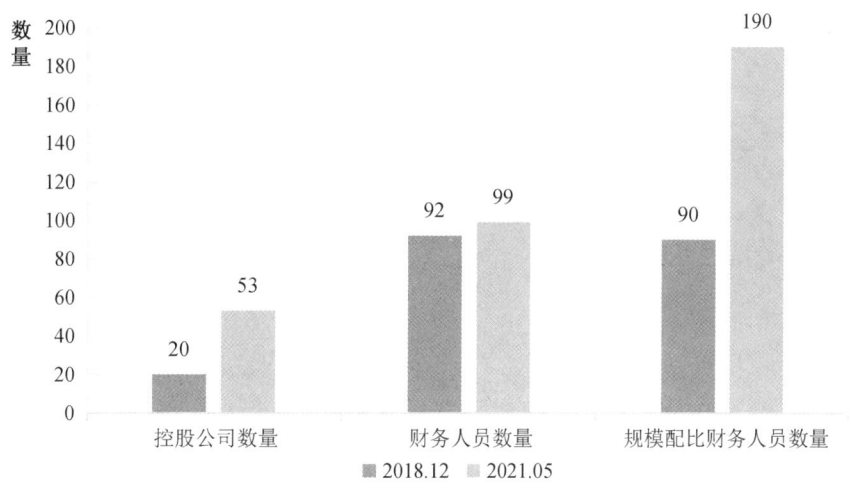

图6　人工效率对比

4. 节省融资费用

通过投融资平台,集团实现了整合各分子公司的资金优势进行统借统还,避免了以往各分子公司"各自为政",出现"融资难、融资贵"的问题。借助整个集团的资金优势,集团能快速融到低于市场利率的资金,降低了全集团财务成本。基于年度资金需求,今年可为集团节约2 000万元以上的资金成本。

(二) 未来展望

佛燃能源未来通过打造佛燃能源集团五大智能中心,包括财务专业服务支持中心、集团财务人才培养中心、集团数据价值挖掘中心、集团财务流程优化中心、集团财务风险监控中心,将财务共享中心塑造成佛燃的智慧大脑,形成财务工作的标准化、集中化、自动化和自助化的一种财务管理新模式,为佛燃能源的发展保驾护航。各智能中心具体职能如下:

(1) 财务专业服务支持中心:对集团日常经营业务进行标准化核算,实现一键生成记账凭证与财务报表,释放财务人员劳动力,使财务人员向管理会计转型。

(2) 集团财务人才培养中心：以核算模块作区分，对集团财务服务共享中心成员进行业务流程与财务核算的专业化规范培训，并定期进行岗位轮换，使成员获得系统性的全方位培训，培养复合型高端人才。

(3) 集团数据价值挖掘中心：以商业智能大数据 BI 报表为基础，构建管理层需求的财务业务大数据统计分析体系。个性化定制数据统计口径，挖掘数据价值。

(4) 集团财务流程优化中心：致力于对集团业务流程进行分析，基于分析结果对业财融合流程进行优化，提升集团运营效率。

(5) 集团财务风险监控中心：对集团总体经营情况、投融资情况、核心财务指标等进行实时监控，规避财务风险。

北京首农食品集团财务智能化分析系统建设案例

■ 郝雪薇　北京首农食品集团有限公司财务管理部部长、正高级会计师
　葛长风　北京首农食品集团有限公司财务管理部副部长、高级会计师
　付　盈　北京首农食品集团有限公司财务管理部业务主管、高级经济师、会计师
　刘梅玲　上海国家会计学院副教授、硕士生导师

■ 财务分析　　智能化
　诊断　　　　对标
　预测

北京首农食品集团自2017年年底重组成立以来,规模快速扩张,业态多元化发展,财务管理体系建设日益复杂、多变。为达到标准规范、智能联动、高效安全的财务管理目标,实现集团管理会计智能化转型的目的,北京首农集团"财务智能化分析系统"应运而生。通过建立财务智能化分析门户系统,在集团核算、决算、预算"三算合一"的基础上,整合内部、外部数据源,建立起以财务分析决策为主题的智慧财务分析门户,将智能分析、智能报表、智能报告、智能预测融为一体,以"协助管理层决策支持"为视角,以"内部报告及可追溯"为工具,以"解决问题"为目标,实现集团财务管理的事前预测、事中控制和事后跟踪,促进集团财务智能化转型的实现,支撑集团战略目标的落地。

一、案例背景

（一）案例单位简介

北京首农食品集团有限公司（以下简称"首农食品集团"或"集团"或"首农"）是经北京市委、市政府批准，于 2017 年 12 月由北京首都农业集团有限公司（以下简称"首农集团"）、北京粮食集团有限责任公司（以下简称"京粮集团"）、北京二商集团有限公司（以下简称"二商集团"）三家企业联合重组成立。首农食品集团最前身是 1949 年 9 月成立的平郊农垦管理局，2009 年 4 月由三元、华都、大发重组成立，是国内领先的都市型现代农业产业集团，为保证首都副食品供应、郊区农业产业化、服务带动"三农"发展和社会主义新农村建设做出了贡献。京粮集团成立于 1999 年 6 月，是首都粮油应急保障唯一执行主体，在全国粮油食品加工和商贸流通领域具有一定影响力。二商集团前身为 1955 年成立的北京市第二商业局，主要为首都市民提供日用副食品生产和供应。2018 年 12 月，经北京市批准，首农食品集团改组为国有资本投资公司。2019 年 1 月，首农食品集团对北京菜篮子集团有限公司（以下简称"北菜集团"）实施托管。

联合重组后的首农食品集团呈现出业务快速扩张、规模成倍增长、业态多元化发展几大特征，集食品生产商、供应商、服务商于一体，资产、营收双超千亿，员工近 6 万人，所属企业 500 余家，其中中外合资合作企业 30 余家，境外公司 10 余家，上市公司 2 家，农业产业化国家重点龙头企业 7 家。拥有 3 家国家级工程技术研究中心，4 家市级工程技术研究中心，3 家部级加工技术研发中心，2 家市级以上重点实验室，3 家院士专家工作站，4 家博士后科研工作站，22 家国家高新技术企业，持有专利超过 600 件，与平谷区、中国农业大学共同打造北京平谷农业科技创新示范区。集团位列 2020 年"中国企业 500"强 143 位，食品类企业第 4 位；2020 年中国农业企业 500 强第 2 位、中国农业产业化龙头企业 100 强第 3 位、全年粮食贸易量 3 250 万吨，位列行业第 2 位。在首都食品供应保障服务中发挥着主渠道、主载体、主力军作用，肩负着"首都食品供应服务保障重要载体、首都食品安全行业表率、首都食品产业发展核心主体"的重要责任。

目前，首农食品已建成贯穿育种、种植养殖、产品加工、贸易流通、终端销售等环节的全产业链（图 1），涵盖乳业、粮食、油脂、肉类及水产品、糖酒及副食调味品等品类。培育出一系列深受消费者青睐的中华老字号和知名品牌（图 2），持有 13 个中华老字号，19 个北京老字号，15 个中国驰名商标，24 个北京著名商标。"月盛斋酱烧牛羊肉制作、六必居酱菜制作和王致和腐乳酿造"3 项技艺入选国家级非物质文化遗产保护名录。"首农"2021 年品牌价值为 719.72 亿元，位列"中国 500 最具价值品牌"第 78 位，品牌价值较去年增长 14.8%，排名提升 3 个位次。"三元""古船""大红门"分别以 365.92 亿元、230.62 亿元、116.57 亿元位列 500 强品牌第 197 位、316 位、403 位。

集团联合重组以来，集团坚持党建统领、战略纲领、文化引领"三位一体"治理模式，连续 3 年实现收入利润双增长，企业发展进入高质量快车道。"三位一体"治理模式荣获 2020 年

图 1　首农食品集团产业布局

图 2　首农食品集团的中华老字号和知名品牌

第七届中国管理科学奖。作为首都市民的"菜篮子、米袋子、奶瓶子、肉案子",首农食品集团以"食安天下、惠泽万家"为使命,聚焦首都食品安全、城市生活保障,积极履行政治责任、经济责任、社会责任,不断加强资源整合优化,构建首都食品全产业链优势;坚持科技和品牌双轮驱动,强化食品安全管控体系建设;加快商业模式创新,推进产业优化升级;加速构建以"一体两翼三平台"为核心的开放型产业生态体系,不断推进"立足北京、依托京津冀、布局全国、走向国际"的产业布局,以市场化、专业化、资本化、数智化、国际化为发展方向,致力于将企业打造成为具有国际竞争力、引领健康美好生活的现代食品集团。

(二)财务智能化分析系统建设动机

随着重组后首农食品集团新发展战略的制定,战略目标定位为"建设具有国际竞争力、引领健康美好生活的现代食品集团",集团形成了"4+2"产业板块,即食品制造与销售、现代农牧渔业、商贸服务、现代物流4大主业板块,加农副产品生物科技开发、园区开发与运营管理2个重点培育的新兴板块;产品覆盖米面油、肉蛋奶、酱醋茶、糖酒菜等30大类3万余种产品,已经形成从田间到餐桌的全产业链条和一二三产融合发展的全产业格局,逐步构建起立足北京、协同京津冀、布局全国、走向国际的整体产业布局。

财务信息化系统建设之初正值集团迈入加速重组融合的深水区,管理幅度大、管理难度高。一方面,面对着"财务核算主体多,调整变化度较高;外部报表需求多,时效性要求极高;数据信息碎片化,应用操作差异大;核算体系不统一,风险管控难度大;财务分析多样化,信息抽取效率低",这种"两高、两大、一低"的管理难题。另一方面,在发展过程中集团也积累了大量的财务数据,为了让历史和现在的数据发挥价值,进一步改进和加强企业财务分析工作,建立以 EVA(Economic Value Added,经济增加值)和净资产收益率为核心指标的管理会计系统十分有必要,以服务于集团新的发展战略。本着从实际出发、从需求出发的原则,集团财务管理部经过充分调研,提出了构建财务智能化分析系统(以下简称"分析系统"或"系统")项目(以下简称"项目")建设的需求,用以促进企业把握经营发展趋势,提高经营管理水平。

集团一直高度重视财务信息化建设工作,在系统建设之初就树立起四个目标:"财务数智化转型升级要成为集团信息化改革的先行者,要构建财务集中管控的大平台,要打造财务风险防范的防火墙,要按下财务职能转型的快进键",集团的目标定位与财政部《会计信息化"十四五"规划》中"加快推动会计数字化转型升级"不谋而合。

该项目有三个直接建设目标:一是及时、准确、高效地实现报表数据分析,充分挖掘财务分析的盲点,提高财务分析的针对性。二是通过分析系统增强企业标杆意识,将做到行行有标杆、户户有参照,充分揭示企业经营情况的优势和不足。将绩效评价指标体系引入月度、季度、年度的分析系统,摒弃只关注自身历史数据的"井底之蛙"式传统财务分析模式,更广泛地引入外部行业数据,进行对照检查,同时在指标对比结果的指引下,深挖数据形成背后的业务流程原因。三是借助大数据搜集和财务模型搭建,归纳历史经验、预测经营趋势、预警潜在风险。通过对过去经营业务所积累的财务数据进行智能化分析,挖掘企业经营的流量和存量,明晰财务数据之间的关联关系与形成财务结果的成因,并基于历史数据进行趋势分析、行业对比以及实现短期预算和长期预测功能,为管理层提供有效、及时、科学的决策依据,提高管理效率;最终以管理会计智能化手段,全面打通与融合集团财务、生产、经营等各类数据,促进集团财务管理目标的实现,支撑集团公司战略的落地。

二、案例具体实践

(一)财务智能化分析系统建设方案设计

1. 财务智能化分析系统整体规划架构

首农食品集团的财务智能化分析系统架构如图3所示,采用整体规划的思想。建立起以财务分析决策为主题的集团企业管理财务决策门户，包括集团及其子公司数据采集、统一集团报表体系、财务分析报告（即公司业务体检报告）的自动生成、预算情况对比分析与预警、异常图表或数据下钻、原因追溯与填报，集团可编辑同步引用下级报告，实现分析决策的管理交互等功能，为集团及子公司管理层提供个性化的、以"管理驾驶舱""行业对标分析""报表数据穿透""报告及指标数据穿透""财务模型预测"等工具为一体的"一站式"决策支持门户。

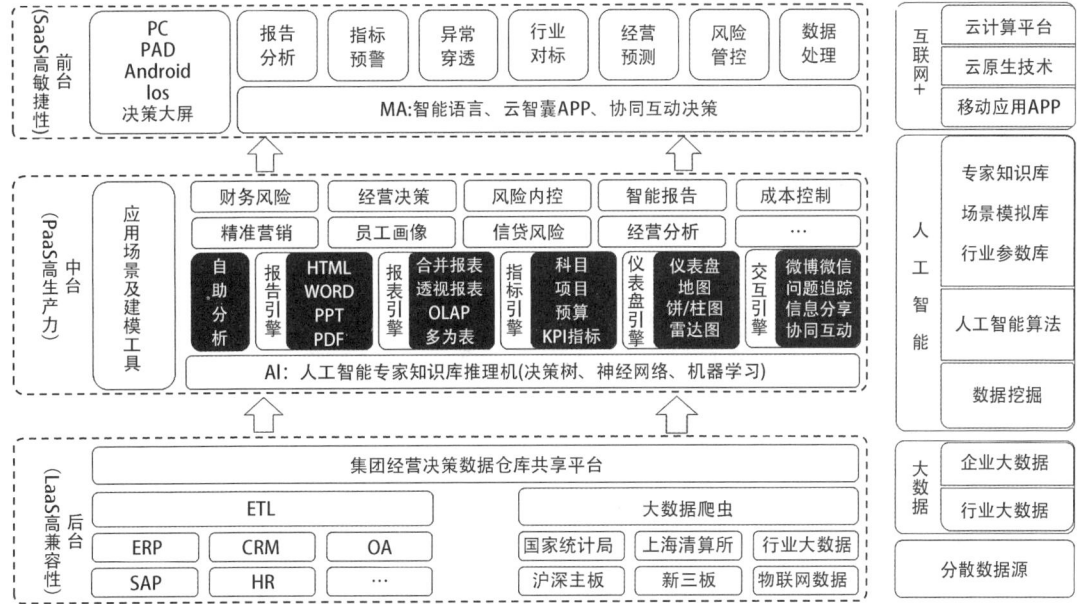

图 3 首农食品集团的财务智能化分析系统架构

1）数据采集层

系统通过开放式的数据库连接方式，支持 SQL Server、Oracle、Sybase、Mysql 等数据库，在现有的系统中提取有用的数据，从而使企业现有数据资源得到充分的利用，同时，系统还可以把平面文件①、外部数据作为数据源，如 Excel 文件、外部网络发布数据等。

2）数据支撑

系统通过对接数据中台，实现集团的内部、外部数据的整合，只对数据进行分析，而不对原始数据进行修改，保证了原始数据的安全性，进而也为财务决策分析提供了数据支撑。

3）数据提取

借助高性能的行列数据分析和多维数据分析处理系统，企业在进行分析时，系统根据用户需求分析的内容，通过快速的行列分析来从数据集市中定位有效数据，从而提高了数据的提取效率。

---

① 平面文件（flat file）是去除了所有特定应用（程序）格式的电子记录，从而使数据元素可以迁移到其他的应用上进行处理。

4）分析与控制

用户可以应用前台控制端来选择分析所需的模块进行操作，前台分为权限管理、财务报告分析、财务数据查看、财务指标趋势分析、财务预警分析、企业决策支持等功能模块。

5）门户展现

根据用户需求模块的不同和管理人员的角色不同，调整门户模块顺序、属性、图表文字布局和整个门户展现风格。管理驾驶舱侧重于柱形图、饼图、雷达图和仪表图等，报告报表侧重于图表文字并茂展现，总的目的就是要将分析、分解和追溯出来的信息传达给各级管理层，辅助管理人员经营决策。

2. 财务智能化分析模型构建

首农食品集团的财务智能化分析模型构建逻辑如图4所示，采用多种智能算法，支持不同时间维度的、静态与动态相结合的综合分析与决策，包括描述性分析、诊断性分析、规范性分析和预测性分析。

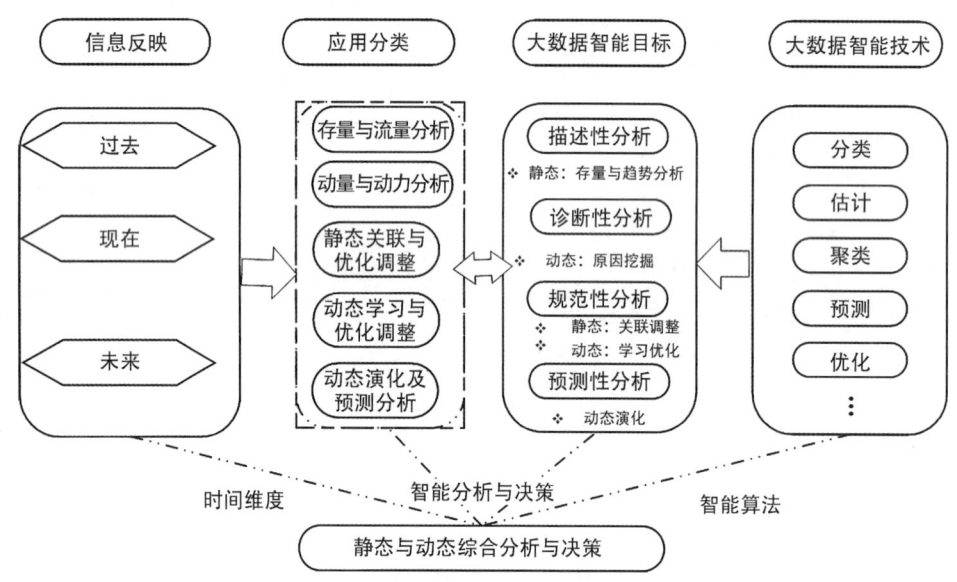

图4 首农食品集团的财务智能化分析模型

1）描述性分析

描述性分析回答的是"发生了什么""正在发生什么"，即对数据进行描述、总结和属性分析，以促进对结果和底层数据的理解。系统通过大数据智能技术对多源异构会计数据进行分类、鉴定、聚类、下钻和可视化等，并将其转换成更好的数据和对经济业务的理解，即从静态的视角多维度分析企业的存量与流量。

2）诊断性分析

描述性分析回答了"发生了什么"的问题，诊断性分析则进一步分析"为什么会发生这种情况，过去的结果是什么原因"。诊断性分析旨在调查根本原因，这些原因不能通过简单的描述性分析来回答,但可以通过组合性的多类型分析进行回答。第一,通过设置指标阈值识别异常值变动;第二,当指标出现异常变动时则需要进行进一步的分析,分析可能发生的情况,并通过进一步调查精确找出异常变动的原因。

3) 规范性分析

规范性分析回答的是"我们如何根据潜在的约束来优化我们的决策"或者"我们应该根据我们所预期的将要发生的事情来做什么",即在给定约束条件或不断变化的条件下,为识别可能的最佳选项而进行调查分析,包括现在事项的规范性分析(静态关联与优化调整)和未来事项的规范性分析(动态学习与优化调整)。

4) 预测性分析

预测性分析回答的是"未来会发生吗"

"某件事情发生的概率是多少"或"它是可预测的吗",即通过历史数据模拟、评估可能性或概率进行前瞻性分析,主要运用大数据技术通过考察历史数据,检测在这些数据中的模式或关系。

3. 财务智能化分析系统基本功能

根据集团战略目标,借助"大数据""人工智能""移动应用""云计算"等现代化技术手段,建立能汇集集团各级子公司所有信息系统的企业统一管理数据平台,形成管理决策数据仓库,以实现公司管理过程的事前预测、事中控制、事后分析一体化企业管控的解决方案。

1) 财务智能化分析中的"大数据平台"

大数据平台是财务智能化分析系统的数据仓库和数据分析建模的基础,包括数据抽取、行业参数库管理和数据分类汇总等功能。

在集团财务智能化分析方案建设中,ETL 是构建数据仓库的重要一环,是智能化财务分析系统的基础,ETL 是从基础源数据中选择对经营决策有用的数据经过抽取(Extract)、转换(Transform)、加载(Load),最终按照预先定义好的数据仓库模型将数据加载到数据仓库中的过程,数据处理过程如图 5 所示。

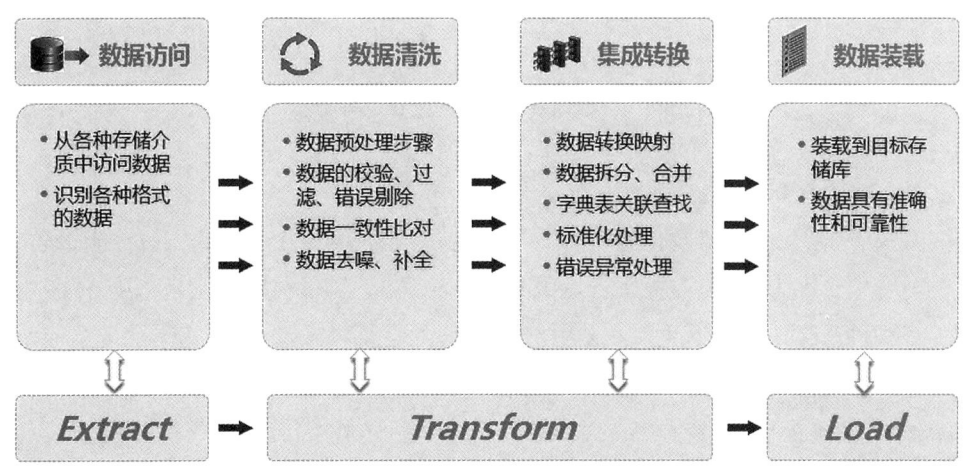

图 5　系统数据仓库(DW)—ETL 数据处理过程

首农食品集团使用 ETL 技术，对集团及子公司已有的久其、用友、金蝶等不同版本的信息系统进行采集、抽取、清洗、转换等操作，加载到集团大数据库，形成集团数据仓库，实现数据统一管理，为后续的数据分析、报表报告生成提供数据支撑。基于 ETL 技术的财务智能化分析系统建设的数据管理应用过程如图 6 所示。

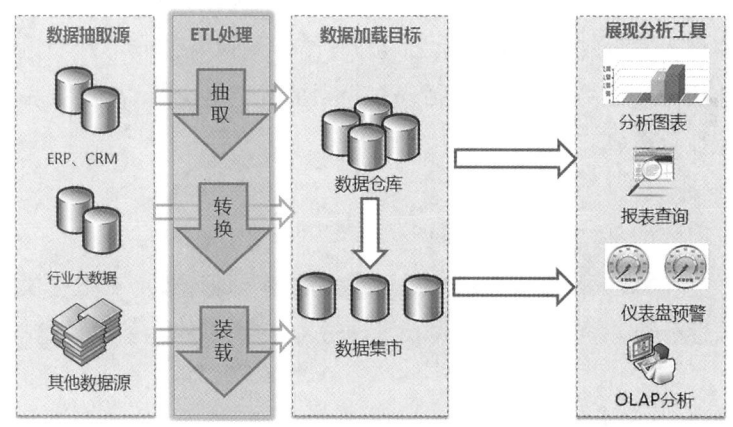

图 6　系统数据仓库(DW)平台—ETL 数据管理应用过程

大数据平台建立的主要业务流程如图 7 所示。

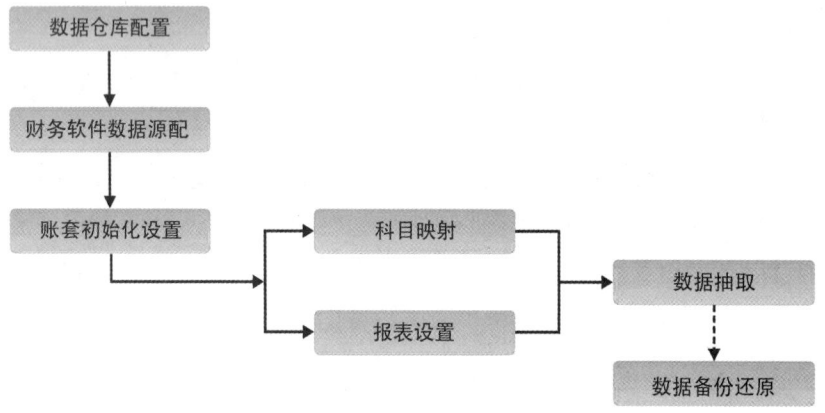

图 7　大数据平台建立的主要业务流程

2）财务智能化分析中的"决策分析平台"

决策分析平台是财务智能化分析系统的核心组成部分(包括智能报表、智能报告、指标分析、对标分析、管理驾驶舱等模块)，运用 HTML5、移动互联网技术，实现电脑、平板电脑等终端的互通互联，解决高级管理层在随时随地了解企业经营成果、财务状况及现金流量等全面决策信息的同时，实现不同模块、不同决策主题、不同决策报告及不同关键决策指标间的相互钻取链接，为企业管理层提供的"一站式"(One-Stop)智能决策支持的管理信息中心系统。

A. 述性分析——智慧洞察

a. 多维度智慧财务分析

"管理驾驶舱"主要是将集团领导关注的指标以视图形式展示在首页，如指标分析、企业分布、国资委考核指标，如图8所示，按照管理层的要求提供丰富的 Echarts 图形可视化选择，包括（堆积）柱状图、折线图、组合图、饼图等。同时支持下钻穿透（下钻支持"板块"及"公司"选择），查找问题原因，达到与报表、报告相辅相成的效果，使企业管理系统进入一个新的领域，为管理层提供"个性化"和"一站式"的管控和分析系统。

公司维度财务分析：指标展示可自定义添加集团长期关注的指标，包括营业收入预算执行率、利润总额预算执行率、营业总收入、利润总额、资产负债率、存货周转率、销售净利率等（同比、预算完成情况、增减率滚动趋势图），如图8所示。功能包括：一是通过柱状图展现公司的核心指标；二是通过仪表盘展现公司主要指标的预算完成情况；三是通过下钻、穿透建立数据与数据之间的关联，柱状图和仪表盘都支持一键下钻功能，可以按公司、板块进行下钻，利于企业管理者实现对财务数据和数据背后异动原因的联动查询，层层穿透，层层分解，追根溯源，找到影响数据变化的根本原因。

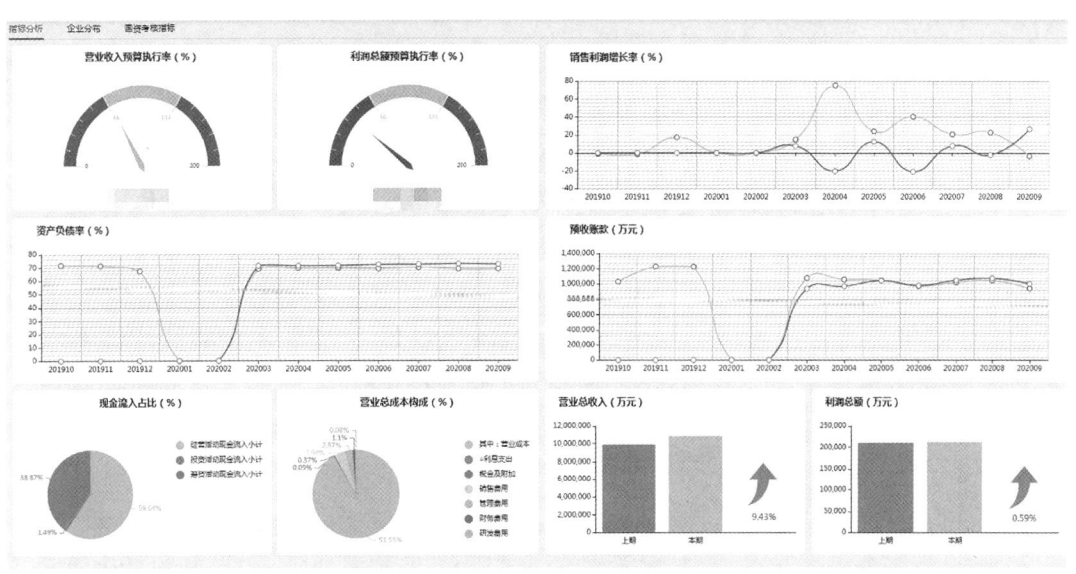

图 8 管理驾驶舱主要指标展示

区域维度财务分析：内置集团下属企业区域地图，将各级子公司所在区域按省份划分，点击地图区域，可显示区域企业明细，并展示区域内资产总额、营业总收入、利润总额等指标的汇总和平均值。

国资考核维度财务分析：以仪表盘的形式（图9），展示国资委考核指标完成情况，点击可查看指标情况，包括实际值、目标考核建议值、完成率等情况。系统提供近十年国资委指标数据，可以全面分析某个时间段的经营发展情况。

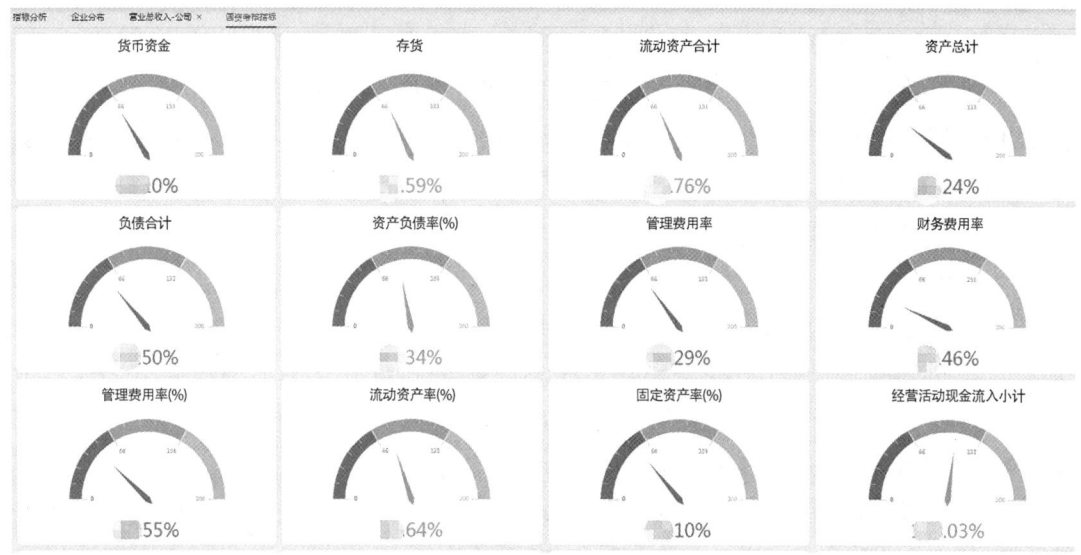

图 9　关键指标仪表盘展示

b. 智能化财务分析报表

建立集团智慧财务的报表数据仓库，可以按公司、板块及项目维度逐级穿透分析，对报表中异常指标增减变化原因进行实时分析查看，对原因实现语音播报。系统按集团快报、集团月报、预算报表、管理报表、统计报表划分，对利润表、资产负债表、现金流量表、收入总额分段统计表、资产总额分段统计表、资产负债主要指标表等30多张报表实现分析展示，以满足各种格式的行业监管报表、内部管理报表的需求，包括清单报表、交叉报表、分组报表、多源分片报表、分块报表、表单报表、图形报表、回写报表、假设分析报表、二次计算报表、套打报表、段落式报表、预警报表（Excel 条件格式）、组合报表（智能评语）等。实现报表的传统查询、归集、汇总及联查等问题，能够帮助财务分析岗位工作人员进行财务和业务数据的查找、计算、自定义报表制作等，可节省大量重复性数据处理工作，报表的种类主要包括管理会计报表、业务运营报表以及财务汇总报表，支持按照报表科目及公司维度逐级下钻。

c. 智能化财务分析报告

智能化财务分析报告的主要技术特征包括以下几方面：一是智能化模板设计由面面俱到转为问题导向，提前内置各项关键指标阈值，对指标异常变动进行预警，提示给出数据分析。二是将形式多样、格式不一的报告模板化、标准化，集团同板块、同类型企业使用标准化的分析报告，增强同质企业的可比性。三是采用通用与个性化相结合的报告提示方式，通用是指相同模块的设置、必须要分析的指标、专家模型结论即为"普通话"，具有标准化的特点；而个性化是指不同行业、不同规模的企业在分析模块、分析指标、指标阈值、原因分析等方面具有差异化的特点。四是沟通方式由传统电话、邮件等转为在线互动填报，引入智能交互功能，可以实现多岗位、多层级、多部门上下左右的协同配合。五是系统内置多样化指标库，各企业可根据自身的经营状况和行业特征，选取符合自己战略发展方向和监管要求的指标，进行差异化分析，为决策层提供更有针对性的意见建议。六是实现报告质量智能打分，内置报告质量评价规则，依据既定标准实现对各单位财务分析报告的智能评价，并据此作为绩效考核的指标之一。七是实时共享、及时发布。系统在各级集团合并报表生成后，自动抽取形成不同报表体系下的财务分析报告，时间短、效率高。智能分析报告的应用最终实现了集团及其子公司经营分析报告的模版标准化、问题导向智能化、多级联动智能协同化。

智能分析报告支持不同类型企业模版、不同格式的报告设置，以及不同周期频率的数据分析，并将企业管理层关注的重点问题进行一一列示。系统通过建模工具，报告模板分为集团和单体公司，并根据不同需求提供 HTML、WORD 等不同格式的报告设置功能。

系统可以自动生成 HTML 格式的月度、季度财务分析报告，报告采用问题导向模式，解决了企业重点指标的异常原因分析、重要举措列示、主要问题及建议等企业管理层重点关注点，具体报告内容涵盖了主要经济指标分析（营业总收入完成情况、利润完成情况、成本费用发生情况、带息负债情况、固定资产投资情况等）、行业对比分析（盈利能力状况、经营增长状况、资产质量状况、债务风险状况）、全年预算完成情况、存在问题及建议（存在问题、管理建议）以及需要说明的重要事项等部分内容。

智能分析报告利用互联网技术实现报告不同层级决策管理人员的实时共享，其功能包括：一是生成报告，报告可编辑、可同步引用下级分析报告（已上报、正在编辑的内容）、可互动（要求填报、补充分析）；二是审阅报告，可穿透查看下级上报的分析报告、可互动（要求填报、补充分析）；三是查看报告，实时共享下级公司已上报的分析报告内容，供上级企业查看和引用。

运用智能图表、专家智能模型分析与公司管理团队分析相结合的分析模式，实现集团及其子公司协同智能在线分析填报、智能检查漏报项目、智能评价报告质量、实现集团及其子公司的实时共享与及时发布。如图 10 所示。

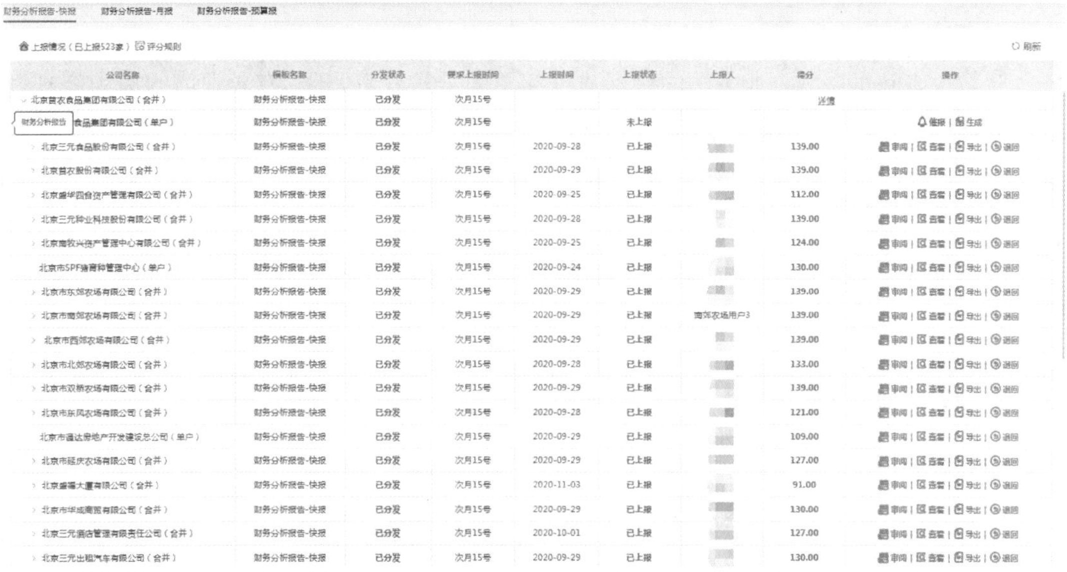

财务分析报告-快报　财务分析报告-月报　财务分析报告-预算报

上报情况（已上报523家）　评分规则　刷新

公司名称	模板名称	分发状态	要求上报时间	上报时间	上报状态	上报人	得分	操作
北京首农食品集团有限公司（合并）	财务分析报告-快报	已分发	次月15号				详情	
…食品集团有限公司（单户）	财务分析报告-快报	已分发	次月15号		未上报			催报 | 生成
北京三元食品股份有限公司（合并）	财务分析报告-快报	已分发	次月15号	2020-09-28	已上报		139.00	审阅 | 查看 | 导出 | 退回
北京首农股份有限公司（合并）	财务分析报告-快报	已分发	次月15号	2020-09-29	已上报		139.00	审阅 | 查看 | 导出 | 退回
北京盛华四合资产管理有限公司（合并）	财务分析报告-快报	已分发	次月15号	2020-09-25	已上报		112.00	审阅 | 查看 | 导出 | 退回
北京三元种业科技股份有限公司（合并）	财务分析报告-快报	已分发	次月15号	2020-09-28	已上报		139.00	审阅 | 查看 | 导出 | 退回
北京南牧兴资产管理中心有限公司（合并）	财务分析报告-快报	已分发	次月15号	2020-09-25	已上报		124.00	审阅 | 查看 | 导出 | 退回
北京市SPF猪育种管理中心（单户）	财务分析报告-快报	已分发	次月15号	2020-09-24	已上报		130.00	审阅 | 查看 | 导出 | 退回
北京市东郊农场有限公司（合并）	财务分析报告-快报	已分发	次月15号	2020-09-29	已上报		139.00	审阅 | 查看 | 导出 | 退回
北京市南郊农场有限公司（合并）	财务分析报告-快报	已分发	次月15号	2020-09-29	已上报	南郊农场用户3	139.00	审阅 | 查看 | 导出 | 退回
北京市西郊农场有限公司（合并）	财务分析报告-快报	已分发	次月15号	2020-09-29	已上报		139.00	审阅 | 查看 | 导出 | 退回
北京市北郊农场有限公司（合并）	财务分析报告-快报	已分发	次月15号	2020-09-28	已上报		133.00	审阅 | 查看 | 导出 | 退回
北京市双桥农场有限公司（合并）	财务分析报告-快报	已分发	次月15号	2020-09-29	已上报		139.00	审阅 | 查看 | 导出 | 退回
北京市东风农场有限公司（合并）	财务分析报告-快报	已分发	次月15号	2020-09-28	已上报		121.00	审阅 | 查看 | 导出 | 退回
北京市通达房地产开发建设总公司（单户）	财务分析报告-快报	已分发	次月15号	2020-09-29	已上报		109.00	审阅 | 查看 | 导出 | 退回
北京市延庆农场有限公司（合并）	财务分析报告-快报	已分发	次月15号	2020-09-29	已上报		127.00	审阅 | 查看 | 导出 | 退回
北京盛福大厦有限公司（合并）	财务分析报告-快报	已分发	次月15号	2020-11-03	已上报		91.00	审阅 | 查看 | 导出 | 退回
北京市华成商贸有限公司（合并）	财务分析报告-快报	已分发	次月15号	2020-09-29	已上报		130.00	审阅 | 查看 | 导出 | 退回
北京三元酒店管理有限责任公司（合并）	财务分析报告-快报	已分发	次月15号	2020-10-01	已上报		127.00	审阅 | 查看 | 导出 | 退回
北京三元出租汽车有限公司（合并）	财务分析报告-快报	已分发	次月15号	2020-09-29	已上报		130.00	审阅 | 查看 | 导出 | 退回

图 10　智能报告实时交互界面

d. 自助式财务分析

自助式财务分析的指标库设置了集团及其子公司40多个常用财务指标分析。分析管理人员可根据需求，选定需要的分析指标，分析成果以多图表结合形式展现，做到相互钻取联动，最终展现在管理驾驶舱和智能分析报告中，如图11所示。

图11　自助式分析指标库

实现集团及其子公司财务指标的公式构成分析、趋势分析，以及指标间的对比分析、公司维度间的指标对比分析等，包括趋势分析、预算执行情况分析、本期累计及上年同期比较分析等；可按任意维度数据进行排序。

B. 诊断性分析——智慧诊断

a. 报表诊断

智慧报表除了展现企业关注的指标数据和原因分析查看，还具有异常值的原因展现和播报功能，当企业经营数据出现异常时，智慧报表中数据就会标红，管理人员可点击异常数据查看异常原因分析，并通过智能语音播报功能方便阅读查看。

b. 报告诊断

分析报告除了对企业经营分析及指标分析的总结，还配备了异常原因分析上报模块。分析报告的内容包含主要财务指标变动分析、经营情况分析、预算完成及对标分析等，设置各财务指标的阈值，即异常预警值，同期数据变动率或者预算完成率高于或低于阈值，则进行自动化和可视化提醒，财务分析人员需要进行原因分析，填写异常值原因上报模块，并通过报告上报。

C. 规范性分析——智慧对标

a. 行业对标

系统建立同行业、相似规模、经营环境相匹配企业的对标体系，对利润总额、营业总收入、资产总额、负债总额、所有者权益、流动比率等指标进行对比分析,如集团关键指标与上海农垦、黑龙江农垦、广西农垦等相似垦区企业进行对比排序,及时了解集团在全国农垦企业的排名情况,包括历史对标分析、预算执行情况对标分析、本期累计及上年同期比较分析等;可按任意维度数据进行排序。最后生成图表形式的结果展示和分析报告。

b. 区域对标

系统建立以全国各省、直辖市为区域单位的同行业企业对标体系。例如,集团关键指标与北京市国资委监管企业指标进行对标对比,以图表形式展示集团指标(包括:资产总额、负债合计、利润总额、所有者权益等14项指标),形成排名,及时了解集团在北京市属国有企业的排名情况,方便集团了解自己所处位置和发展情况。

c. 专项对标

系统根据集团发展战略,选择优秀企业作为对标对象,根据集团关注的指标,对比经营情况,查找经营问题,预测经营状况,优化运营计划。专项对标的分析主体为"集团",对标对象包括中粮集团、光明集团,对标数据来源于集团数据中台,财务指标包括资产负债率、流动负债合计、非货币性流动资产、营业周期、负债合计、自由现金流量,期间包括年、月(3、6、9、12),展现形式包括柱状图、饼状图等。

d. 内部对标

集团公司内部行业对标是对比分析集团内同行业、同等经营规模企业的KPI(key performance indicator,关键绩效指标),从盈利能力、发展能力、运营质量、债务风险四个方面进行系统性对比,为企业管理者提供集团及其子公司的经营评价结果,让企业管理者全面、系统、客观地了解自身经营状况的同时,找出与同行业的发展差距。

盈利能力评价指的是通过与同行业、同等规模的企业盈利能力KPI指标的优秀值、良好值、平均值、较低值、较差值做比较,最终给出企业盈利能力的综合评级及得分。盈利能力行业指标包括净资产收益率、总资产报酬率、主营业务利润率、盈余现金保障报数、成本费用利润率、资本收益率等。决策者可根据自己的分析逻辑和分析习惯,层层钻取任意指标和指标公式的二级、三级构成及趋势情况,直至数据最底层。

发展能力评价指的是通过与同行业、同等规模的企业发展能力KPI指标的优秀值、良好值、平均值、较低值、较差值做比较,最终给出发展能力的综合评级及得分。发展能力行业指标包括销售(营业)增长率、资本保值增值率、销售(营业)利润增长率、总资产增长率、资本积累率等。决策者可根据自己的分析逻辑和分析习惯,层层钻取任一指标和指标公式的二级、三级构成及趋势情况,直至数据最底层。

运营质量评价指的是通过与同行业、同等规模的企业运营质量KPI指标的优秀值、良好值、平均值、较低值、较差值做比较,最终给出运营质量的综合评级及得分。运营质量行业指标包括总资产周转率、应收账款周转率、不良资产比率、流动资产周转率、资产现金回收率、存货周转率等指标。决策者可根据自己的分析逻辑和分析习惯,层层钻取任意指标和指标公式的二级、三级构成及趋势情况,直至数据最底层。

债务风险评价指的是通过与同行业、同等规模的企业债务风险 KPI 指标的优秀值、良好值、平均值、较低值、较差值做比较，最终给出债务风险的综合评级及得分。债务风险行业指标包括资产负债率、已获利息倍数、速动比率、现金流动负债比率、带息负债比率、或有负债比率等指标。决策者可根据自己的分析逻辑和分析习惯，层层钻取任意指标和指标公式的二级、三级构成及趋势情况，直至数据最底层。

综合评价指的是总体评价从盈利能力、发展能力、运营质量、债务风险等四个方面对比优秀值、良好值、平均值、较低值、较差值做综合分析，最终给出企业经营总体评价及得分。决策者可根据自己的分析逻辑和分析习惯，层层钻取任意指标和指标公式的二级、三级构成及趋势情况，直至数据最底层。

c. 参数设置

行业对标参数库、外部专项对标参数主要用于公司外部对标，主要从正规渠道获取外部数据。数据源包括货币网、上交所、深交所对外公布的财务数据。

国资行业参数库，提供近 10 年国资行业指标参数的管理和设置（按年发布，一般上一年参数一般在次年 6 至 7 月左右发布，有可能会有延迟）。

专项对标参数，提供专项对标的公司对象近 5 年发布的所有数据信息作为选择，集团可根据需要按时间和指标选择对标。

D. 预测性分析——智慧预测

财务预测模型是在集团及其子公司当期或历史经营数据和指标数据的基础上，建立科学预测模型对未来一段时间财务状况做出准确的预测。系统主要提供了利润预测模型、资产结构分析模型、偿债能力预测模型、现金流量预测模型、杜邦分析预测模型、资金链预测与融资模型等预测模型。

a. 利润预测模型

系统在提供成本费用构成结构图及成本费用利润率行业对标的同时，可以按成本费用与收入的关联模型，根据收入的变动对成本费用及利润做出财务预测。其涉及指标包括营业收入、营业成本、毛利、营业税金及附加、销售费用、管理费用、财务费用、资产减值损失、公允价值变动收益、投资收益、营业利润、营业外收入、营业外支出、利润总额、所得税费用、少数股东损益、净利润等，如图 12 所示。

b. 资产结构分析模型

系统在提供总资产报酬率及总资产增长率行业对标的同时，给出资产结构是否合理的结论，并通过收入、利润、资产、负债的变化关联模型对资产结构的合理性做出预测。其涉及指标包括营业收入、利润总额、财务费用、流动资产、非流动资产、所有者权益、资产总计、负债总计、资产负债率、流动资产增长率、营业收入增长率、总资产报酬率、总资产增长率等。

c. 偿债能力预测模型

偿债能力预测模型分为负债经营可行性模型、支付能力模型、流动/速动比率模型、短期偿债能力模型、短/长期付息能力模型五个子模型。

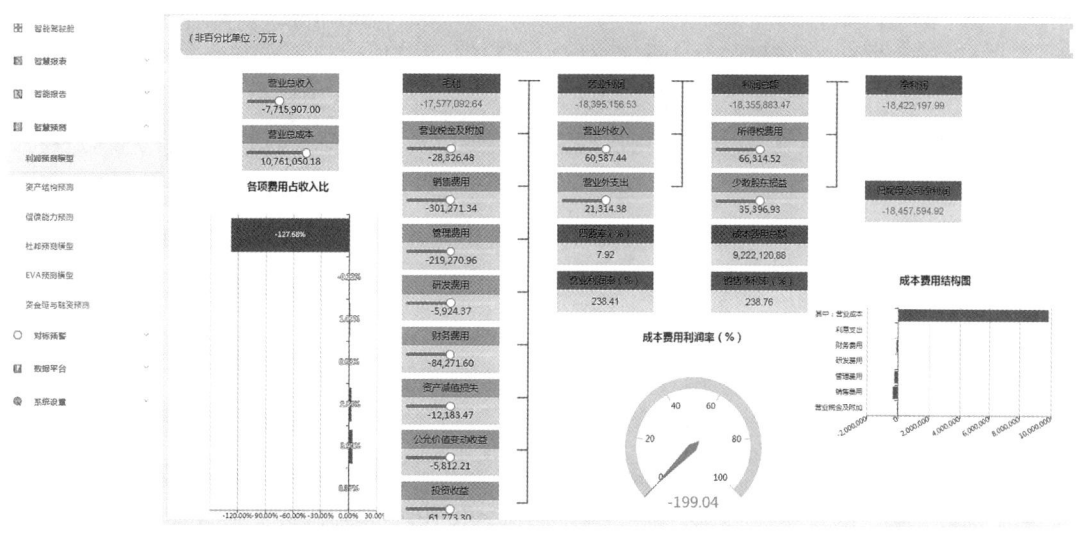

图 12 利润预测模型

其中,负债经营可行性模型指的是从当期的资本结构、借款利率及盈利水平三者建立评价模型,预测企业负债经营的可行性。其涉及指标包括净利润、财务费用、短期借款、非流动负债、一年内到期的非流动负债、专项应付款、股东权益、长期应付款、付息负债、实际借款利率、财务风险系数等,如图 13 所示。

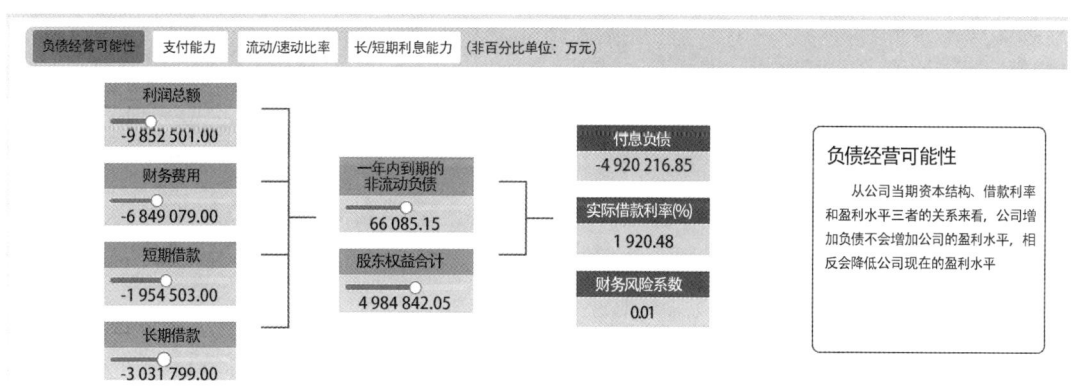

图 13 负债经营可行性模型

支付能力模型指的是从当期的资产周转速度、公司盈利水平及现金支付能力建立预测模型,预测企业现金支付能力和有无能力偿还短期借款。其涉及指标包括营业收入、利润、短期借款、货币资金、交易性金融资产、应收票据、应付票据、现金支付能力、偿还负债支付的现金等。

流动/速动比率模型指的是在给出速动比率行业对标的同时、根据流动比率及速动比率建立预测模型,预测能否偿还企业债务。其涉及指标包括流动资产、流动负债、存货、一年到期的非流动负债、其他流动资产、流动比率、速动比率等。

短期偿债能力模型指的是通过对公司经营业务创造现金能力与短期偿债压力建立关联模型预测公司短期偿债能力。涉及指标包括流动资产、流动负债、经营活动产生的现金流量净额、流动比率增长率、流动资产周转次数增长率、经营业务现金净流入增长率等。

短/长期付息能力模型指的是给出已获利息保障倍数行业对标的同时通过公司盈利水平与支付利息水平建立关联模型，预测企业短期付息能力及长期付息能力。其涉及指标包括交易性金融资产、应收票据、应付票据、利息支出、利润、货币资金、现金支付能力、已获利息保障倍数等。

d. 现金流量预测模型

系统通过经营活动、投资活动、筹资活动三方面的现金流及其产生的现金流量净额，对现金及现金等价物净增加值做出预测。其涉及指标包括销售商品、提供劳务收到的现金、收到的税费返还、收到其他与经营活动有关的现金、购买商品、接受劳务支付的现金、支付给职工以及为职工支付的现金、支付的各项税费、支付其他与经营活动有关的现金、经营活动产生的现金流量净额、收回投资收到的现金、取得投资收益收到的现金、处置固定资产、无形资产和其他长期资产收回的现金净额、处置子公司及其他营业单位收到的现金净额、收到其他与投资活动有关的现金、购建固定资产、无形资产和其他长期资产支付的现金、投资支付的现金、取得子公司及其他营业单位支付的现金净额、支付其他与投资活动有关的现金、投资活动产生的现金流量净额、取得借款收到的现金、收到其他与筹资活动有关的现金、偿还债务支付的现金、分配股利、利润或偿付利息支付的现金、支付其他与筹资活动有关的现金、筹资活动产生的现金流量净额、现金及现金等价物净增加额等。

e. 杜邦分析预测模型

系统在提供净资产收益率和总资产周转率的行业对标的同时，可根据收入、成本费用、资产等变化情况基于杜邦分析模型对净资产收益率做出预测。其涉及指标包括净资产收益率、总资产净利率、权益乘数、销售净利率、总资产周转率、净利润、营业收入、总资产、成本费用总额、所得税、非流动资产、流动资产、营业成本、销售费用、管理费用、财务费用、营业税金及附加、货币资金、应收账款、存货、其他应收款等。

f. 资金链预测与融资模型

通过对企业营运资本、营运资金需求及现金支付能力三者建立资金链预测模型，通过对结构性资产及负债、经营性资产及负债的变化情况，对企业的长期投融资、短期营运资金及现金支出能力是否协调进行预测并计算数值。其涉及指标包括可供出售金融资产、固定资产、无形资产、结构性资产、长期借款、实收资本、未分配利润、结构性负债、营运资本、应收账款、其他应收款、存货、经营性资产、应付账款、应付职工薪酬、其他应收款、经营性负债、营运资金需求、现金支付能力等。

g. EVA模型

EVA模型是全面衡量企业生产经营真正盈利或创造价值的一个指标或一种方法。所谓"全面"和"真正"是指与传统会计核算的利润相对比而言的。会计上计算的企业最终利润是指税后利润,而附加经济价值原理则认为,税后利润并未全面、真正反映企业生产经营的最终盈利或价值,因为它没有考虑资本成本或资本费用。所谓附加经济价值是指从税后利润中扣除资本成本或资本费用后的余额。

(二) 智能财务应用场景选择

为了更好地实现集团对下属企业运营情况的掌控,首农食品集团构建集团统一的财务分析管理体系,通过智能分析结果,为集团管理层提供决策支持,辅助集团管理人员在实际企业经营过程中做出及时、准确的决策,从而提高企业的运营效率,实现数据价值最大化。

首农食品集团为实现管理会计数智化转型所建立的财务智能化分析系统,使用"指标分析""对标预警""财务预测模型"以及"管理驾驶舱"和"决策管理终端大屏"等模块,能够快速准确地分析财务数据,生成财务报告,发现财务数据异常,预测未来企业发展趋势等,能够最大化地辅助集团管理决策。具体功能如下:

(1) 通过对接久其全集团数据,实现决策数据集中和管控集中,实现决策信息管理层共享。

(2) 运用决策树算法,根据财务分析、成本分析等建模主题,利用报告引擎、报表引擎、指标引擎、仪表盘引擎等建模工具进行建模,一键式生成相应的报告数据,为决策者提供以图、表、文字为一体的直观的分析报告。

(3) 针对集团管理层比较关注的企业运营的关键指标,用"仪表盘""驾驶舱"等动态直观的工具为集团管理者提供个性化的"一站式"决策支持门户;并实现集团及子公司财务信息的跨账簿、跨区域、跨年度等多维度的穿透钻取,掌握集团各大板块以及具体分子公司的详细情况。

(4) 快速建立报表体系,实现多维度的财务分析报表,并实现数据的钻取和穿透,能够及时准确地查看下级单位的财务报表数据。

(5) 对报表中的异常指标钻取,查找分析原因,并能直接定位到该公司财务分析报告的指标位置,详细查看原因分析报告。

(6) 通过对各级公司设置指标阈值,实现智能检查异常指标项目、异常原因的智能在线分析填报,让财务分析工作既高效又实用。

(7) 上级单位可以智能参考引用下级单位对异常指标填报的原因,对关键指标异常分析不合理、不完善之处,上级单位可在线要求下级单位补充分析。

(8) 一键查看各级公司财务分析报告的上报情况,在线催报、退回、审阅、查看;对财务分析报告进行智能评价打分。

(9) 可帮助财务分析人员进行财务数据的查找、财务指标的计算、财务报告模板的制作等,省去财务分析人员和相关工作人员大量重复性的财务数据处理工作。

(10) 建立智慧预测模型,实现快速准确的经营预测(利润预测、资产结构分析、偿债能力分析、杜邦预测、资金链预测与融资、EVA 等为主题的预测模型)。

(11) 实现集团及其子公司经营决策过程中查问题、找差距、给方案、督过程、看结果的全过程决策支持管理。

（12）系统设置40余个集团关注的财务指标，建立以集团快报、集团月报、集团预算报等主题的30余张报表，对集团及子公司财务数据进行全面的整理分析，当有异常数据产生时，系统会自动发出预警提示，分析人员可以点击异常数据，逐层钻取至最底层，查看数据异常原因或对异常数据进行自助式分析，数据异常及原因分析会在智能分析报告中展现。

（13）市管企业债务风险监测表，设置了资产总额、负债总额、或有负债、权益性融资工具、与政府相关的隐性债、预期债务、利息支付总额、偿债能力八大类25项指标，全面覆盖企业运营存在的债务关注点，分析出企业经营过程中的债务情况；通过本年累计、上年同期维度对比分析，直观展现企业债务变化情况；结合偿债能力预测模型，对企业的负债经营可能性、支付能力、流动/速动比率、长/短期利息能力等方面进行偿债能力分析，为企业经营长远规划做好债务预测，将债务风险控制在正常运营范围内，保障企业正常运营。

（三）智能技术及其产品的选择

1. 智能财务分析预测中的决策树算法

经营预测主要通过总结历史或现阶段整个企业在发展中的财务状况，并且对未来一个阶段的企业财务管理进行规划预测，进而有利于企业更好发展。传统的企业经营预测都是通过人工录入的信息数据当作基本依据去总结，这会存在一定不稳定性，同时数据信息的精准性也有待考量。

首农食品集团的财务智能化分析系统的智能预测模块，充分融合了人工智能技术，系统采用了基于人工智能中决策树分析法的财务建模，其特征在于，决策树生成模块是根据不同财务指标的判定，按照财务分析规则，形成新的判定条件或不同的结论。如果生成新的判定条件，再根据此判定条件，生成新的判定条件或结论，直至生成所有的判定结论，最终将形成一颗完整的财务决策分析树。决策树剪枝模块是对生成的决策树进行校验、校正和修正的过程，主要是用新的样本数据集中的数据，校验决策树生成过程中产生的初步规则，将影响平均准确性的分枝进行剪除，例如突发的不可抗力情况。通过剪枝，以解决由于数据中的噪声和离群点导致的过度拟合问题。系统内置近200个专家决策树模型辅助企业做决策分析，处于国内领先水平。

系统充分运用人工智能算法，使企业的经营预测开启了新篇章，它从多种角度对企业信息数据进行收集整理，并充分考虑每个指标因子的联动及内在联系，对企业进行全面的分析和预测。

2. 偿债能力预测模型

偿债能力预测模型也是结合人工智能技术开发出来的专家模型，该模型通过机器学习技术，生成最优的债务偿还分配公式，为首农食品集团债务提供高效的分配计算。分析人员可以通过设置可控的财务变量值，得出企业债务情况分析，并生成文字性分析结论和仪表盘式直观展现，能够帮助企业对债务偿还能力进行预测，保障资金价值最大化利用。

3. 智能经营分析中的自然语言处理算法

系统采用了自然语言处理中的文本相似算法对不同风险进行相似度判定,先对输入的风险数据进行分词预处理,再将风险文本以向量空间模型表示出来,得到分布式词向量,最后计算风险相似度。当得到的风险文本相似度接近的时候,则归为一条风险,否则不归类,极大提高了自动风险识别的准确率。

4. 集团管理报告系统

财务智能化分析系统的智能预测模块,整合企业内外部数据,运用决策树、自然语言处理等人工智能算法,构建专家模型知识库,能在2分钟内一键智能生成图文并茂的HTML、WORD、PPT格式的财务分析报告,生成对企业高层决策有用的分析结论,包含财务分析报告、风险报告、税务报告、预警报告等,同时支持报告模板自定义、分析指标自定义、多岗位在线填报、智能参照引用、智能查漏、报告评价、信息共享等功能。

(四) 投入的相关部门和人员情况

系统建设是集团上下协同一致、共同推进的成果,主要参与的部门包括集团公司财务管理部门、信息化管理部门,集团下属各级管理层及财务管理部门;系统应用覆盖集团及子公司六大业务板块500余家企业,参与的财务人员和管理层人员1500余人。

系统建设秉承"高起点、高标准、高效率、高质量"要求,全程盯紧四"有"原则,即"有目标、有组织、有分工、有跟踪"。

(1) 在四个目标指引下,集团主要领导亲自担任领导小组成员,成立了财务信息化建设专项工作小组,抽调精兵强将,辅以专业团队,形成了强有力的专业组织。

(2) 集中财力物力,公开选用系统,全员各司其职,密切沟通配合,做到了分工明确、无缝衔接。

(3) 按照整体部署,倒排研发日程,形成了周报、月报、临时报,专题研讨、重点研究的全程跟踪工作机制。

(4) 形成了三层级的系统应用管理框架:一是建立了以集团主要领导为核心的决策管理层,成立了财务信息化建设专项工作小组,负责统领集团财务信息化建设的各项重大事项部署,负责集团层面系统应用、数据整理和财务分析;二是建立了以各子集团财务部负责人为主的子集团财务分析管理层,负责对子集团财务报告审核、财务运营状况分析、经营异常原因追溯,以及向集团财务部汇报;三是建立了以下级公司财务部负责人为主的基层财务分析管理层,负责对下级公司的财务数据导入填写、报表报告生成上报、数据校正等。

(五) 实践中遇到的主要问题和解决方法

1. 如何利用现有的研究成果

集团在前期企业信息化建设、经营管理提升过程中,已积累了大量的实践经验,并开展了多项研究,这些专题项目的研究花费了大量资源,但取得了丰硕的成果。为了充分利用集团现有研究成果,财务智能化分析系统建设方案经过充分调研与研究,以实现首农食品集团最新的发展战略为系统研发目标,系统利用开放式数据连接方式,采用 ETL 技术,支持主流基础软件接口和主流数据库;接口数据源配置,支持多种方案,保存多个服务器口径;支持集团公司及其子公司所有数据源在线抽取;支持不同公司不同时间段快速抽取财务数据;同时支持数据库的备份、还原等功能;数据源阶段采用数据仓库技术,支持分析主题扩展;充分利用现有研究成果及实践经验,为经营监控管理系统规划及落地实施提供有力的支撑。

2. 如何保证财务智能化分析成果的前瞻性

财务智能化分析成果直接影响集团未来五年甚至及更长时间的企业信息化建设,其涉及集团财务管理及信息化建设的方方面面,稍有不慎将导致建设路线偏差,信息化难以落地实施。

为保证财务智能化分析成果的前瞻性,本项目对影响到经营管理信息化建设的各方面进行分析研究,建立不同的研究专题,如共享服务专题、大数据专题、移动应用专题等,分项分阶段逐项击破,由浅入深,逐步形成最终规划成果。

3. 如何最大化实现自身数据价值同时充分利用好外部资源

近年来,国家十分重视推动企业与高校科研院所的产学研合作,尤其是在知识经济社会中,高等院校被推向社会发展的中心,成为社会经济发展的重要动力。由于本项目的前瞻性,该项目有效借助了各合作高校和科研院所力量,结合新时代的趋势与相应思考为项目带来更好的效果,达到优化的目的。在研发过程中,项目与合肥工业大学、上海国家会计学院、清华大学等高校,IBM、微软、ORACLE 等国外知名厂商建立合作关系,一大批国内外知名专家学者为本项目开展提供了大力支持。

三、实践成效与未来展望

(一)实践成效

1. 财务分析更加高效智能化

系统覆盖集团六大板块 500 余家独立法人企业,最末端贯通至集团所属 7 级企业,通过系统实现智能化数据采集、统一报表和报告体系,支持财务分析报告(体检报告)的自动生成,一改过往手工分析、逐级汇总的分析方式,大大缩减层层传递所需的时间,统一的报告样式辅以图表展示和专家建议,实现异常图表或数据下钻、原因追溯与填报、上级可编辑引用下级报告的管理交互,让管理者更快抓住重点,更便捷地获取有用的信息,极大促进了传统财务分析工作水平的提高,具体改善作用如表 1 所示。

表 1 财务分析智能化转型前后对比情况

序号	传统财务分析存在的问题	智能化分析系统的改善作用
1	分析报告形式多样、格式不一	报告模板标准化、通用化; 个性问题差异化
2	文字占较大篇幅	智能图表展示,数据穿透,原因查看引用

(续表)

序号	传统财务分析存在的问题	智能化分析系统的改善作用
3	原因不清晰	专家智能模型分析＋公司管理团队分析
4	传统沟通方式效率不高	智能在线互动分析瞄准问题
5	时间滞后	上级报告智能参照下级报告，实时共享、及时发布
6	内容面面俱到	分析规则设置侧重于智能化问题导向
7	指标单一、固化	近百指标，常规分析＋个性选择，异常监控

2. 财务管控更加实时便捷化

首农财务智能化分析系统能够自动分析财务数据生成70%的格式化财务报告，并且自动筛选有异动指标生成人工分析要点，在提升报告质量的同时提升了财务分析的效率，解决了财务人员盲目、忙碌、工作被动等困扰。系统以图、表、文字及相互钻取等多种方式实时共享财务分析成果，解决了管理人员了对财务信息了解不全面、不准确、不及时等困扰。同时，财务指标和经营预算、行业对标、实物量指标等数据的对照，实现了数据关联协同；财务人员进行分析的同时，上级主管部门实时介入，财务信息提交之后，高级管理人员的实时介入，实现了岗位互动协同。

系统通过每期异常指标的自动筛选、提示，以及对标预警模型和智慧预测模型，实现对企业运营风险的排查和对经营管理的预测，能够帮助管理层发现企业潜在风险，尽早提出应对措施，有效规避风险，进一步提升风险管控力。

通过建立财务智能化分析系统，促进集团财务管理工作的数智化转型，集团还将进一步完善财务智能化建设，从业务对接、资金付款、凭证录入、报表生成到最终的财务分析逐步实现全部在线完成，从业务信息，到系统加工信息，再到财务管理人员解析信息，并实时共享反馈信息给集团管理层、决策层，实现集团总部对所有下级单位实时的监控，提升集团财务管控力。

3. 决策支持作用更加明显

构建集团统一的财务智能化分析系统，建设范围覆盖集团本部、各子公司和控股企业。为集团及子公司管理层提供个性化的、以"管理驾驶舱""行业对标分析""报表数据穿透""报告及指标数据穿透""财务预测模型"等工具为一体的"一站式"决策支持门户；实现分析报告自动生成、经营数据自动预测，达到增强数据分析及时性、准确性，以数据驱动集团管理会计智能化转型。通过分析结果，辅助集团高层、中层、基层管理人员在实际工作中对业务判断做出及时、正确和准确的决策，提高整体工作效率，减轻工作量，从而改善企业的运营效果、降低经营风险和提高行业竞争力。为公司领导提供高质量的财务决策支持，以集团管理会计智能化转型促进带动集团全方位发展。

4. 加速财务职能与人才梯队的转型提升

智能化时代，唯一不变的就是一直在变化。作为一个财务人，我们不应惧怕变化，而是要张开双臂去拥抱这种变化。借助智能化的力量，财务人员将从大量重复性的记账、审核等低附加值、高强度的工作中解放出来，向着管理会计①等高附加值工作发展，为企业创造更多的价值，实现个人职业发展和企业财务梯队的转型。

与此同时，智能化发展也要求财务人员投入更大的热情和具备更多的专业知识积累，以开放、创新、整合的心态，持之以恒的工匠精神，投入到智能化技术与传统数字化的应用研究中，借助数字化、智能化、网联化的力量，通过更多新兴技术的场景应用，充分挖掘数据潜力，整合海量内部和外部、财务和非财务、结构化和非结构化信息，构建庞大有效的数据库，进而完成数据的采集校验、清洗处理、建模分析，以可视化方式展现指标结果和相关报告，为战略决策、经营管理、风险防控提供服务，实现财务管理职能的整体转型，以财务数字化建设成果助力企业高质量发展。

（二）未来展望

首农财务智能化分析系统，主要是从财务数据的分析与预测出发，挖掘财务数据潜在价值，在未来系统建设中可考虑如下优化：

（1）数据源应进行扩展，现有系统主要集成的是企业内部财务业务数据和 OA 办公数据，外部环境数据主要涉及的是 SCM（Supply Chain Management，供应链管理）、CRM（Customer Relationship Management，客户关系管理）的市场交易数据，未来应扩展到宏观、行业等详尽的市场环境数据，互联网环境下的网络传媒数据，以及管理会计内部调查数据和第三方咨询数据等，使智能决策参考信息更加精确。

（2）数据下钻环节，目前系统应用中，各单位要求不同，有的可钻取到财务报告层，有的可钻取到记账凭证层，未来可以考虑钻取到业务层或对接到企业的业务系统，真正实现财务业务数据的一体化生成和运用。

（3）现有系统中 BI（business intelligence，商业智能）与财务的融合功能中财务分析、业务分析部分已很完备，风险管控、业绩评价、财务预算等功能可以解决企业当前需求，这些可在财务智能化模型设计上予以借鉴。

（4）专家知识库推理机在财务决策分析方面已较为完备，未来可将推理机设计扩展到管理会计经营决策层。

（5）未来的智能洞察和数据分析层面可以融合动量会计理论，除了分析业务财务存量外，还可以分析业务所带来的动量和产生企业价值增量的动力原因。

（6）智能对标方面，目前首农食品集团的对标标准主要是国资委绩效值，未来的对标应是多方位的，可以通过与同行业上市公司对标解决国资对标的不及时性和特殊指标标准的不可获取性等问题，可以通过与自身历史数据对标解决行业的小众性问题。

（7）目前系统中的风险管控功能，主要是基于历史数据和出现的问题进行的，下一步可

---

① 管理会计：是会计的重要分支，主要服务于单位内部管理需要，是通过利用相关信息，有机融合财务与业务活动，在单位规划、决策、控制和评价等方面发挥重要作用的管理活动。

将风险管控功能扩展到对未来风险的预测、预防和控制方面。

（8）现有系统中较少将机器学习、深度学习等人工智能技术运用到智能决策中，未来系统智能预测和风险预警中应运用人工智能算法进行优化，强化系统的学习能力和动态适应能力。

（9）现有系统在智能决策环节，除可以向管理层推送固定的决策信息外，管理层还可以自助式地下钻和挖掘信息并辅助决策，未来系统设计中可进一步丰富自助式信息服务方式。

本项目由以下机构共同支持
（排名不分先后）